KB164090

직원이
주인인
회사

직원이 주인인 회사

세상을 바꾸어 가는
KSS해운 이야기

박종규
지음

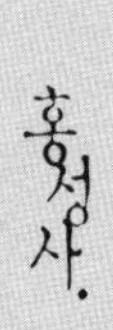

머리말

기업인이 세상을 바꿀 수 있을까?

기업인이 개인적 사리를 추구하지 않고 사회에 긍정적 영향을 미치면 세상을 바꿀 수 있다고 나는 믿는다. 내가 존경하는 유일한(柳一韓) 선생님이 그러했다. 투명한 회계 처리, 사주조합 창설, 전문경영인 체제, 이 세 가지를 이루셨다. 당시로서는 획기적 사건이었다. 나도 이 세 가지는 달성했다. 그러나 유한양행처럼 100대 기업에 들 만큼 큰 기업을 이루지 못했다. 시대가 달라져서 우리나라에서 큰 기업을 이루려면 사업권 취득부터 금융 조달까지 비자금이 안 들어갈 수 없었다. 눈앞에 큰 사업이 어른거릴 때마다 모처럼 만든 투명 기업을 포기하고 큰 사업을 하고 싶은 생각이 굴뚝 같았다. 그러나 결국은 작지만 깨끗한 기업 쪽을 택했다. 큰 사업을 하는 사람은 많지만 깨끗한 회사를 목표로 하는 사람은 없었다. 한국에 이런 회사가 하나쯤 있어야 한다고 생각되어 내가 해야만 할 운명처럼 느꼈다.

㈜KSS해운을 1970년 초하룻날 시작하여 벌써 반세기가 흘렀다. 25년간 내가 경영하고 회사 후배에게 사장 자리를 내준 후 세 명의 전문경영인 CEO가 대를 잇고 있다. 사장을 그만두는 날 절대 경영에 간섭하지 않기로 약속하였고, 그 약속은 주주 권한인 정관 변경에 관한 것을 제외하고 지금도 지키고 있다. 대주주 권한인 사장 추천권도 포기했고, 주주배당률 결정권도 내놓았다. 경영과 자본이 분리된 것 그 이상이다. 나는 배당받는 주주일 뿐이다. 이쯤 되면 주인 없는 기업이 된 것인데, 기쁘게도 '직원이 주인 된 회사'로 진화했다. 이 책은 그런 과정을 기술했다.

우리나라에서는 주인 없는 회사는 안 된다고 한다. 이런 말은 헛말이다. 가족 회사를 유지하기 위한 핑계에 지나지 않는다. 다만, 거래가 불투명한 사회에서 회사 돈을 빼내 뒷거래를 해야 하는 현실 때문에 전문경영인을 신뢰하지 못하는 데서 나온 말이다. 결국 사회나 기업이 투명하지 않기 때문이다. 그래서 나는 전문경영인 체제를 실시하기 전에 리베이트 없는 투명한 회사를 만들었다.

기업이 투명하면 유능한 경영인을 영입하고 주주로 물러설 수 있다. 기업의 CEO는 회사를 키우고 돈 잘 버는 사람이 해야 하는데 남을 못 믿어 세습경영을 하게 된다. 세습을 하려니 상속세가 많아 일감 몰아주기 등 편법 증여를 하게 된다. 외국은 기업이 커지면 경영과 자본을 분리하는 것이 보통인데 우리나라는 성공한 회사가 다 가족기업이다. 도리어 가족기업이니까 성공했다고 역설한다. 국민의

의식이 비슷하니 그 말이 맞다고 한다. 그런데 이웃 일본의 2017년도 100대기업 중 오너회사는 여덟 개에 지나지 않는다. 그것도 개인의 주식 지분율은 그리 크지 않다. 대부분의 일본 전문경영인 회사가 망하지 않고 승승장구하는 현실을 어떻게 설명해야 할까. 그런데 우리나라의 작년도 100대 기업 중 전문경영인 회사는 유한, 포스코, KT, KT&G 단 네 개뿐이다. 심지어 동업 기업도 없다. 서로 믿지 못하기 때문이다. 전문경영인 회사란 결국 불특정다수의 동업 기업과 같다. 동업을 못하는 이유는 혈연주의에 연연하고 공사(公私)가 분명하지 않기 때문이다. (구)LG그룹은 동업에 성공했었다. 최소한 투명했다는 증거다. 그래서 재벌그룹 중 국민에게 좋은 이미지를 남긴 유일한 기업군이다.

독창보다 합창이 더 장엄한 하모니를 이루는 것처럼 기업도 여러 사람이 함께 공헌하는 것이 더 많은 소득을 얻는다. 21세기에도 우리가 변하지 않고 혈연주의에 집착하다간 국제 경쟁에서 살아남지 못할 것이다. 이제는 경영의 틀을 바꾸어야 할 때가 되었다. 재산이 많고 회사 규모가 크다고 해서 자랑거리가 아니다. 존경받는 기업이 되어야 성공한 기업이라 할 수 있다. 존경받는 기업이 되려면 주식회사의 원칙을 지키고 제대로 해야 한다.

나는 임직원들을 창업 처음부터 동업자로 생각하였다. 동업의 기반은 회계의 투명성이다. 그래서 리베이트 없는 회사를 만들었다. 근로자가 동업자이니 노사가 따로 없다. 내가 그만둘 때는 동업자가 사장이 되어야 한다. 그래서 전문경영인 회사가 되었다. 그리고 회사가 이익이 나면 동업자에게 나누어 주어야 한다. 그래서 임직원에게 배당을 주는 성과공유제를 채택했다. 이익배당금을 받는다는 것은 회사의 주인이 되었다는 뜻이다. 직원이 주인 대접을 받으니 누가 시키지 않아도 자발적으로 일하고, 그 결과 이익은 더 커진다. 이익배당이 동기 유발임에 틀림없으나 그보다는 신분 상승의 만족감이 더 크다. 상하 차별이 사라지고 토론 문화가 왕성해지며 인격적 평등이 이루어졌다. 회사 내에 지시나 명령이란 단어가 사라지고 그 대신 자율과 자유의 꽃이 피었다. 이런 일은 작은 기업이니까 가능하지만 조직이 크면 적용하기 어렵다는 비판도 있다. 그러나 인간 본성에 역행하지 않으면 조직 규모에 관계없이 작동할 수 있다. 그래서 KSS해운의 성과공유제는 세상을 바꾸고 기업 경영계에 새 바람을 일으킬 수 있다.

반세기의 사사(社史)를 쓰면서 그간 수많은 사건들이 주마등처럼 뇌리를 스쳐갔다. 성공도 있었지만 실패도 많았다. 그래서 젊은 후계자들에게 회사의 참역사를, 특히 실패한 역사를 알려 다음 후계자들에게 반면교사(反面教師)로 삼으려는 것이 이 책의 목적이다. 50주년을 앞두고 쓰는 고백서이고 이면사(裏面史)이다. 이면사를 제대로 쓰려면 철저히 솔직해야 한다. 그러나 한 기업이 성장 발전하는 데는 어찌 깨끗하고 잘한 일들만 있었겠는가. 의도적인 탈세를 한 일은 없으나, 더러는 남에게 밝힐 수 없는 위법한 행위도 있었고, 부끄러운 일도 있었다. 1978년 11월 석유화학 업계를 덮친 제2차 오일쇼크 쓰나미를 견디지 못하여 22억 원이라는 사채까지 쓰게 되었고, 그것을 갚고 장부를 정리하는 과정이 쉽지 않았다. 그때의 7년간은 기억하기도 싫은 암흑의 시절이었다. 우리 임직원들의 뒷받침이 없었으면 죽음의 산을 넘지 못하였을 것이다. 이런 일들도 세월이 지나면 잊힐 것이며, 나를 비롯한 현재의 선임자들도 언젠가는 떠날 것이고, 결국 이 책 한 권만 남을 것이다. 후배들에게 참역사를 알리는 것은 돈으로 환산할 수 없는 큰 유산이다.

책의 도입부는 내 월급쟁이 시절 경험담이고, 내 경험의 진수가 경영철학이 되어 제1, 2부의 KSS해운 창업과 역경의 역사에 녹아들어 있다. 제3부는 2005년 내가 위암 수술을 받고 건강을 회복한 후 남은 인생에 해야 할 일이 있음을 깨닫고서, 주인 없는 과거 기아산업, 소니(Sony) 등에서 있었던 전문경영인 체제의 문제점을 최소화하는 지배구조 확립 과정을 담고 있다. 그래서 사외이사 제도를 활성화하여 이사회를 경영 주체로 삼았다. 따지고 보면 오너 경영이란 기업 내 독재체제이고 견제세력이 없기 때문에 오너의 오판이 기업의 존립을 좌우한다. 그렇다고 해서 직원 전원이 경영에 참여하면 배가 산으로 올라갈 수 있다. 그러므로 사내외이사들이 능률과 견제로 조화를 이루는 이사회제도의 확립이 의사결정의 핵심이 되어야 할 것이라고 나는 판단했다. 우리 회사의 사외이사들은 거수기가 아니다. 한번 이사회가 열리면 최소 3시간 이상 활발한 토론의 장이 된다. 그러나 아무리 제도가 좋아도 사람이 하는 일, 제일 중요한 것은 사람을 잘 뽑는 것이다. 이런 지배구조 확립 과정을 제8장 '회사 틀 짜기'에 기술했다. 제9장 '임직원 성과공유제'는 임직원에게 결산 이익금에 연동하여 배당금을 지급하는 제도로 팀별·개인별 차등을 두지 않기로 했다. 그랬더니 횡적 소통과 협력정신이 왕성해졌다. 성과공유제는 구미 선진국 기업에는 흔히 있으나 우리나라에는 생소한 것이다. KSS 해운이 시행한 지 벌써 5년이 지났다. 그 효과에 대한 이야기다. 그랬더니 모든 직원이 주인이 되고 사장이 되었다. 사람이 하기에 따라서는 세상을 바꿀 수 있다.

2019년 4월

박종규

추천의 말 1

대한민국 기업의 희망이자 기업인의 표상

김동기

대한민국학술원 회장, 고려대학교 명예교수

박종규 KSS해운 고문께서 KSS해운 최고경영자로서 뼈저리게 느끼고 생각한 경험담을 모아 《직원이 주인인 회사》라는 자서전을 출판하게 된 것을 진심으로 축하합니다.

박 고문은 비자금 없는 회사를 만들기 위해 ① 리베이트 없는 영업, ② 투명한 회계 처리, ③ 성과공유제 등을 도입해 회사의 투명경영 체제를 확립하였습니다. 이로 인해 외국과의 거래가 늘고 기업이 국제화를 이루어 전화위복이 된 이야기는 기업계의 모범이 될 것입니다. 직원을 동업자로 보는 박 고문의 일관된 경영철학은 50년간 노사분쟁이 없는 회사를 만들었으며, 세 아들을 두고도 경영세습을 하지 않아 한국에서는 보기 드문 전문경영인 체제를 확립하였습니다. 그러고도 성공했다는 사실은 이 땅에도 전문경영인의 기업 지배구조가 가능하다는 희망을 심어 놓았습니다.

이제 국내외 기업환경은 동업종간 경쟁만이 아니라 이업종(異業種) 산업으로부터의 도전이 결코 무시할 수 없을 만큼 위협적이 되고 있습니다. 131년 역사를 가진 미국의 코닥(KODAK) 카메라 회사가 도산한 것은 같은 카메라 회사와의 경쟁 때문이 아니라 애플(Apple)이나 삼성전자가 만들어 낸 스마트폰 때문이었다는 사실에서 볼 때, 이업종 기업의 도전에도 효과적으로 대처할 수 있는 경영전략이 필요하다는 교훈을 배울 수 있습니다. 이제 해운업계도 아날로그적 경영에서 디지털적 경영으로 경영관리 체제를 바꾸어야 합니다.

카네기는 일찍이 "기업은 사람이다"(Business is people)라는 명언을 남겼습니다. 이와 동일선상에서 박 고문이 추진한 임직원 성과공유제가 마침내 모든 직원을 사장으로 만들었다는 사실은 이 땅의 많은 경영자들이 반드시 배워야 할 교훈이라 생각합니다.

이 책은 개인의 자서전이라기보다 KSS해운이라는 기업 이야기를 통하여 경영자가 반드시 읽어 볼 가치가 충분한 경영지침서라 생각합니다. 박 고문님의 경영철학에 공감과 격려의 박수를 보냅니다.

추천의 말 2

진정한 의미의 투명경영을 여실히 보여 주다

권도균

이니시스 창업자, 프라이머 대표

투명경영 이야기는 많이 접합니다. 하지만 이를 평생을 두고 철저하게 실천한 기업가는 좀처럼 보기 힘듭니다. 1969년 창업하여 50년, 반세기 동안 일관되게 이를 실천한 KSS해운 박종규 고문의 책은 다른 이론 경영서와는 다른 힘을 경험하게 하고, 후배 기업가들에게 길을 제시할 뿐 아니라 그 길을 갈 수 있도록 용기를 줍니다.

유한양행의 유일한 창업자의 기업정신을 본받고 이를 더 발전시키며 오늘날의 KSS해운을 만든 것처럼, 이 책을 읽은 후배 창업가, 기업가들이 저자의 정신을 이어받고 더 발전시킨 투명하고 건강한 기업을 일으키는 데 기초가 되는 좋은 교본이 될 것입니다. 특별히 저자가 창업하고 경영하던 70~80년대 한국의 정치·사회적 환경은 원칙을 지키며 기업을 투명하고 공정하게 경영하기 어려운 척박한 환경이었습니다. 그때도 곧은 심지로 신념을 지키며 회사를 성공시킨 모습을 보면서 후배 창업가들 역시 오늘날에 신념을 가지고 원칙을 지키며 사업을 해도 더 크게 성공할 수 있다는 확신을 줄 것입니다.

인텔 회장 앤디그로브는 《편집광만이 살아남는다》라는 책을 썼습니다. 이 책을 읽으면서 저는 극단적인 결벽증만이 투명경영을 만들어 낼 수 있다는 점을 깨달습니다. 느슨해지고 타협하려는 마음에 끈을 더욱 동여매게 만듭니다.

특별히 박 고문은 회사 직원들을 동업자로 생각하여 권한을 위임하고, 자주성과 평등성을 인정하는 마음으로 진정한 의미의 경영 원리를 알려 주고 있습니다. 몇 구절 본문에서 인용해 보겠습니다. "기껏 유능한 직원을 뽑아놓고 나서 소위 '머슴'으로 만든다면 경영자의 자격이 없다는 것이 나의 소신이다", "종업원 의식 속에 자기 회사가 아니고 남의 회사이기 때문이다. 그 원인은 오너가 주인의식만 가지라고 강조하지 주인대접을 하지 않기 때문이다. 주인 대접을 한다면서 당근(돈)으로 뀐다. 그런데 당근으로는 오래 안 간다. 먹고 나면 약효가 떨어진다. 진정 주인으로 대접하려면 자주성을 존중하고 인격적 평등성을 인정하여야 한다. 주인의식은 자주성에서 생긴다. 그래서 나는 배당금에 팀별·개인별 차등을 두지 않는다. 그러니까 모두가 사장이 되었다."

본문에 등장하는 사례와 용어가 비록 과거의 예들이어서 오늘날 스타트업들이 쓰는 것과는 조금 다르지만 창업과 기업경영에 필요한 원칙에서는 꼭 알고 배우고 본받아야 하는 원리들이 가득합니다. 실리콘밸리 최고의 벤처 투자자인 벤 호로위츠의 악전고투 창업 경험을 기록한 책《하드씽》이 실리콘밸리에 있다면, 한국에는 이 책이 있다고 장담합니다.

무엇보다도 세습 승계에 의존한 100년 정도 된 근대 한국 기업의 역사에서 이제 더 이상 세습 승계 모델 하나에만 의존해서 기업을 영속시킬 수 없는 시대적 필요에 한 줄기 빛과 같은 대안을 제시하고, 이것이 가능함을 보여 주는 책이라는 점에서 대기업/중견기업의 대주주/경영진들 역시 꼭 읽어 보기를 권합니다.

책 속 저자의 선지자적 한마디를 마지막으로 첨부합니다.

"우리 회사가 가족회사보다 더 오래가고 더 발전해야 하는 것은 세습경영보다 전문경영인 체제가 우월하다는 사실을 입증해야 할 의무가 있기 때문이다."

차례

1부

시련은 있어도 좌절은 없다

프롤로그

보박(保朴)이라 불린 사나이

삭제된 성명서

1968년 한창 무덥던 여름 어느 날, 당시 석간신문이던 〈중앙일보〉 편집자의 손은 떨리고 있었다. '대한해운공사의 민영화를 반대한다'는 제목 아래 '대한해운공사 우리사주조합원 일동' 명의의 성명서가 1면 하단 통광고로 실려 있었기 때문이다.

대한해운공사는 1949년 설립된 이래, 열 척 가까운 선박을 건조 또는 도입해 미주 정기 노선을 개설하는 등 황무지나 다름없던 우리나라 해운업을 개척해 오고 있었다. 국가적인 기여도가 높은 이런 기업을 민영화한다는 데 대해 항간에서는 박정희 정부가 1967년 대통령 선거에 선거 자금을 조달해 준 대가로 어느 재벌에게 불하해 주려 한다는 소문이 떠돌고 있었다.[1]

해운공사 사주조합은 1967년 3월 결성될 당시부터 공사 안팎에서 많은 관심을 모으고 있던 상태였다. 이 운동을 주도한 세력이 정부의 민영화 방침을 공공연하게 반대하고 나선다면 사회적 파장은 적지 않을 것이었다.

그러나 행운인지 불행인지 〈중앙일보〉에 게재된 성명서는 가판(街販) 신문에서만 잠깐 선을 보이는 것으로 그쳤다. 그 광고가 '우연히도' 가두 판매대에서 신문을 훑어보던 기관 요원의 눈에 띄고 만 것이다. 아직 남아 있던 1판은 그대로 회수되었고, 2판부터는 성명서가 삭제된 채로 발행되었다.

문제는 여기서 그치지 않았다. 관계 기관이 발칵 뒤집혔고, 대한해운공사에는 정보부 요원이 들이닥쳐 주모자 색출 작업에 나섰다. 일차적인 추궁 대상은 당연히 해운공사 내의 사주조합이었다. 어떤 명분으로든 정부 방침에 정면으로 반대하고 나서는 일은 상상도 할 수 없던 당시 분위기에서, 종업원지주제 운동은 극히 불순한 행동으로 비쳤던 탓이다.

정보부 요원은 사주조합 사무국장이던 나(당시 33세)를 주동자로 지목했다. 그들의 짐작대로 이 성명서는 내가 주도하고 기초한 것이다. 그러나 당국의 움직임을 예상한 동료들의 권유로 이미 나는 대피해 있었다. 동료들은 나를 잡으러 온 기관요원을 붙잡고 간곡히 설득했다.

"종업원이 회사의 주식을 소유할 때 더욱 열심히 일할 수 있는 것

1___ 당시 민영화 대상이 된 기업은 대한해운공사 외에도 대한통운(동아건설에 불하), 대한조선공사(남궁연 씨에게 불하), 수산개발공사(심상준 씨에게 불하) 4개사였다.

아닙니까? 더구나 해운공사는 국민의 기업이므로 종업원지주제 운동은 국민에게 그만큼 이익이 됩니다. 우리는 국민의 기업을 위해 봉사하고 싶은 마음뿐입니다."

그들은 박정희 대통령과 이후락 당시 비서실장이 서명한 '100주 사기 운동' 동참자 명부도 보여 주었다. 이런 설득이 주효했는지 요원은 눈빛이 부드러워지더니 호주머니를 뒤지기 시작했다. 그가 내놓은 것은 현금 74,000원.

"알고 보니 참 좋은 운동이군요. 나도 100주만 삽시다."

훌쩍 자리를 뜨는 요원의 뒷모습을 바라보면서 직원들은 안도의 숨을 내쉴 수 있었다. 후문에 따르면 이 요원은 본부에 들어가 '별문제 없다'고 보고했다가 크게 질책을 당했다고 한다. 사건이 수습된 지 며칠 뒤 그는 나를 찾아와 소주잔을 기울였다.

100주 사기 운동

내가 종업원지주제 운동을 시작한 데는 나름대로 필연적인 이유가 있었다. 당시 정국으로 볼 때 알짜 국영 기업인 해운공사를 특정 재벌에게 불하할지도 모른다는 판단이 들었기 때문이다. 나는 해운공사 종업원들이 자발적으로 나서게 하는 방안을 모색하기 시작했다. 1966년 한 해 동안 머리에서는 '종업원들이 나서서 제대로 된 국민기업을 만들어 보자'는 구상이 맴돌고 있었다.

마침 그해 연말 조선과장으로 승진했고, 이듬해 1월 나는 선배 과장들에게 승진 턱으로 술을 사는 자리에서 이렇게 말했다.

"앞으로 해운공사의 운명은 어떻게 될지 모릅니다. 우리 회사가 재벌에게 불하되어 버리면 우리는 국민을 위해 일한다는 자부심을 잃게 됩니다. 새 사장님(이맹기 사장)이 부임한 이후, 과거 부실했던 경영 상태는 많이 벗어났습니다. 이제는 다른 국영 기업보다 더 좋은 기업이 될 수 있는 희망이 보입니다. 그런데 이런 회사를 개인 기업으로 만들어서는 안 되는 것 아니겠습니까? 우리 종업원들이 돈을 모으고, 사회 각계를 대상으로 우리 회사 주식 100주 사기 운동을 벌이면, 주식도 분산되고 재벌 불하도 막을 수 있을 것입니다."

나이 어린 후배의 입에서 생각지도 않은 제안이 튀어나온 것이지만, 그 자리에 모인 선배들은 쾌히 공감했다. 젊고 혈기찬 포부들이 밤늦도록 소주잔과 함께 오갔음은 물론이다. 곧바로 실천에 들어가기로 해 후속 모임을 가졌고, 계장급으로는 나보다 한 해 늦게 입사한 강병연 씨가 유일하게 가담했다. 사주조합을 당장 세울 계획을 논의하는 과정에서 가장 큰 문제는 이맹기 사장의 이해를 구하는 일이었다. 그런데 누가 고양이 목에 방울을 달 것인가가 문제였다.

종업원이 회사 주식을 소유하고 자본을 국민에게 공개하도록 한다는 발상은 당시만 하더라도 빨갱이 짓이라고 의심받을 수도 있었다. 그러나 생각만 거듭해서는 일이 되지 않는 법. 강직하기로 이름 높던 이맹기 사장님이라면 이 운동에 공감할 수 있으리라 믿었다.

나는 단신으로 그날 밤 이맹기 사장 집을 방문했다. 이 사장의 반응은 생각보다 호의적이었다.

"종업원이 자기 회사 주식을 갖겠다니, 애사심이 이렇게 강한 줄 몰랐네. 내가 이렇게 행복한 사장인 줄 이제야 알았네."

이맹기 사장은 이렇게 기뻐하면서도 신중할 것을 당부했다.

"이 일은 사장인 내가 공개적으로 도와줄 사안이 아니네. 자칫 오해를 불러일으킬 수 있고, 그렇게 되면 자네들의 좋은 뜻이 실현되기 어려울 걸세. 하지만 적극 나서서 해보게. 나는 적어도 방해하지는 않겠네."

이맹기 사장의 격려에 힘을 얻은 사원들은 사주조합 설립에 더욱 매진해 사주조합에 대한 사내 강연회도 열었다. 이때 강사로 초빙된 백영훈 박사(현 한국산업개발연구고문)에게 강사비를 대신하여 해운공사 주식 10주를 증정했는데, 백 박사는 "강연 취지와 아주 잘 부합되는 선물이오!"라며 크게 감격해했다.

뜻을 모으고 실천한 지 두 달 만인 1967년 3월, 마침내 사주조합이 설립되었다. 위원장으로는 선장 출신으로 해운공사 해무과장이던 김백홍 씨가 선출되었고, 제안자였던 나는 사무국장을 맡았다. 조합이 설립되면서 곧바로 '100주 사기 운동'의 형태로 주식 매입을 위한 기금 확보에 나섰다.

대통령을 주주로 모시다

이는 한 개인이 주식을 독점하는 것을 처음부터 방지하려는 뜻에서 비롯한 것이었다. 모금은 회사 내에만 한정하지 않고 사외 인사들에게도 참여토록 권유했다. 거래처에도 1,000주를 한도로 참여를 유도했고, 양심적인 인사들도 찾아다녔다. 특히 박정희 대통령과 이후락 당시 비서실장의 참여 서명을 받기 위해 이맹기 사장과 청와대를 방문했다. 이미 민영화 설이 서서히 나돌기 시작하던 때여서 과연 청와대 측에서 어떤 반응을 보일지가 관심거리였는데, 뜻밖에도 박 대통령은 종업원들이 좋은 일을 한다고 칭찬하며 주식 사기 운동 명부에 서명했고, 이후락 실장도 마지못해 그 밑에 서명했다.

대통령 서명을 받은 방명록을 들고, 막 개회하려는 국회 재경분과위원회에 뛰어들어가 사회석에 앉은 양순직 위원장에게 방명록을 내밀었다. 놀란 양 위원장은 대통령 서명을 보고 "이게 진짜냐?" 하면서 서명하였다. 사회자에게 잠시 기다려 달라고 하고 앞줄에 앉은 위원들에게 차례로 서명을 받아냈는데 열 명 정도는 되었다. 대통령과 비서실장 그리고 쟁쟁한 재경분과위원회 위원들이 서명을 했으니 '이제는 해운공사를 안 팔아먹겠지' 하고 순진하게도 안심하였다. 나는 성공했다며 들떠 있었다. 이제 모은 돈으로 주식만 사면 된다고 생각했다. 우리의 속내는 정부의 강행 의사 여부를 테스트하는 방안으로 박 대통령 서명을 시도한 것이었다. 그러니 청와대에서 격려와 함께 100주 사기 운동에 서명한 것은 민간 불하를 감행할 의사가 없는 것으로 착각하게 하기에 충분했다.

십시일반으로 모은 기금이 2천여 만 원을 넘자 나는 재무부를 찾아가 이 운동의 취지를 설명하고, 이 기금에 해당하는 주식 3만 주(정부 보유 주식 21만 주 중)를 사원주로 매입하겠다고 했다. 재무부에서는 주식을 분산 소유하도록 하겠다는 취지에 일단은 공감하면서도, 법규상 직접 매입하게 할 수는 없고 주식 시장에서 곧 공개 입찰하도록 할 테니 거기에 참여하라고 답변했다.

그리하여 1968년 봄 1차로 2만 주, 2차로 1만 주 등 모두 3만 주가 곧 공개 입찰에 나왔다. 사주조합은 이 3만 주를 모두 매입하는 것을 목표로 삼았다. 민영화설이 언제 사실로 굳어질지 몰라 절박한 심정들이었다.

1차 2만 주의 입찰 일자가 다가오면서 매입 실무를 맡은 나는 매입가를 어떻게 써낼지 고심했다. 신문과 여러 자료들을 닥치는 대로 섭렵하면서 밤새 연구를 거듭한 끝에 740원으로 매입가를 써냈다. 궁하면 통한다고 할까, 놀랍게도 740원이 낙찰가였다. 당시 1차 입찰에는 국내 유수의 증권회사들이 참여했는데, 이들은 모두 738원 미만으로 가격을 제시했던 것이다. 주식 전문가들의 코를 납작하게 한 나에게 재무부 측은 혀를 내둘렀다.

이런 식으로 해서 2차 입찰분 1만 주도 확보해 모두 3만 주를 사주조합이 매입하는 데 성공함으로써 이 운동은 마침내 결실을 맺는 듯 보였다. 다른 국영 기업체 노조뿐 아니라 각계에서 축하 전화와 방문이 이어졌다.

그런데 주식 매입의 흥분이 채 가시기도 전 그해 여름, 정부가 보유한 해운공사 주식의 거의 전부인 약 18만여 주를 일시에 특정인에게 불하한다는 설이 나돌기 시작했다. 이 소문이 현실로 나타날 조짐이 보였고, 그래서 사주조합 일동 명의로 항의 성명서를 〈중앙일보〉에 싣게 된 것이다.

그러나 1960년대 말 한국 현실에서 기업을 지키겠다는 사원들의 노력은 '계란으로 바위 치기'였을까? 앞에서 보았듯이 사주조합의 성명서는 독자의 손에 전달되지 못했고, 결국 대한해운공사는 당시 한양대학교 총장 김연준 씨에게 불하되었다.[2] 따라서 사주조합 운동도 해산하지 않을 수 없었고, 실패한 후에도 나는 박 대통령과 이후락 비서실장에게서 약속된 주식 대금 74,000원씩을 받아내어 주주 명부에 올렸다. 오기의 소산이기도 했지만, 현직 대통령이 공개된 기업의 주주가 되는 사례를 남긴 것이다. 서명한 국회의원들에게는 주식 대금을 거두지 않았다.

회사가 졸지에 개인 기업이 되면서 힘이 쭉 빠졌다. 노동운동과 사주조합 운동을 했다고 새로운 경영진에 미운털이 박히기도 했지만, 무엇보다도 내가 누구를 위해 땀을 흘려야 하는지 의미를 잃어버린 것이 가장 가슴 아팠다.

나는 더 이상 회사에 남을 어떤 미련도 잃어버렸다. 떠나는 사람이 하나둘 줄을 이었고, 1969년 2월 나도 사표를 던졌다. 해방 이후 유한양행을 제외하면 거의 최초라고 할 수 있는 사주조합 운동은 이리하여 물거품이 되고 말았다.

허위가 덮은 진실

나는 1955년 서울대학교 문리대 정치학과 재학 중 공군사병으로 입대했기 때문에 2년 늦게 졸업하게 되었다. 대학 졸업을 앞두고

2 1968년 대한해운공사는 김연준 씨에게 불하된 후 비극적인 운명을 겪는다. 매각 당시만 해도 최우량 기업체였지만 경영진의 부실 경영으로 사세가 급격히 기울기 시작한 것이다. 결국 서주산업 윤석민 회장이 인수해 대한선주로 개칭되었으나, 이마저 부실의 악순환에 빠지면서 한진해운에 흡수합병되고 만다. 1972년 안양골프장에서 만난 이맹기 회장에게 박 대통령이 불하가 잘못되었었다고 솔직히 시인했고, 곧이어 한국선주협회 회장 취임을 요청한다.

1960년 10월 취직한 회사가 국영기업인 대한해운공사였다. 당시에는 취직할 곳이 정부, 국영기업, 은행, 신문사 그리고 몇 안 되는 민간회사밖에 없었다. 10:1의 경쟁을 뚫고 합격하니 더 이상 다른 곳에 지원할 엄두를 낼 수 없었다. 행운으로 생각하고 열두 명의 동기와 같이 입사하였다. 처음에 본사 보험 업무에 보직을 받았는데, 같은 사무실에 동명이인의 박종규(朴鐘奎) 노정계장이 계셨다. 이분이 나중에 내가 만든 별도 회사인 ㈜코리아케미케리에 사장 차명(借名)을 해주신 분이다. 호명 때마다 헷갈릴 경우가 많아 내 이름은 급사부터 사장님까지 보험계의 박종규를 약칭하여 보박(保朴)이라 불리게 되었다.

반년이 지난 후 5·16이 터져 군 출신 사장이 부임하고 많은 선배들이 강제퇴직을 당하면서 나는 부산지점 관리실로 발령받아 현장을 경험하게 되었다. 발령 전 나에게 사장 특명이 떨어졌는데, 다름 아닌 '밀수 근절책'을 만들라는 것이었다. 육군 출신 사장이 부임했는데, 해운회사에 밀수가 많다는 소문을 듣고 온 것 같았다. 특명을 받은 내가 머리를 짜내서 만든 안이 군대처럼 단체기합 안이었다. 선박 내의 조직은 갑판부, 기관부, 통신부 세 부서로 나뉘어 있는데 한 사람이라도 밀수를 하면 그 선원이 소속된 부서의 전원이 벌을 받는 단체 징계안을 성안하여 상부에 올렸더니 아주 좋은 착안이라고 칭찬받았다.

그런데 부산에 부임하여 밀수 현장 사정을 알게 되었다. 선원들과의 회식에서 선원 한 분이 "밀수를 혼자 하는 줄 아는 모양이지! 본사 사람들은 뭣도 몰라"라고 비웃는 것이었다. 알고 보니 승선한 선원 전체가 다 같이 공동으로 한다는 것이었다. 그래야 내부고발자가 없어 안심하고 할 수 있다는 것이다. 현장을 모르고 내가 칭찬받으면서 만든 회사안은 밀수방지책이 아니라 밀수장려책이 되고 있었다. 회식석상에서 그런 놀림을 듣고 있는 장본인인 나는 "그것은 내가 만든 것이요"라고 말도 할 수 없고 부끄럽기만 했다. 그래서 즉각 본사에 자초지종을 설명하고 내가 만든 회사의 밀수 방지책을 취소해 줄 것을 건의하였다. 그러나 본사에서는 내 말을 믿지 않고 현장 선장들에게 확인했다. 그 결과는 나의 취하 건의가 틀렸다는 것이었다. 선장으로서 공동 밀수 사실을 시인할 수는 없는 노릇이다. 허위가 진실을 덮어 버렸다. 그리하여 나의 취하 건의는 취소되었다. 하지만 이 일이 나중에 내가 세운 회사에서 밀수 금지정책으로 나오게 된다.

노조와의 인연

회사에 선원노조가 있고 노조위원장은 의욕이 강해서 회사에 임금인상을 크게 요구하였으며, 매일 회사 정문에서 실업 선원들과 선원가족들이 모여 데모를 하는 것이 다반사였다. 회사는 적자로 허덕이는데 노조는 알 바 없다는 듯 불법 데모로 세를 과시하고 있었다. 그러나 부두에 가면 실업 상태의 선원이 우글거렸다. 이런 상황에서 내가 노조위원장을 만나 "실업 선원이 많은데 당신이 아무리 임금을 올려 달라고 한들 먹혀들 것으로 생각하느냐?"라고 했더니 "그러면 어쩌란 말이야"라고 되물었다.

"선원들에게 배를 타도록 합시다!"

"그걸 누가 몰라서 그러나, 탈 배가 없는데!"

나는 배가 정박하고 있는 부산 앞바다를 손으로 가리키며 말했다.

"저 배는 배가 아닌가? 외국 배에 우리 선원을 태우면 될 것 아니요! 그래야 실업 선원이 줄고, 실업 선원이 줄어야 임금 인상도 가능하지 않겠어요?"

"외국 배에 취직시킬 방법이라도 있나?"

"우선 외국 선박회사에 편지라도 보내 보면 어떻겠어요?"

이렇게 해서 내가 영문으로 편지를 써주기로 하고 노조 일을 떠맡게 되었다. 이것이 계기가 되어 노동조합 간부가 되었고 선원노조부위원장까지 올라갔다. 낮에는 회사 일을 하고 밤에는 노조 일을 하는 바쁜 나날을 보냈다.

실업 선원의 외국 선박 취업은 그리 쉽지 않았다. 1인당 월 150달러의 저렴한 인건비와 대학 출신의 해기사 공급이라는 매력적인 제안을 담은 내용의 제안서를 작성했다. 당시 우리나라는 국민소득 80달러 수준이었고, 서독 광부 파견 전이었다. 영문 편지에 "Korea Seamen's Union" 이름으로 유럽 100대 회사에 보냈는데 회신이 한 군데도 없었다. 나중에 알고 보니 당시 유럽 각국은 노동조합 때문에 선주들이 골머리를 앓고 있어서 노조 이름으로 온 제안을 받아들일 선박회사는 없었던 것이다.

그래서 방법을 달리하기로 했다. 선원송출업을 할 수 있는 회사를 활용하기로 했다. 노조위원장이 협성해운이라는 영국 로이드선박회사 대리점 회장을 찾아가 협력을 구했다. 때마침 대만과 홍콩에 두어 척분의 선원 송출을 교섭하는 중이었다. 1962년 2월, 선원은 노조에서 공급하기로 하여 이것이 성사되었다. 아마도 최초의 한국 선원송출이 아닌가 한다. 그 후 한국 선원의 해외 송출은 1980년대 말

최대 48,000명 선까지 증가하였고, 매년 막대한 외화를 벌어들였다.

20시간 만에 만든 법무부 '훈령'

1963년 가을 어느 목요일, 협성해운을 통해 날아든 소식은 외국 선박 한 척이 인천에 입항하였는데 타고 있던 대만 선원 15명이 하신을 한다는 것이었다. 일종의 스트라이크였다. 선주가 급하게 한국 선원 고용 가능 여부를 타진해 왔다는 것이다. 선박 출항은 토요일 1시라고 한다. 워낙 시간이 촉박한 것은 사실이나 나중에 어떻게 되든 일단 수락하자고 했다. 노조가 급하게 15명의 선원을 수배하고 승선 수속을 밟게 되었는데, 당시만 하더라도 여권이 없으면 외국 선박에 승선할 수 없었다. 배가 출항 전까지 여권 수속을 마친다는 것은 불가능에 가까웠다. 15명이나 되는 사람의 신원조회가 선행되어야 하는데 현주소와 본적지가 여러 지방이라 아무리 빨라도 일주일이 걸리는 일이라는 것이다. 노조에서 나에게 떨어진 이 난제를 풀 방법은 청와대를 동원하는 것뿐이었다.

금요일 아침 새벽에 일면식도 없는 청와대 안광석 외교담당비서관 자택에 쳐들어갔다. 사정을 말씀드리고 국내 출국절차 문제로 귀중한 취업 기회를 놓친다면 말이 안 된다고 강력히 호소했다. 안광석 씨도 내 말에 동의하고 최선을 다해서 내무부와 여권과에 말해 주겠다고 하여 크게 믿고 여권과에 갔다. 여권과는 내무부 신원조회가 선결되어야 한다고 했다. 내무부를 찾아갔더니 지급으로 처리한다 하더라도 15명이나 되어 내주에나 처리될 것 같다고 했다. 절차는 절차라며 어쩔 수 없다는 것이었다. 크게 낙담하고 부산에서 밤 기차로 상경한 선원들과 점심을 같이 하였다.

그런데 아무것도 모르는 선원들은 배를 타는 줄 알고 들떠 있는 게 아닌가! 내가 이들을 실망시킬 순 없다는 생각이 들었다. 그러나 방법도 없고 시간도 없었다. 내일이면 배가 출항한다. 선원이 없으면 출항을 못할 것이라 생각하면서도 우리나라 여권 수속 문제로 체선(滯船)시킨다는 것은 국가의 큰 수치다. 그러나 이런 문제의식이 있는 사람은 지금은 나 하나뿐이다. 앞이 캄캄하고 외로운 입장에 놓인 것이다. 그러나 이 일은 나한테 떨어졌고, 어떻게든 해내지 않으면 15명 선원의 취업 기회는 사라지고 외국 선박은 인천에서 당분간 오도 가도 못 한다. 한국 선원의 승선이 가능하다고 큰소리친 노조와 협성해운은 계약위반에 따른 체선료를 물게 될 것이며 국제적 망신이 될 것이었다.

그때 내 머릿속에 기발한 생각이 떠올랐다. 선원들이 가지고 있는 선원수첩을 모아 법무부에 간 것이 오후 3시가 좀 넘었다. 법무부 담당 과장에게 사정 이야기를 하자 그가 내게 물었다.

"그래서 어떻게 해달라는 이야깁니까?"

"선원수첩도 여권에 준하는 것 아닙니까? 수첩에 출국 도장만 찍어 주세요."

그러나 과장은 그런 제도가 없어 안 된다고 했다. 나는 당돌하게 항변했다.

"제도는 만들면 되는 것 아닙니까? 어렵게 기회가 온 선원의 취업 기회를 나라의 제도 미비로 놓친다면 이래도 국가라 할 수 있나요? 15명의 선원을 구해 주세요."

대의명분과 읍소를 섞어 설득하다 시계를 보니 어느덧 퇴근 시간이 다 되었다. 과장이 "우리 저녁이나 먹으면서 생각해 봅시다"라고 하여 담당계장과 저녁을 하면서 나는 계속 통사정을 했다. 결국 내 간청에 감명 받았는지 과장이 "사무실에 돌아가서 '훈령'을 하나 만들어 봅시다"라고 하는 것이다. 캄캄한 절망 끝에서 희망이 보이는 순간이었다.

이렇게 해서 금요일 밤에 법무부장관 훈령이 뚝딱 기안되고 토요일 오전 국장, 차관, 장관 결재가 난 시간이 11시였다. 공문을 작성하여 관인을 찍고 봉하여 내 손에 들어온 것이 11시 30분, 그것을 들고 선원 15명을 인솔하여 인천으로 달려가 인천출국사무소에 도착한 것이 정각 1시, 봉하여 가지고 온 봉투를 뜯어 따끈따끈한 '훈령'을 받아 본 소장이 깜짝 놀라면서 선원수첩에 출국도장을 찍어 주었고, 선원 15명은 나에게 고맙다는 인사를 하고 배로 향하였다. 손을 흔들면서 지난 이틀간의 피로가 한꺼번에 쏟아졌다. 그러나 하룻밤 만에 훈령을 만들어 보람된 일을 했다는 자부심으로 돌아오는 발걸음은 내내 가벼웠다. 그날 이후 모든 선원은 선원수첩만으로 출입국이 가능하게 되었다. 이것은 국가제도 개선의 일부일 뿐이다. 이런 일들이 모여 오늘의 대한민국이 된 것이다.

선박 매매·건조 전문가가 되다

1962년 나는 본사 기획실의 조선과 선박도입반 계장으로 발령받았다. 내가 맡은 업무는 선박을 새로 도입하거나 매각하는 일로, 막대한 자금이 오가는 업무였다. 1966년 조선과장으로 승진한 후에도 나의 업무는 변함없었는데, 특히 중요했던 일은 5~10년 후 시장 전망을 분석하고 이에 따라 필요한 선박의 사양과 금융 조달 방안을 수립하는 것이었다.

해운 초창기였던 1960년대 국내 해운업계는 아직 선박 도입 절차나 방법, 실무 등에 대한 경험도 선배도 없었다. 세계 시장 동향을 어떻게 파악하며, 어떤 절차에 따라 도입하는지, 오퍼(offer)는 어떤 양식으로 하는지 등을 일일이 새로 익혀야 했고, 금융 조달을 위해 관계 당국을 이해시키는 일도 중요했다. 회사가 나를 이 업무에 배치한 것은 내가 정치학과 출신이란 점이 크게 작용했을 것이다.

해운공사에서 나는 모두 14척의 선박 도입에 관여했는데, 민간 해운업체가 본격적으로 뿌리를 내리기 전인 만큼,[3] 도입 선박 목록은 곧 한국 해운업의 역사이기도 했다.[4]

1966년 나는 해운공사의 선박 도입과 관련된 장기 마스터플랜을 보고했다. 이맹기 사장 이하 중역들에게 브리핑하는 자리에서 나는

3 대한해운공사가 1960년대 한국 해운업에서 차지한 비중은 매우 컸다. 1966년의 경우 해운공사는 한국선주협회 회원사의 보유 척수 72척 중 23척, 선복량 223,524총톤 중 102,595총톤을 차지하고 있었다. 이러한 상황은 해운공사가 1968년 민영화되면서 달라지기 시작했다. 특히 1970년대 들어 민간 기업이 성장하면서 해운업의 주도권은 정부에서 민간으로 옮겨갔다.

곧 열릴 미주 컨테이너 시장에 본격적으로 뛰어들 것, 20만 톤급 초대형 유조선을 도입해 유류 수입 증가에 대비할 것, 포항제철의 원광석(ore) 운반선을 건조할 것 등 굵직하고 막대한 자금이 들어가는 계획을 건의했다. 이때 내가 함께 제출한 신규 사업은 케미칼 제품 운반업이었다. 아직 국내 석유화학 수요나 생산량이 미미했지만 울산석유화학단지가 한창 건설되고 있음을 감안할 때 앞으로 유망한 사업이 되리라고 나는 역설했다. 시장 규모가 작은 초기에는 500톤급 선박으로 한일 간을 왕복 운항하는 정도겠지만, 상당한 기술력이 필요한 화물이므로 점차 고부가가치 산업이 되리라는 것이 브리핑의 요지였다.

위 내용 중 컨테이너, 초대형 유조선 도입, 원광석 운반선 도입 등은 모두 채택되었으나 케미칼 운반선 도입 건만 부결되었다. 시장 규모가 너무 작다는 이유였다. 대형 선사로서는 규모가 작은 시장을 굳이 노릴 필요가 없었을 것이다. 훗날 해운공사가 민영화되어 사주조합 운동이 물거품으로 돌아가자 뜻있는 사원들이 회사를 떠났고, 나도 자의반 타의반으로 1969년 2월, 10년 가까운 해운공사 시절을 마무리하게 된다. 한 차례 개인 기업에 취직했던 나는 이후 창업을 결심하게 되는데, 공교롭게도 그 업종이 바로 석유화학 부문이었다.

4 ___ 일본에서 건조해 1963년 인수한 도라지호(부산-제주 간 운항)와 아리랑호(부산-고베 간 운항) 등 여객선 두 척이 내가 조선과에서 일하면서 처음으로 도입한 배다. 뒤이어 1964년 8천 톤급의 알테어호와 베가호, 1969년 1만 톤급의 코리아파이오니어호와 코리아엑스포터호 등 신조 8척, 중고 4척을 도입, 동남아 및 미주 노선까지 투입하면서 나는 선박 건조와 매매에서 나름대로 전문가 수준까지 올랐다고 자부할 정도가 되었다. 훗날 내가 생소한 분야라고 할 수 있는 케미칼 운송업에 뛰어든 것도 이때의 경험이 축적된 결과였다.

도쿄 지하철에서 받은 충격

1968년 봄, 난생처음으로 외국에 출장 간 곳이 도쿄였다. 하루는 도쿄사무소에 근무하는 김영선 씨와 지하철을 탔다. 사람이 많아 빽빽이 서 있는 속에서 앞에 앉아 있는 젊은 두 사람이 작은 목소리로 소곤대는 말이 들렸다. 우연히 내용을 엿듣게 되었는데 내용으로 보아 어느 상사 사람들로, 한 명은 서울에서 막 귀국한 사람이고 좀더 젊은 사람은 이제 서울에 부임할 사람 같았다. 젊은 사람이 선배한테 묻는다.

"실무자한테는 얼마를 주어야 합니까?"

"한 20만 원 정도면 돼."

"과장과 부장은요?"

"50 정도, 그리고 부장은 100이면 충분해."

그리고 이어서 "조선놈 별수 없어(朝鮮人, 仕方がない)!" 하는 것이었다. 바로 앞에 서 있는 사람이 한국 사람이란 것을 알 리 없었다. 이런 대화를 들은 내 귀를 씻고 싶었다. 우리나라 어느 회사인지는 몰라도 거래처에 뇌물을 주는 이야기였다. 그들의 마지막 말이 더 한심했다. 우리나라 사람들이 36년간 일본의 지배를 받았는데도 도덕적 타락 때문에 저런 소리를 듣는 것이 통탄스러웠다. 이제 누구를 원망하랴! 우리의 잘못인 걸. 이래서 일본의 식민지가 된 것 아닌가! 지하철에서 내렸는데 나도 김영선 씨도 한참을 아무 말 없이 걸었다. 호텔에 가까이 와서 김영선 씨가 말문을 열었다.

"가끔 저런 소리를 들어. 기분 나쁘지만 할 수 없는 것 아니야? 현실이니까."

그날 밤 나는 잠을 설쳤다. 내가 장차 기업가가 된다면, 저런 더러운 소리 안 듣는 깨끗한 회사를 만들겠다고 결심하였다. 한국에 그런 회사 하나쯤은 있어야 할 것 같았다. '뒷거래 안 하고 뇌물이 통하지 않는 회사.' 그것이 내 목표처럼 벽에 붙었다. 이 일로 뒤에 말할 '리베이트 없는 기업 KSS해운'이 탄생한다. 한국 기업을 대표해서 그렇게 해야 할 내 운명 같았다.

내가 나를 취직시키다

1969년 2월, 34세의 실업자인 나는 앞으로 무엇을 할지 막막했다. 가정을 책임져야 했기에 취직자리를 알아보는 일이 급선무였다. 그러던 중 사주조합 운동 때 초청 강연을 해준 백영훈 박사 덕으로 동신화학이라는 업체에 취직했다.

나는 이곳에서 기획실장으로 6개월여 일하면서 민간 기업의 생리를 익히고 생계에도 잠시 숨 돌릴 틈을 얻었으나, 차츰 회사의 실태를 접하면서 실망을 금치 못했다. 회사의 주 생산품은 자동차 타이어와 군화로, 월남에 파병된 한국군 군납용이었다. 군납인 만큼 대금을 떼이는 일도 없었고 영업도 꾸준했기 때문에 경영만 제대로 된다면 회사가 어려울 리 없었지만, 어찌 된 일인지 항상 자금 부족에 허덕였다.

나는 기획실 업무만이 아니라 회사 업무 전반을 도맡다시피 하면서 밤을 새우기 일쑤였고, 링거 주사를 맞으며 일하기도 했다. 그러나 회사를 재건하는 데 일조하겠다던 나의 결심은 곧 무너져 버렸다.

어느 날 거금의 군납 대금이 입금되었기에 나는 종업원 임금과 거래처 대금 등 밀렸던 항목을 집행할 계획이었다. 즐거운 마음으로 출근했는데 경리과장에게 뜻밖의 말을 들었다. 돈이 없다는 것이었다.

"돈이 없다니, 말이 되는가? 어제 입금된 것으로 아는데."

"어젯밤 회장님이 다 가져가셨습니다."

"다 가져가다니? 무슨 명목으로?"

"가수금 반환으로 가져오라 하셔서요…."

아무리 가수금이 있었다 해도 거래처며 종업원들이 모두 목을 빼고 있는데 이래도 되는가. 게다가 한마디 언질도 없이. 허탈했다. 회삿돈을 개인 돈처럼 사용하는, 일종의 한국 기업병을 목격한 셈이다.

더 이상 미련을 느끼지 못한 나는 사표를 던졌다. 회사에서 나에게 몇 번씩 사람을 보냈지만 나는 아예 다른 곳에서 칩거하다시피 하며 퇴직 의사를 확실히 전했다.

이제 다른 곳을 알아보아야 했으나 막막하기만 했다. 해운공사라는 큰 업체를 다닌 경력이면 쉽게 자리가 날 줄 알았으나 현실은 그렇지 않았다. 그러던 어느 날, 문득 그 연유를 깨달았다.

'그렇군. 해운공사에서 노동운동에다 사주조합 운동까지 주도했으니, 블랙리스트 1호 아닌가! 기왕 이렇게 된 것, 더 이상 남에게 취직을 부탁해야 소용없다. 내 회사를 만들어 나를 취직시키는 수밖에.'

창업을 결심한 내 머리를 스친 것은 케미칼 화물 수송업이었다. 해운공사 시절 이미 시황(市況) 분석을 착실히 해놓았고, 지금도 여전히 개척되지 않은 분야 아닌가! 옛 동료 강병연 씨를 찾아 함께 현황을 분석해 보니 3년 전 예측한 물동량이 거의 정확히 맞아떨어지고 있었다. 한일합섬, 태광산업 등의 석유화학 제품 수입이 날로 늘고 있어서, 수송선이 최소한 3척은 필요한 상황이었다. 그런데 한일 간 항로 등 외항 항로에서는 모두 일본 선박이 취항하고 있었다.

'우선 배를 한 척이라도 도입하면 일본 배가 독점하는 시장에 파고들 수 있겠군.'

나는 곧바로 창업 준비에 돌입했다. 해운공사에서 물러난 이맹기 전 사장을 찾아 사업 계획을 설명하고 100만 원의 출자금을 약속받았다. 나도 100만 원을 준비하고 나머지 100만 원은 해운공사 출신 동료들을 규합해 어렵게 조달했다. 1969년 12월 31일 무교동 광일빌딩 지하 식당에서 창립총회를 열고 '코리아케미칼캐리어스주식회사'(Korea Chemical Carriers. Co. Ltd)라는 긴 이름으로 설립 등기를 마쳤다. 바로 이날이 ㈜KSS해운의 전신인 ㈜KCC해운의 생일이다.[5]

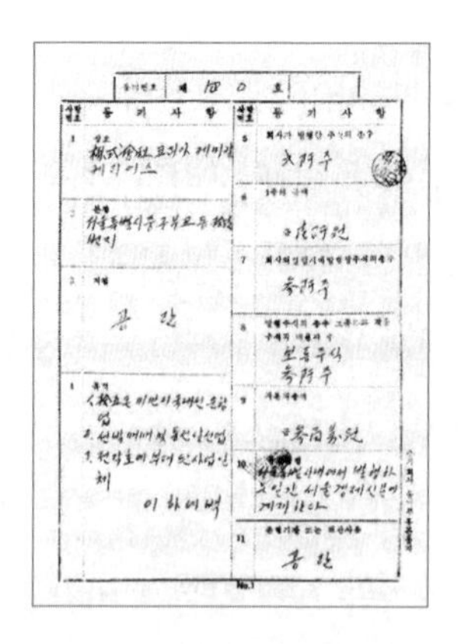
등 기 사 항 | 등 기 사 항

이 하 여 백

No.1

코리아케미칼캐리어스 등기부등본

5 앞으로 문맥상의 정확함을 기하기 위한 경우를 제외하고는 'KSS해운'으로 통칭한다.

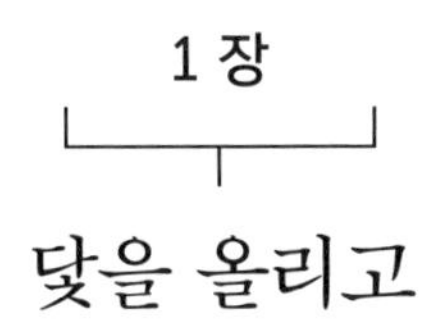

닻을 올리고

창업기(創業記)-사주조합 동지들과 함께

1970년 7월 어느 날, 강병연 상무는 일본으로부터 날아든 전문을 조심스레 펼쳐 보았다.

'제1호 선박 도입 계약 성공!'

서울 중구 무교동 11번지 광일빌딩 501호, 10평 남짓한 사무실은 환호 소리로 가득 찼다. 한국 최초로 외항 케미칼 운반선을 도입하는 데 성공한 것이다.

나는 첫 배를 들여오지 못하면 현해탄에 몸을 던지겠다는 각오로 일본으로 건너갔다. 이러한 비장한 각오와 창업 동지들의 정성이 7개월 만에 결실을 맺은 순간이었다. 이 1호 선박의 계약을 시작으로 코리아케미칼캐리어스㈜는 황무지나 다름없는 케미칼 화물 수송에 뛰어들어 힘찬 항진을 개시했다. 이 선박의 이름은 제1케미캐리(No.1 Chemicarry)호. 오늘날 특수화물 운송의 베테랑이자 초대형 액화가스 선대(船隊)를 운항하고 있는 ㈜KSS해운의 역사는 여기서 시작된다.

제1케미캐리호를 도입한 것은 한 기업의 차원을 넘어선 의미가 있다. 이 배는 적재톤수 700톤의 소형으로, 선령 1년이 채 안 된 신조 케미칼 탱커였다. 일견 초라해 보여도 일본이 전적으로 지배하고 있던 아시아 지역의 케미칼 화물 운송 시장에 한국 해운사상 처음으로 진출한 선박이다.

이맹기 전 해운공사 사장의 후원 아래 설립된 코리아케미칼캐리어스㈜의 대표이사는 사업을 입안하고 설립을 주도한 내가 맡았다. 서울대 법대 출신인 강병연 씨는 나의 대학 동문이자 해운공사 1년 후배이기도 했다. 그는 회사 창립 계획서 작성 등에 핵심적으로 참여한 인연으로 창업에 의기투합, 상무이사를 맡았다. 최연장자인 허배 씨는 해운공사에서 기관장, 조선 감독을 오랫동안 했던 경험을 살려 부산사무소 담당 상무로 일했고, 총무담당이사를 맡은 조용휘 씨 역

1호 선박 제1케미캐리호.

시 해운공사 시절에 맺은 인연이 계기가 되어 창업 멤버로 합류했다.

나의 뒤를 이은 장두찬 씨는 당시 현역 해군 장교로 정보부에 복무하고 있었기에 창립에 가담하지는 않았으나, 나는 창업 때부터 그를 향후 사업 동지로 생각해 두고 있었다. 정보부에 근무하던 그가 국영기업체 담당으로 순방하던 중 해운공사를 방문했고, 그때 처음 만난 나는 곧바로 서로의 성실함을 눈여겨보게 된다. 이후 우리는 곧 호형호제 하는 관계가 되었고, 창업 당시 나는 사업을 같이 하자고 제안한 바 있다. 창립총회에 그를 초청하기도 하였지만, 12년 의무 복무 기간이 끝나지 않았기 때문에 합류하지 못했다. 그래도 나는 완전히 그를 포기하지 않았고, 1974년 그의 상관인 조일제 씨를 어렵게 설득하여 퇴역과 동시에 합류하게 했다. 그 후 그는 나를 끝까지 도와 사장, 회장을 역임했고, 전문경영인으로서 처음으로 한국선주협회 회장으로 취임하여 톤세 도입 등 업계에 큰 공을 세웠다.

우라가네(裏金)로 무산된 첫 배 계약

회사가 설립된 후 제일 먼저 해결되어야 할 것은 선박을 도입하는 일이었다. 한일 간 화물량을 고려해 우선 500톤 정도의 중고선을 한 척 도입할 것을 목표로 설정했다. 당시 알아본 선가는 7천만 엔에서 9천만 엔 정도로, 자본금 300만 원의 회사로서는 자체 조달할 방법이 없었다.

내가 구상한 방안은 '국적취득 조건부 나용선(裸傭船)' 방식이었다. 해외 금융을 리스 방식으로 조달해 선가를 몇 년간 분할 상환한 후 국적선으로 구입한다는 발상이었는데, 아직 국내에서는 생소한 방법이지만 이미 선진국에서는 항공기 도입의 보편적인 방안으로 자리 잡고 있었다(이후 우리나라에서도 국적취득 조건부 나용선 제도가 본격적으로 시도되기 시작한다).

그런데 담보도 없이 1억 엔에 가까운 자금을 확보하기 위해서는 누군가 용선료 지급을 보증해 주어야 했다. 나는 대한보증보험주식회사를 찾아갔다. 담당과장인 한익 씨(1988년 상무이사로 퇴임)는 유보적인 태도를 보이면서도 일말의 희망을 내비쳤다.

"솔직히 말해서 우리 회사는 아직 외국에 대해 외화 보증까지 한 경우는 없습니다. 그러나 매우 흥미 있는 도입 방안이고 사업 전망도 있으니 재무부 인가를 맡아서 외화 지급 보증을 해보겠습니다."

의외로 긍정적인 반응이라고 여긴 나는 후속 작업을 임원들에게 맡기고 1970년 1월 말에 도일(渡日)했다. 일본에서 우선 접촉한 것은 도쿄무역(東京貿易)이라는 회사였다. 담당자 야마모토(山本) 씨는 우리 회사의 자금력이 거의 없다는 데 난색을 표했다. 그러나 그는 내가 제시한 사업 구상과 시장 예측이 타당성이 있다고 보아 적당한 선박을 수배하기 시작했다.

이때 물망에 오른 선박은 300톤 규모의 제3교쿠호마루(旭豊丸)라는 석유화학 운반선이었는데, 선령 1년 반 정도의 비교적 새 선박으로 일본 내항 노선에 투입되고 있었다. 선주는 긴키수송창고(近畿輸送倉庫)주식회사와 개인 회사인 후루모토해운(古本海運)이 50퍼센트씩 공동 소유한 형태였고, 실제 운항은 긴키수송창고가 하고 있었다. 계약은 비교적 순탄하게 진행되어 그해 2월 말, 선가 7,000만 엔으로 합의하고 3월 31일까지 700만 엔의 계약금을 지불하기로 했다. 일이 너무나 잘 풀려 어리둥절할 정도였다.

3월 31일. 계약금 지불 기일이었다.

'아직 대한보증보험에서 용선료 지급 보증을 받는 일이 진행 중이지만 계약금만 지불하면 차관 공여에 추진력이 붙을 것이다.'

이렇게 생각한 나는 일본에 살고 있는 해운공사 옛 동료로 재일동포 실업가인 서경인 씨에게 700만 엔을 빌려 계약금을 마련했다. 그리고 제3교쿠호마루의 선주인 긴키수송창고의 오사카 사무실을 찾았다. 동행자는 도쿄무역의 야마모토 씨, 그리고 제3교쿠호마루의 공동 선주인 후루모토 씨였다. 선주가 두 사람이었기 때문에 두 선주가 모두 참석해야 계약이 최종 성립될 수 있었다.

그런데 이 자리에서 긴키의 이시바시 사장 입에서 나온 말이 나머지 세 사람을 놀라게 했다.

"못 팔겠소. 이유는 없습니다."

3월 31일까지 유효한 오퍼를 버젓이 받은 상태에서, 계약금 700만 엔을 들고 간 바이어에게 딴소리를 하다니 도저히 이해할 수 없었다. 아무리 물어도 이유조차 성의 있게 밝히지 않는 것이었다. 공동선주인 후루모토 씨는 팔고 싶은 눈치였으나, 긴키 측이 이 배의 화물을 확보해 주는 용선주인 탓에 매각을 포기하고 돌아갔다.

후루모토 씨가 가고 난 후 긴키의 이시바시 사장은 비로소 본색을 드러냈다. 도쿄무역 측의 야마모토 씨와 긴키의 부하 직원이 있는 자리에서 그는 서슴없이 리베이트를 요구했다.

"박 사장, 나에게 우라가네로 1,000만 엔을 더 주셔야 합니다."

'우라가네'(裏金)라면 우리말로 '뒷돈' 아닌가. 나는 어이가 없어 짐짓 물었다.

"아니, 우라가네가 무슨 뜻입니까?"

돌아온 대답이 또 걸작이었다.

"우라가네란, 당신이 돈 1,000만 엔을 보자기에 싸가지고 길을 걸어가시면 그 뒤를 내가 서너 걸음 떨어져서 가다가 당신이 보자기를 땅에 떨어뜨리면 내가 집어 가는 것이죠. 이것이 우라가네입니다."

뒷돈에 대하여 이렇게 완벽한 설명은 없다. 내가 일본어가 서툴러 자기 말을 이해하지 못했다고 생각한 모양이었다. 그러자 도쿄무역의 야마모토 씨가 버럭 소리를 질렀다.

"계약을 해놓고 선가를 올리다니! 이건 국제관례에서 말도 안 되는 소리요. 게다가 우라가네를 운운하다니, 부끄럽지도 않소!"

일본 기업은 신용 좋기로 세계에서 소문이 났는데, 그것도 외국인 앞에서 이런 더러운 꼴을 보이니 야마모토 씨도 화가 단단히 났던 모양이다. 이시바시 사장은 아무 대답도 않고 슬그머니 자리를 떠버렸다.

첩첩산중, 보증보험이 무산되다

화장실을 갔나 하고 기다렸지만, 한참 지나도 소식이 없었다. 이제나 저제나 하고 기다리다 지친 나와 야마모토 씨가 그 자리에 남은 부하 직원에게 물었다.

"사장님, 어디 갔습니까?"

"도쿄에 가셨습니다."

"아니! 사람을 이렇게 놔두고 도쿄엘 가다뇨?"

이시바시 사장은 5시가 되면 오퍼 유효 기간이 끝나니 무조건 피하면 된다는 생각에 도망을 간 것이다. 다음 날부터 선가를 올려 뒷돈을 확실히 챙기겠다는 의도가 뻔했다. 그러나 야마모토 씨도 만만하게 물러날 기색이 아니었다.

"박 사장, 여기까지 와서 그냥 물러설 수는 없습니다. 분명 이 사람은 오사카에 그대로 있을 것이니 자택으로 전화를 걸어 봅시다."

야마모토 씨가 곧바로 전화를 거니 과연 집에서 전화를 받은 사람은 긴키의 이시바시 사장이었다. 야마모토 씨가 '무슨 일이 있어도 오늘 꼭 만나자'고 끈덕지게 잡고 늘어지자, 이시바시 사장은 결국 자기 집으로 오라고 했고, 우리는 한밤이 다 된 시간에 다시 그의 집을 찾았다. 이시바시 사장은 그 자리에서 다른 배를 팔겠다고 제안했다.

"제3교쿠호마루는 공유선이라서 곤란합니다. 대신 제7교쿠호마루라는 배가 있는데, 이것은 내가 마음대로 팔 수 있는 선박이니 그 배를 사십시오."

두 사람은 좋다고 하고 다음 날까지 선가를 조정하기로 합의를 보고 돌아왔다. 심야 담판에서 코리아케미칼캐리어스의 제1호 선박이 제3교쿠호마루에서 제7교쿠호마루로 이렇게 바뀌었다.

하지만 제7교쿠호마루를 살 수 있다는 희망에 부풀었던 나는 그 실상을 조사하면서 아연해졌다. 선주를 조사해 보니, 선주는 긴키가 아니라 규슈(九州)에 있는 오리다선박(織田船舶)이라는 회사였다. 긴키

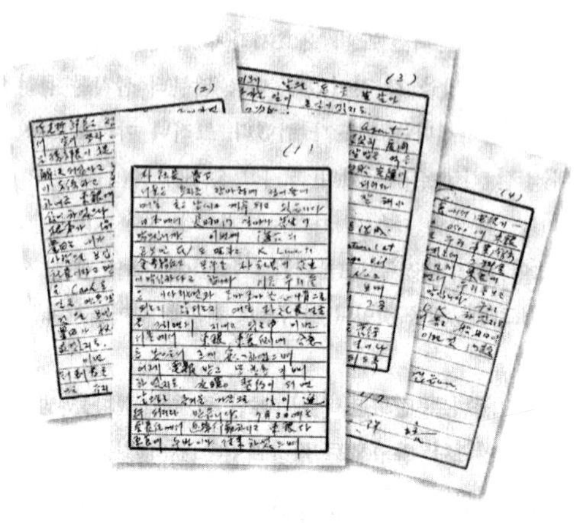

1970년 7월 7일자 허배 상무의 편지.
선박 도입만 기다리는 초조한 심경을 전해 주고 있다.

는 용선주에 지나지 않으면서도 중간에서 브로커료를 챙기려 했던 것이다. 그러나 호락호락 넘어갈 수는 없었다. 나는 규슈의 오리다 씨에게 전화를 걸었다.

"긴키의 사장이 당신의 제7호를 자기 배라고 하면서 팔겠다고 합니다. 그런데 선주는 당신이 분명하고, 긴키는 용선자가 맞습니까?"

"맞습니다."

"그러면 이 배를 팔겠습니까?"

"용선자가 팔겠다고 했다니 나도 팔아야죠. 용선주가 필요로 하지 않는 배를 내가 갖고 있어 봐야 무엇하겠어요?"

영세한 선주로서는 직접 화물을 수배하기가 어려웠기 때문에 자칫 배가 묶여야 할 형국이었던 것이다. 선주 오리다 씨와 협상이 시작되었다. 선령은 4개월에 불과한 신형 선박이고 톤수도 499총톤이 되는 등, 이전에 교섭한 선박보다 사양이 좋았다. 선가는 9,300만 엔에 합의했는데 제3호에 비하면 매우 유리한 조건이었다. 일단 매매의향서를 교환해 두었다.

한편, 서울 본사에서는 제3교쿠호마루 수입허가서를 얻어놨다가 다시 제7교쿠호마루로 바꾸는 고생을 겪어야 했다. 그러나 1호 선박을 계약했다는 기쁨이 노고를 잊게 했다.

그런데 불길한 일이 터졌다. 대한보증보험주식회사에서 '재무부가 대외 보증 업무를 인가해 주지 않아서 보증을 할 수 없다'고 통보해 온 것이다. 소식을 들은 도쿄무역 측은 금융 지원을 할 수 없다는 입장을 밝히고 손을 뗐다.

어떻게든 새로운 길을 찾아야 했다. 막다른 골목에 몰린 나의 머리에 떠오른 것은 상사인 (주)도쇼쿠(東食)였다. 해운공사 시절 일본 선박을 도입할 때 알게 된 회사니 협조를 받을 수 있겠다고 기대했다. 마침 이맹기 회장이 일본에 들른 터라, 나는 이 회장님을 모시고 도쇼쿠의 야스다(安田) 전무를 만나 자금 지원을 요청했다.

여차하면 1억 엔 보험이 있다

야스다 전무는 사업 계획에 긍정적인 반응을 보였다. 그러나 해운공사 시절 아무리 돈독한 관계였다 하더라도 무일푼이나 다름없는 개인 회사의 대표로 찾아갔을 때 반응은 달랐다.

야스다 전무는 자본금 300만 원밖에 없는 회사가 뱃값과 부대비용까지 포함해서 1억 엔에 가까운 돈을 신용으로 꾸어 달라는 말에 어이없다는 표정이었다. 나는 도쇼쿠 측에 '보증은 얻지 못했지만, 3년 안에 틀림없이 갚을 수 있다'고 자신 있게 호소했다. 야스다 전무는 웃으며 말했다.

"검토해 보겠습니다."

일본어에서 이 표현은 완곡한 거절이다. 그런데 나는 일본어를 잘 몰랐기 때문에 말 그대로 '전향적으로 검토하겠다'는 뜻으로 알아들었다. 곧 검토가 끝나겠지 하고 기대한 나는 매일 그 회사로 출근하기 시작했다.

사무실 한쪽 작은 테이블에서 책 한 권과 담배 한 갑으로 하루를 때우며 결과만 기다렸다. 그러나 그것이 거의 여름까지 갈 줄은 꿈에도 생각지 못했다. 이후 겨울옷을 입고 8개월간을 버티는 바람에 도쇼쿠 직원들은 나를 '후유후쿠(冬服) 상'이라 불렀다.

소식은 함흥차사였다. 한 달이 지나도록 실무진에서는 '검토 중입니다'라는 말뿐이었다. 나는 일이 어렵게 돌아간다고 직감했지만, 도쿄에서 잡고 버틸 지푸라기는 이 길밖에 없었기에 도쇼쿠로 출근하는 일과를 멈출 수 없었다.

도쇼쿠 직원들은 한 달만 지나면 비자 만기가 끝나니 돌아갈 것이고 그러면 그만이라고 생각했지만, 의외로 내가 비자 만기를 연장하면서까지 매일 아침 출근하니 상당히 부담스러워했다. 야스다 전무는 속도 모르고 잔뜩 기대하고 있는 나에게 미안함을 느꼈는지 피하기 일쑤였다. 처음에는 좀 이상한 사람 아닌가 하는 직원도 있었지만, 3개월이 지나자 '믿을 만한 사람 같으니 도와주자'는 의견이 도쇼쿠 내에서 돌기 시작했고, 많은 직원들이 주목하기 시작했다. 이들은 '일이 여기까지 왔으니 간단하게 처리하기는 어려울 것이다. 우리 회사가 이 일을 어떻게 매듭지을 것인지 두고 보자' 하고 호기심 어린 눈길로 이사회의 결정에 촉각을 곤두세웠다.

첫 이사회는 4월에 열렸다. 결과는 부정결(不定決), 즉 일종의 '결정 보류'였다. 5월에 열린 이사회에서도 역시 '유보'였다. 나는 '검토한다'는 일본어의 의미를 점차 깨닫게 되었다. '불가능할지 모른다'는 생각이 들기 시작한 나는 대책에 고심했다. 이제 그냥 돌아갈 수 없었다. 서울의 회사는 자본금이 바닥났고, 나만 믿고 있는 서울의 동료들을 볼 면목도 없었다.

자신감을 점점 잃어가던 나에게 힘을 북돋워 준 사건은 의외의 곳에서 일어났다.

내가 도일 당시 지닌 돈은 외환 한도인 단돈 100달러로, 당시 호텔비 3일분에 불과했다. 이때 나를 도와준 사람은 해운공사 도쿄지사에서 일하던 김영선 씨(전 범양상선 전무)였다. 격의 없는 친구였던 그는 부인이 저축해 놓은 돈을 통장째 내게 건네며 용돈으로 쓰라고 할 정도였다. 그러나 곧 이 돈도 떨어져 호텔에서 하숙집으로 거처를 옮겼다.

돈이 궁해진 나는 저녁마다 포장마차에서 100엔짜리 정종으로 배를 채웠다. 어느 날 우연히 옆자리에 앉은 젊은이가 술에 취해 횡설수설하면서 말을 건네 왔다.

"보험에 가입하시지요."

어이가 없다고 생각하면서도 명함을 받아보니, 메이지생명(明治生

命)의 무로마치(室町)지점에서 근무하는 구쓰와다(轡田)라는 20대 중반의 젊은이였다. 나는 그에게 단도직입적으로 물었다.

"자살한 사람에게도 보험금이 지급되는 거요?"

막다른 골목에 처했다는 심정에서 무심코 나온 말이었으나, 구쓰와다의 대답은 나의 호기심을 자극했다.

"물론이죠."

"에이, 무슨 소리, 그러다간 당신네 회사 망하지."

그런데 구쓰와다는 자신 있게 말을 잘랐다.

"아닙니다. 규정상 틀림없이 받을 수 있습니다. 내일 규정을 갖고 올 테니까 이 자리에서 다시 만납시다."

다음 날 만나 확인해 보니 과연 3개월만 보험료를 불입하면 자살한 사람도 탈 수 있게 되어 있었다.

'그래, 일본 돈 1억 엔 보험금만 타면 되는 거 아닌가!'

순간 배짱이 생겼다. 최악의 경우 내 목숨 하나 없어지면 이 사업에 성공할 수 있다. 그리고 그간 신세 진 일본 친구들에게 빚을 갚을 수 있고, 내가 없더라도 후배들이 내 뜻을 이어서 우리나라에 케미칼운송업을 개시할 수 있고, 주주인 내 가족도 돌봐줄 것이다. 배수의 진에서 생긴 힘이랄까. 나는 다음 날 아침부터 다시 마음을 추슬러 도쇼쿠에 출근하기를 계속했다. 진인사대천명(盡人事待天命)의 결과였을까? 도쇼쿠 측의 태도가 약간 변했다. 대한보증보험의 보증 대신, 한국 내 큰 기업의 보증이라도 있으면 다시 이사회에서 검토하겠다는 것이었다. 당시 금융 관례로는 민간 기업의 보증만으로 1억 엔을 얻기는 힘들었다.

도쇼쿠의 야스다 전무 이하 담당자들은 가망이 없음을 알면서도 처음부터 딱 자르지 못하고 너무 오래 끈 것을 후회하고 있었다. 이제 와서 나를 물리치기 곤란하다고 생각한 도쇼쿠 측에서는 해주는 방향으로 하되, 민간 보증을 요구하기로 방침을 정한 것이다.

주식 100퍼센트를 담보로 보증 추진

서광이 비친 듯했다. 모든 인맥을 동원해 ㈜범양상선(舊 범양상선을 말함)에 지급 보증을 요청했다. 범양상선에서는 용선료 지급 보증을 하겠다는 뜻을 비쳤다. 그러나 문제가 있었다. 지급 보증을 해주는 대신 '주식 전체를 담보로 맡기라'고 요구했다. 한마디로, 회사를 송두리째 떠맡기라는 것이었다. 범양이 제시한 보증약정서 내용은 이러했다.

1. 주식 전량을 이서(裏書) 후 담보로 제공한다.
2. 운영 자금이 모자라 외부 차입이 필요할 경우 범양상선으로부터 자금을 빌린다.
3. 증자 시에도 범양상선의 동의를 받아야 한다.
4. 만약 범양상선이 대지급을 하는 경우가 발생하면 담보된 주식을 범양상선이 임의로 처분하는 데 동의한다.

처음 시작하는 회사에 운영자금이 모자랄 것은 뻔한 일이다. 사채나 외부차입이 허락되지 않는다. 오직 범양상선에서만 자금조달이 된다. 범양의 의도는 분명했다. 국내에서는 아직 생소하지만 부가가치가 높은 케미칼 운송업에 발을 내딛는 호기(好機)로 삼자는 것이었다. 일이 잘못되면 범양에 회사를 흡수당할 것이 뻔한 위험한 도박이었다. 나는 밤을 하얗게 새우며 고민했다. 사업이 잘 되어도 회사를 빼앗길지 모르는 위험한 조건이었다. 그러나 당시에는 대안이 없었고, 최악의 경우라도 '누가 하든 한국 기업의 사업으로 계속되기만 한다면 국민 경제에 기여하는 것 아니겠는가' 하고 생각했다.

이렇게 결단을 내린 끝에 나는 범양의 조건을 수락했다. 내 사업을 정신적으로 후원해 준 고 이맹기 대한해운 회장은 범양의 의도를 처음부터 꿰뚫고 있었다. 강병연 상무가 주식 담보 동의를 받기 위해 이 회장님을 찾았을 때 이 회장은 자신이 출자한 자본금 100만 원은 이윤을 목적으로 한 것이 아니라 후배 기업인에게 보내는 격려의 뜻이었으니, 임의로 처리해도 좋다는 뜻을 밝혔다. 그러면서 이 회장은 자본주의 경제의 생리상 기업을 되찾아 온다는 것은 거의 불가능하니, 순리대로 살라고 타일렀다.

"자네들의 뜻은 좋지만 자본 부족이라는 벽이 너무 크이. 나로서도 더 이상 힘이 되어 줄 수 없는 것이 안타깝네. 주식 전부를 담보로 맡긴다는 것은 경영권을 여차하면 포기할 수도 있다는 노비 문서와 같네."

후에 내가 선박 도입에 성공하고 귀국한 후 방문한 자리에서, 이 회장은 한마디 한마디 무겁게 말을 이었다.

"어떤 결과가 와도 담담히 받아들여야 하네. 한국 사회에서 대기업에 대항해 자기 기업을 지킨다는 것은 불가능에 가까워. 회사가 잘

되면 덥석 집어먹는 것이고, 회사가 어려우면 그 핑계로 또 이득을 보려 하지. 섣불리 움직이다간 기업 잃는 시기만 빨라질 수밖에 없네. 안타까운 일이지만 최악의 경우 범양의 그늘에서 살아갈 결심을 해야 하네. 이제 이맹기라는 존재는 잊어버리게."

이 회장의 얼굴에는 가벼운 경련까지 일었다. 청년 기업인을 돕지 못하는 자신의 처지가 답답했으리라. 그러나 나는 "주식을 반드시 되찾아 돌려드리겠습니다. 호랑이 굴에서 살아 나오겠습니다" 하며 강한 의지를 보였다. 이 회장은 "그런 오기를 갖는 한 범양과 원만한 관계를 유지하지 못할 것"이라며 근심하는 표정이 역력했다.

음덕(陰德), 어른의 사랑과 친구의 우정

1970년 6월 말 도쇼쿠의 이사회가 열려 세 번째로 이 사안을 심사했다. 나는 도쇼쿠 담당과 귀퉁이에 놓여 있는 작은 탁자에 앉아 결과를 기다렸다. 민간 기업의 보증이 붙긴 했으나 은행 보증 없이 돈을 꾸어 준다는 것은 어렵다고 생각되었다. '아마 또 부결되겠지' 하고 속으로 한숨을 쉬며 최악의 상황을 각오하고 있었다.

'마지막이군. 최후 수단으로 생명보험 타는 일을 행동으로 옮겨야 하는가!'

깊은 상념에 잠겨 있는데 야스다 전무가 상기된 얼굴로 들어왔다. 평소엔 나를 피하던 그였지만, 이날은 의외로 환한 얼굴로 말을 꺼냈다.

"당신 하자는 대로 되었소!"

포기하고 있던 내 귀에는 이 말이 '당신 하자는 대로 안 되었소!'라고 들렸다. 내가 전혀 기뻐하는 기색이 없자 야스다 전무는 다시 같은 말을 반복했다. 그제야 알아들은 나는 반신반의와 기쁨이 한데 뒤섞여 얼떨떨할 따름이었다. 야스다 전무가 내 어깨를 툭 쳤다.

"정신 차려요. 됐다니까! 이거 참, 내가 더 기뻐하는군."

이날 열린 이사회에서 야스다 전무는 평소와 달리 자신이 책임지겠다는 의지를 강하게 피력했고, 이것을 바탕으로 이사회의 1억 엔 차관 결의를 얻어낸 것이었다.

나보다 더 기뻐한 것은 도쇼쿠의 도요타(豊田) 차장 이하 일선 직원들이었다. 그들은 회사의 지나친 안전 위주 사업 방식에 다소 불만이 있던 터라, '우리 회사가 이렇게 진취적인 자금 지원을 결의했다'며 나에게 축하 파티까지 열어 주었다. 나는 그날 밤 늦게까지 직원들이 사준 술에 취해 오이마치(大井町)에 있는 하숙집으로 돌아갔다. 새벽 2시 전철역에 내린 나는 아무도 없는 역사에서 미친 사람처럼 "하하하하" 하고 큰 웃음을 터뜨렸다. 그간의 고뇌를 한꺼번에 날리는 순간이었다.

자신과 회사의 노력만으로 이런 결과가 나올 수 있었던 것이 믿어지지 않았다. 도쇼쿠의 금융 지원을 이끌어 낸 원동력은 나 개인의 정성만이 아니었다. 이를 알게 된 것은 3년 후 야스다 전무로부터 그 전말을 들으면서였다.

내가 보험 사원과 만난 이후 일본에서 신세 진 친구들 사이에서는 '저 친구, 무슨 사고 칠지 모른다. 위험하다'는 소문이 퍼졌다. 발단은 내가 술자리에서 취기가 오르자 친구인 김영선 씨에게 횡설수설

한 것 때문이었다.

"자네가 나한테 꾸어 준 돈은 무슨 일이 있어도 갚을 테니 염려 말아. 다 대책이 서 있거든. 생명보험에 들어 있으니 걱정할 것 없다니까…."

이 말을 들은 김영선 씨는 걱정되지 않을 수 없었다. 사업 실패는 뻔한데 잘못하면 친구까지 잃는 것 아닌가 하는 생각이 들었다. 그는 서울의 이맹기 회장에게 급히 전화해 자초지종을 알렸다. 이 회장은 아끼던 젊은 청년이 이국 땅에서 불행을 당할지 모른다는 생각에 노심초사했다.

그는 한밤중 곧바로 전화기를 들어 야스다 전무의 집 전화번호를 돌렸다.

"야스다 씨. 지금 보증이 없어서 어렵다는 사정은 잘 알고 있습니다. 규정상 어쩔 수 없는 경우라는 것도 이해합니다. 그러나 한 가지만은 꼭 부탁합니다. 박이라는 친구가 지금 막다른 골목에 처해 있어 무슨 일을 저지를지 몰라 불안합니다. 그러니 무슨 방법을 써서라도 박 군을 서울행 비행기에 태워 주시오. 정말 부탁하오."

야스다 전무는 전화를 받고 잠이 확 달아나 버렸다고 한다. 처음부터 딱 거절할 일이지, 왜 될 듯한 기색을 보였던가 하는 후회도 일었다. 이제 와서 매정하게 그만둔다면 도의적으로도 말이 아닐뿐더러, 전도양양한 젊은이 인생을 망치겠구나 싶었다. 그는 차라리 적극적인 방향으로 '검토'해 보자고 결심했다. 일본어의 '검토'란 말의 의미가 이 순간에는 전혀 다른 뜻이 된 것이다. 그래서 나온 안이 민간 보증이라는 형식을 갖추자는 방안이었다.

도움의 당사자인 김영선 씨는 물론 이맹기 회장도 작고할 때까지 나에게 그 일에 대해 입도 벙긋하지 않았다.

첩첩의 파도를 헤치고

신조 선박을 좋은 조건으로 확보했고, 선박 금융도 극적으로 약속받게 되자 이제 부산항으로 배를 끌고 오는 것은 누워서 떡 먹기로 보였다. 그러나 호사다마인지, 의외의 문제가 생겼다.

제7교쿠호마루를 팔기로 한 오리다선박은 일본 내항 선주로서 '일본내항탱커조합'의 조합 선사였다. 조합 규정에는 '내항탱커조합 소속 선박은 건조한 지 1년 이내에 타 회사에 양도할 수 없다'는 조항이 있었다. 이는 선박을 빌려 사업에 투입하고 있는 일본 용선주를 보호해 주는 조항으로, 용선주가 반대하면 아무리 선주라 하더라도 선박을 팔 수 없다는 것이었다. 이 규정대로라면 제7교쿠호마루를 한국에 들여오기란 불가능했다. 그뿐만 아니라 일본 운수성 법규에도 문제가 있었다. 그것은 '모든 선박은 운수성의 양도 허가를 받아야 수출면장(E/L)을 얻어 수출할 수 있다'는 내용이었다.

이 이중 자물쇠를 풀지 못하면 배는 한국으로 올 수 없었다. 결정적인 열쇠는 용선주의 동의였는데, 하필 용선주가 긴키수송창고였으니, 뒷거래를 요구하다 헛물만 켠 긴키의 사장이 매각 허가에 손을 들어줄 리가 있겠는가. 이미 그는 자기 동의 없이 해외에 매각한다고 선주를 고발해 놓은 상태였다.

이제 곤란한 것은 오리다선박이었다. 내항탱커조합 규정을 선주가 위반하면 선박 건조 자금을 사용할 수 없는 등 벌칙을 감수해야 했다. 내항탱커조합의 규정을 지키려면 이미 맺은 계약액의 10퍼센트를 위약금으로 지불해야 하고, 나와의 계약을 지키자면 내항탱커조합의 벌칙을 받아 앞으로 사업이 쉽지 않을 것이기 때문이었다. 샌드위치 신세가 된 오리다 사장은 나에게 사정을 했다.

"배를 팔고 싶지만 여건이 어렵군요. 정말 미안합니다만, 박 사장이 지불한 계약금 10퍼센트를 그대로 돌려줄 테니 위약금 10퍼센트는 없는 것으로 할 수 없을까요?"

1970년 7월 10일 도쿄. 선주 오리다 씨와 도쇼쿠 그리고 나, 이렇게 3자 회담이 열렸다. 도쇼쿠 입장에서는 다른 배를 또 구하면 되니 지금은 오리다선박과 나 사이에 위약금 처리 문제만 남았다는 입장이었다. 나는 난처했다.

도쇼쿠에서는 박 사장이 수락하면 무상 해약이고 안 그러면 위약금을 받으면 된다는 태도였고 선주는 나만 쳐다보고 있었다. 시골 사람으로 나보다 나이도 많았다. 새롭게 배를 알아보려면 가격도 문제일 뿐 아니라, 새로 보증을 받아야 할지도 몰랐다. 그런데 그 선주가 이러면 자기는 일본에서 사업도 못한다고 호소하는 것이었다. 그 사람도 딱해 보였다.

나는 위약금을 받지 않겠다고 결단을 밝히고, 마지막 제안을 했다.

"오리다 씨, 당신이 일본 내에서 사업을 못하게 하면서까지 배를 가져갈 수는 없군요. 무상 해약을 합시다. 하지만 나도 조건이 있습니다."

귀가 번쩍 뜨인 오리다 사장은 나를 쳐다보았다.

"조건이 뭐죠?"

"마지막으로 운수성과 내항탱커조합을 각각 설득해 봅시다. 앞으로 한 달 후인 8월 10일까지 내가 운수성을 설득할 테니 당신은 내항탱커조합을 설득해서 수출이 되도록 합시다. 그래도 안 되면 무상 해약하지요."

오리다 사장은 무상 해약을 하겠다는 의사에 몹시 고마워했다. 그는 홀가분한 표정으로 돌아갔다. 운수성의 양도 허가를 외국인인 내가 얻기는 불가능하다고 그는 생각한 것 같았다. 그로서는 한 달만 지나가면 계약이 자동 무상 해약되는 셈이었다.

천우신조, 500톤 미만 규정이 변경되다

이제 공은 나에게 넘어왔다. 운수성을 어떻게 설득할 것인가? 나는 즉각 운수성을 찾아 자초지종을 설명했다. 그러나 운수성은 '그 문제는 개별 사안이라서 정부로서는 어떻게 할 입장이 아닙니다'라고 할 뿐이었다. 일본 선사들의 이익을 위해 설정된 규정을 외국 기업의 편의를 위해 고쳐 줄 의사는 없었던 것이다. 더구나 일본이 장악하고 있는 시장을 잠식하지 않을까 우려도 했을 터.

그런데 천우신조였을까? 문득 '도대체 일본의 선박 관련법이 어떻게 생겨먹었나?' 하는 의문이 들었다.

'전망이 안 보인다고 마냥 하늘만 쳐다보면 뭐 하나. 어디 공부라도 해보자. 실패를 하더라도 이번 기회에 일본 법이나 알아보자.'

이런 심정으로 히비야(日比谷)공원에 있는 정부간행물센터를 찾아가 해운 선박에 관련된 법률책을 뒤져 보았다. 수출 관련 조항을 찾아 보던 중, 우연히 간지(間紙)가 책 사이에서 툭 떨어지는 것이 아닌가. 무심코 펼쳐보고는 하마터면 큰 소리를 지를 뻔했다.

'1970년 6월 15일부터 총톤수 500톤 미만의 선박에 대해서는 운수성의 양도 허가가 불필요함.'

하늘을 날아갈 것만 같았다. 이 배는 499총톤이었던 것이다! 조항이 개정된 지 얼마 안 되었기 때문에 기업인들이 모르는 것은 당연했고, 막상 법을 개정한 당사자인 운수성 간부 직원들도 깜빡 잊고 있었던 것이다. 나는 즉시 도쇼쿠에 전화해 통산성에 수출면장을 요청하라고 했고, 이틀 후 거짓말처럼 수출 허가가 나왔다.

내가 갓 받은 수출면장을 들고 가서 운수성 사람들에게 보여 주니 깜짝 놀랄 수밖에. 나는 즐거운 마음으로 선주인 오리다 씨에게 전화를 걸었다.

"자, 운수성 문제는 내가 해결해 냈으니, 이제는 당신이 내항탱커조합 문제를 해결하시지요."

선주는 귀를 의심했다. 이제 공은 다시 선주 측으로 넘어갔다. 선주는 "여기 보시오. 수출 허가까지 났는데 나도 망신 아닙니까?"라고 하며 조합 측을 설득했다. 하지만 탱커조합은 여전히 뭉그적거릴 뿐이었다.

선주는 결단을 내렸다. 어떤 제재를 받든 우선 이행해야겠다고 결심, 선박을 인도해 버린 것이다. 오리다 사장은 "박 사장에게 감명을 받아서 그런 거요"라고 털어놓았다.

선주는 내항탱커조합으로부터 경고를 받았다. 당분간 조합 추천의 정부 자금 사용이 불가하다는 내용이었는데, 그동안의 우여곡절을 감안해서인지 비교적 가벼운 조치였다. 매각 기업이나 매입 기업이나 피차 좋은 결과를 낳은 것이다.

이렇게 해서 계약은 이행되었다. 선명 제1케미캐리호인 이 배는 1970년 8월 13일 오노미치(尾道) 항을 출발해 광복절인 8월 15일 부산항에 입항했다.

도쇼쿠에서 약속대로 선가 외에도 각종 준비금까지 융자해 주었기 때문에 나는 며칠 더 도쿄에 머물며 그동안 사업상 꾼 돈을 전부 갚았다. 그리고 선박 보험은 물론 인수 검사비, 항비, 연료비에다 그동안 소홀했던 아내와 어린 세 아들에게 줄 선물까지 지니고 8월 20일, 집을 떠난 지 8개월 만에 귀국했다.

동승한 승객들은 나를 좀 이상하게 바라보았을지 모른다. 한여름인 8월에 동복을 입은 사람이 연신 혼자서 웃고 있었으니 말이다. 갈 때는 단돈 100달러와 서류 가방이 전부였지만 돌아올 때는 배 한 척과 아이들 선물까지 사든 나는 '봉이 김선달이 따로 없구나!' 하고 생각하며 입을 다물지 못했다. 거의 불가능한 일을 해낸 것이다. 내 목

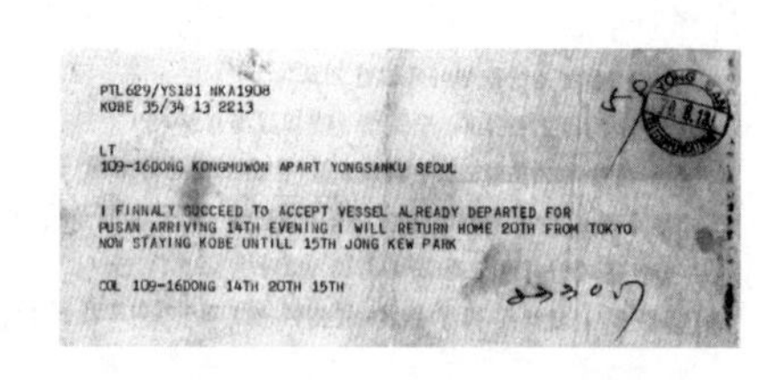
PTL629/YS181 NKA1908
KOBE 35/34 13 2213

LT
109-16DONG KONGMUWON APART YONGSANKU SEOUL

I FINNALY SUCCEED TO ACCEPT VESSEL ALREADY DEPARTED FOR
PUSAN ARRIVING 14TH EVENING I WILL RETURN HOME 20TH FROM TOKYO
NOW STAYING KOBE UNTILL 15TH JONG KEW PARK

COL 109-16DONG 14TH 20TH 15TH

1970년 8월 13일 나는 즐거운 마음으로 전보를 쳤다.
부산으로 배가 출발했으며 내가 20일에 귀국한다는 내용이다.

숨 하나만 희생하면 배를 도입할 수 있다고 생각하면서부터 이상하게도 문제가 조금씩 풀리기 시작했다. 사람이 자기를 희생하겠다고 마음먹으면 막힌 일도 뚫리는 모양이다.

자금 지원이 확정되고 나서 나는 메이지생명보험의 구쓰와다에게 전화를 걸어 술을 샀다. 비록 보험 사고를 낼 필요는 없게 되었지만 구쓰와다 씨가 용기를 불어넣어 자금 확보에 성공했으니 한 잔 사지 않을 수 없었다. 그와 함께 술을 권커니 잣거니 하다가 질문을 던졌다.

"나는 사실 자살할 생각으로 보험에 가입하려 했고, 당신도 그런 눈치를 채고 있으면서도 생명보험 가입을 권한 것 같습니다. 그런데 내가 만일 당신 회사 규정대로 3개월분만 보험료를 납입하고 실제로 자살했다면, 당신 회사는 큰 손해를 입는 것 아니오?"

구쓰와다의 대답은 의외였다.

"그렇지 않습니다. 지금까지의 통계를 보면 자살하겠다고 보험에 들어놓고 실제로 행하는 사람은 0.1퍼센트도 안 됩니다. 그 사이에 마음이 바뀌거든요."

나는 메이지보험의 상혼(商魂)에 무릎을 쳤다.

백지각서로 첫 화물 선적

당시 국내에서 석유화학 제품을 수입하던 업체로는 한일합섬, 태광산업, 한남화학 등이 있었다. 이들 회사는 석유화학 제품을 운송하는 회사가 한국에도 생긴다는 데 반가워하면서도 과연 이 신설 회사가 제대로 일을 해낼 수 있을지 의구심을 보였다. 이들이 제일 우려하는 것은 화물에 불순물이 섞이지 않을까 하는 것이었다.[6]

부산사무소 소장인 허배 상무이사도 1970년 6월 1일 나에게 편지를 보내 한남화학 관계자들이 화물 순도를 유지할 능력이 있는지 염려하고 있다고 전했다. 한일합섬과의 교섭 내용을 적어 보낸 5월 25일자 편지에서도 이와 유사한 내용을 엿볼 수 있었다. 허배 씨는 한일합섬으로부터 한국 선박에게 운송을 전담시킬 수 없다는 입장을 확인했다고 썼다.

그 이유를 내가 추측하건대 첫째, 우리 제1케미캐리호가 너무 작고 둘째, 우리 선박이 원료를 제때 공급하지 못해 공장 운영에 지장을 주지나 않을지 염려된다는 것이다.

물량으로 볼 때 태광산업이나 한남화학보다 월등하다고 할 수 있던 한일합섬 측이 이처럼 거래 트기를 꺼리니 난관이었다. 나는 제1케미캐리호가 신형 선박이나 다름없고 이미 AN(아크릴로니트릴모노머), SM(스틸렌모노머) 등을 일본 내항에서 몇 차례 취급한 경험이 있기 때문에 틀림없이 안전 수송을 할 수 있다는 점을 역설했다. 특히 국내 최초의 외항 케미칼 선박이니만큼 승선할 선장과 해기사들을 엄격한 심사를 거쳐 선발했는데, 그 내역과 훈련 계획을 밝히면서 화주의 신뢰를 얻고자 했다.

첫 돌파구를 열어 준 것은 태광산업이었다. 태광산업은 해운공사

6 ___ 석유화학 물질은 반응성이 높기 때문에 탱크의 청소 상태가 불량하거나, 탱크 내의 화물이 외부에 노출되면 화학 반응을 일으켜 불순물의 함량이 높아진다. 이렇게 되면 기껏 운반한 화물이 아무 쓸모없게 되는 경우가 허다하다.

출신의 젊은이들이 미개척 분야에 뛰어들었다는 데 관심을 보이면서 치밀한 계획과 성실성을 믿어 주었다. 그리하여 첫 화물 수송 계약이 이루어졌다. 오사카에 있는 일본의 스미토모화학(住友化學) 공장에서 AN 500톤을 울산으로 싣고 오는 일이었다. 부산항에서 첫 출항만을 기다리던 제1케미캐리호는 8월 말 오사카를 향해 힘차게 항진했다.

그러나 한국 선박이 일본 화물을 실어 오는 일이 쉬울 리가 만무였다.

오사카에 입항해 입항 수속을 마치고 화물을 선적하기 전에 화물탱크 검사를 받았다. 이 배는 이미 일본 내항에서 동종 화물을 여러 번 수송한 실적이 있고, 신조 선박이니만큼 탱크 내의 코팅도 완벽하고 시설도 새것이었다. 첫 출항이니만큼 몇 번씩 청소를 거듭했기 때문에 아무런 문제가 없으리라 자신했는데, 화주인 스미토모화학 측과 계약한 일본의 검사관이 '불합격' 통지를 내렸다. 이 배로는 화물을 실을 수 없다는 것이었다.

선장 이준헌 씨는 다시 꼼꼼하게 청소를 했지만, 역시 불합격이었다. 아무래도 이상하다는 심정이었지만, 다시 한 번 기운을 내서 세 번째 선창 청소를 했다. 이때 갑판원 주영환 씨가 청소를 완벽하게 했다는 것을 과시하기 위해 검사관 앞에서 선창 벽에다 물을 붓고 흘러내리는 물을 컵으로 받아 마시기까지 했다. 그런데도 검사관은 또 불합격 판정을 내렸다.

이 선장은 뭔가 미심쩍었다. 이전까지 이 화물을 실어 왔던 일본의 우에노운수(上野運輸)가 마침 약속이라도 한 듯 이제까지 취항해 왔던 호류마루(豊隆丸)를 오사카항 외항에 대기시켜 놓은 것도 알게 되었다. 현지에서는 해결할 수 없다고 판단한 이준헌 선장은 즉시 서울로 상황 보고를 했다. 보고를 받은 나는 일본 선박회사와 검사관이 짜고 일을 벌이는 것으로 판단하고 즉시 지시를 내렸다.

"선장은 지금 당장 여관에서 드러누우시오. 부두에서 절대 배를 움직이면 안 됩니다. 본사에서 새로 방침을 주기 전까지 며칠이든 꼼짝 말고 버티시오."

그런 다음 나는 일본에서 가장 권위 있는 검사 기관인 해사검정(海事檢定)을 선주 측 검사 기관으로 지정해 검사를 의뢰했다. 과연 합격 판정이 나왔다. 그런데도 공장 측 검사관은 끄떡도 않는 것이었다. 나는 합동 검사를 제안했다. 그러자 화주 측 검사관은 출장을 핑계로 자취를 감추어 버렸다. 일본 공장 측과 우에노운수, 그리고 검사관 3자가 서로 짠 것이 분명했다.

사태는 일주일가량 계속되었는데, 이는 우리 측에만 불리하게 돌아간 것이 아니었다. 배가 접안한 채 움직이지 않으니, 부두가 적체되기 시작한 것이다. 새로운 화물을 받아야 하는 공장의 생산라인은 아우성을 쳤고, 화물을 내려야 할 선박들은 줄줄이 기다리며 사태 해결을 재촉했다.

울산 쪽에서도 야단이 났다. 태광산업 공장에 원료가 떨어지게 된 것이다. 사정을 정확하게 알지 못하던 태광산업 측에서는 변상을 요구했다. 나는 태광산업 상무 이기화 씨(태광산업 회장 역임)를 찾았다. 이 상무는 "오늘이 토요일인데 오늘 안 실으면 내일까지 쉬어야 하니, 공장에 물건이 떨어져 매우 다급해집니다. 그나마 지금 당장 실으면 일요일에는 도착하니 월요일 작업은 가능합니다"라며 이번만은 선적을 포기해 주기를 요청하는 것이었다.

아무리 계약에 의해 배선을 했다 하더라도 고객의 요청은 무섭다. 그러나 여기서 지면 안 된다. 나는 이기화 씨에게 일본의 계획적인 방해 공작이라고 설득했다. 묵묵히 듣고만 있던 이기화 상무가 질문을 던졌다.

"설령 그렇다고 합시다. 그러나 울산에 오고 나서 화물이 변질된 것이 발견되면 책임질 수 있습니까?"

나는 그 자리에서 대강 셈을 해보니, 화물이 변질되었을 때 배상해야 할 화물 가격보다 선박 가격이 훨씬 비쌌다. 미리 준비해 간 인감을 꺼내든 나는 백지를 청했다. 백지에 인감도장을 꾹 누른 뒤 이기화 상무에게 건넸다.

"선박 값이 몇 배 더 비쌉니다. 문제가 생기면 이 배로 변상합니다."

이기화 상무는 놀라는 표정이었다. 배를 담보로 화물을 운송하는 회사가 어디 있겠는가? 이 상무는 즉시 스미토모화학 공장의 담당자에게 전화를 걸었다.

"우리가 책임질 테니 화물을 실으시오."

수하주(受荷主)인 태광산업에서 문제를 삼지 않고 수송을 재촉하니 공급자인 스미토모화학 측에서도 어쩔 수가 없었다. 어차피 부두 사정도 어려워져 빨리 해결되길 바라기도 했을 것이다.

마침내 배는 물건을 싣고 출발했다. 울산에 도착해 화물 검사를 받기까지 나와 간부들은 불안감을 감추지 못했다. 첫 항차부터 화물 오염이 생기면 큰 문제가 아닐 수 없다. 스미토모화학이나 기존 일본 선사들의 콧대가 높아질 것은 분명한 사실이고, 다시는 고객 앞에서 고개를 들 수 없으리라. 그러나 염려는 기우(杞憂)였다. 화물은 100퍼센트 순도를 유지하고 있었다. 첫 항차의 성공이었다.

"리베이트는 곤란합니다"

그다음 시도한 것은 장기 화물 운송 계약이었다. 항차별로 매번 계약하는 것은 번거롭기 짝이 없고 장기 계약을 할 경우 사업의 안정성이 보장될 수 있었다. 당연히 떠오른 대상은 일본에서 한 항차당 700톤 정도씩 AN을 수입해 아크릴섬유를 생산하는 한일합섬. 제1케미캐리호가 뛸 수 있는 것은 최대 월 6~7항차 정도였는데, 한일합섬과 계약을 해야만 4항차를 확보할 수 있었다. 당시 한일합섬은 일본 선박에 계속 수송을 의뢰하고 있었다. 웨이버제도[7]가 있기는 했으나, 화주가 이를 꺼리면 강요할 수는 없었다. 이 회사와 장기 계약에 실패하면 고정 물량의 60퍼센트 가까운 분량을 확보하지 못하는 셈이어서 내가 직접 나서서 정성 어린 교섭을 진행해 갔다.

교섭 초기에는 어렵지 않게 계약이 이루어질 것 같았다. 이미 태광산업의 화물을 수송하는 실적도 올렸고, 계속해서 몇 차례씩 단기 수송을 하고 있었기에 화물을 관리하는 노하우는 자랑할 만하다고 생

[7] 1953년 1월 이승만 대통령이 자국화자국선주의(自國貨自國船主義)를 표방하면서부터다. 이것은 자국의 수출입 화물을 자국 국적 선박에 우선적으로 선적하도록 하는 제도로, 일명 웨이버(Waiver)제도라는 명칭으로 널리 알려져 왔다. 웨이버제도는 후진국이 해운업을 정책적으로 강화하는 효과적인 수단이고, 실제로 한국 해운업체들이 성장하는 데 적지 않은 기여를 했다.

각했다. 더구나 배도 새것이나 다름없으니 아무리 한일합섬 측이 까탈스럽게 나온다 하더라도 결국 같은 한국 회사를 밀어 줄 거라고 철석같이 믿었다.

그러나 어쩐 일인지 사태는 지지부진했다. 나는 담당자인 문택상 상무(후에 국제상사 사장)를 찾았다. 그는 난처한 표정이었다.

"이거 참 미안합니다. 도저히 안 되겠는데요. 왜 그런지 모르지만 우리 김한수 회장께서 반대해서 말입니다."

무슨 이유일까? 기술 문제는 아닐 테고, 운임 문제도 초점은 아니라 여겼다. 당시 한일합섬의 화물을 수송하던 일본 회사는 톤당 7달러를 받고 있었는데 우리가 톤당 6달러 50센트로 오퍼한 상태였다. 문 상무는 내가 회장님을 만나서 해결해 보라며 공을 넘겼다.

나는 곧바로 김한수 회장을 면담해 단도직입적으로 물었다.

"태광산업 짐을 앞서서 스팟(spot) 항차로 실어서 성공했기 때문에 기술력도 문제가 없고, 시설도 일본 배와 똑같고, 운임도 쌉니다. 언제까지 일본 배에 의지하시겠습니까?"

당시 한일합섬은 국내 굴지의 섬유업체였고 사주인 김한수 회장은 재벌급의 실력자였다. 김 회장은 내 말만 묵묵히 듣고 있을 뿐이었다. 어색한 침묵은 김 회장이 말을 꺼내면서 깨어졌다.

"이런 말까지는 내가 굳이 안 하려고 했는데… 실은 말이죠."

김 회장은 조심스럽게 말을 이어갔다.

"내가 톤당 50센트씩 일본에서 용돈으로 받아 썼습니다. 그러니까 사실 두 회사의 운임은 같은 거예요. 박 사장이 같은 조건으로 해주면 계약할 수 있어요."

요지는 공식 운임을 6달러 50센트로 계약하는 대신, '50센트는 리베이트로 내놓으라'는 것이었다. 외환관리법이 엄격히 적용되던 당시 해운업계에서는 리베이트가 이미 관행으로 굳어져 있던 시절이었다. 그러나 나는 여기서 물러서서는 안 된다고 다짐했다. 시작부터 뒷거래가 이루어지면 꼼짝없이 그 사슬에 묶여 헤어날 수 없게 된다. 나는 다시 직설적으로 나갔다.

"리베이트는 곤란합니다. 차라리 운임을 더 깎아드리겠습니다."

김 회장은 나를 빤히 쳐다보았다.

"뒷거래를 하면 회계 장부를 적당히 만들어 놓아야 하는데 제가 사업한 지 얼마 안 되어 회계 처리가 서투릅니다. 그리고 우리 회사 임원들이 다 주주입니다. 그래서 저 혼자만 알고 비밀로 할 수가 없습니다. 이것이 공개되면 댁의 실무자들이 별도의 리베이트를 요구합니다. 우리 회사 직원들이 집행하게 되는데 배달 사고가 꼭 납니다. 그렇게 되면 두 회사 직원들도 다 타락합니다. 그런 뜻에서 리베이트는 안 했으면 좋겠습니다. 아니, 못하겠습니다. 그 대신 운임을 깎아드리겠습니다."

나는 확고한 소신을 폈다.

해운 운임에서 리베이트는 국제적 관행인 셈이다. 그런데 '젊은 놈이 건방지게 내 제안을 거절하고 도리어 내게 설교하나?' 그런 생각인 것 같았다. 평소 말수가 적은 김 회장의 얼굴에는 노기가 띠어 있었다. 상담이 깨지면 큰일이다. 순간 나는 당황스러웠다. 다시 침묵이 흘렀다. 그런데 그의 노기 띤 얼굴이 점점 당혹한 얼굴로 변하고 있었다. 아마도 '일본에서 리베이트를 받고 있다는 사실은 아무도 모르는데 이 젊은 놈에게 이실직고한 것이 실수'라고 후회하는 표정이 아닌가 싶었다. 'yes' 하기는 싫은데 그렇다고 'no' 하기도 어려운 상황인 듯했다. 마음속에서 온갖 생각이 교차하는 표정이었다. 나와 김 회장, 단둘만 마주 보고 앉은 회장실에 정적만 흘렀다. 1분, 2분, 3분이 흘렀을까? 김 회장이 말문을 텄다.

"그럼 얼마나 깎아 주겠다는 거요?"

목소리에 화가 나 있었다.

"예, 톤당 6달러 20센트로 하겠습니다."

이렇게 해서 김 회장이 '6불 하시오' 하면 내가 무조건 '예' 하려고 했는데, 그가 창밖을 보며 뭔가 한참 생각하더니 문 상무를 호출했다. 상무가 들어오자, 그는 툭 던졌다.

"6불 20전으로 한단다. 계약해라!"

나는 귀를 의심했다. 얼마나 고마운지, 절을 열 번이나 했을까. 방을 나오면서 조심스레 문을 닫던 나는 김 회장의 혼잣말을 얼핏 듣게 되었다. 소파에서 책상으로 자리를 옮기던 김 회장의 중얼거리는 소리가 문틈으로 흘러나온 것이다.

"거 참, 오늘 재수가 안 맞는구먼!"

순간 가슴에 미안한 마음이 밀려왔다. 김 회장이 끝까지 버텼다면 계약은 물거품이 되고, 회사는 존폐의 기로에 섰을 것이다. 당돌하게 리베이트를 거부하고 나온 자신을 어떻든 인정해 준 그의 도량이 고마울 수밖에 없었다.

당시 기업마다 예외 없이 부딪쳤던 문제는 지나치게 경직된 외환관리제도였다. 상담을 위해 외국 출장을 가도 일률적으로 100달러만 바꾸어 주는 상황에서, 별도로 외환 조달을 하지 않으면 현지 거래처에게 저녁 한번 대접하기 어려웠다. 대기업을 운영하는 김 회장으로서는 드러내 놓고 쓰지 못하는 외국에서의 비용도 상당했을 것이다. 그런데 젊은 내가 원칙을 들고 나오자 젊은 놈과 싸울 수도 없고, 난처했을 것이다. 나의 당돌한 요구를 선선히 수락한 것은 그만큼 그의 도량이 넓기 때문이라고 할 수 있다. 여하튼 리베이트 없는 장기 계약에 성공한 나는 회사에 돌아가자마자 간부들을 모아놓고 '앞으로 어떠한 계약이라 하더라도 리베이트 지불은 없다'고 선언했다. 그 후 50년 동안 이 원칙은 변함없이 지켜져 왔다.

생일을 변조한 제2호선 도입

첫 해 사업 실적은 좋았다. 일본의 도쇼쿠 측에 제출했던 사업 계획에서는 월 5항차를 예상했는데 실제는 7항차까지 화물을 수송했다. 주 항로는 일본의 미즈시마와 한국의 마산을 오가는 것이었는데, 4.2일에 1항차씩 뛴 꼴로, 화물을 내리고 싣는 데만 각각 하루씩 걸리는 것을 생각하면 한 달에 단 하루도 쉴 틈 없이 배를 가동한 셈이다. 당초 계획과 비교하면 140퍼센트 이상의 실적이었다. 첫 배의 선가를 차질 없이 상환할 수 있게 되고 차츰 자신감도 생기면서 새로운 화물 수송을 검토했다. 이때 검토한 것이 VCM과 부타디엔, 프로필렌옥사이드 등 케미칼 가스의 수송이었다.

VCM 수송을 위해 도입한 제1LP호(1,056총톤)는 일본의 대형 선사인 저팬라인(Japan Line Co.)의 자회사에서 내항용으로 운항하던,

선령 12년의 선박이다. 선주인 저팬라인으로부터 1년 6개월간 용선하고 선가를 분할상환하는 방식으로 1971년 6월 12일 도입했다. 본래 이 배는 일본 최초의 LPG 운반선인데, 탱크가 구형(球形)으로 된 압력식 볼탱커라는 점이 특징이다.[8]

그런데 배를 만든 일본의 조선 기술이 당시만 하더라도 대형 볼 탱커를 만들 정도가 못 되었기 때문에 소형 볼 탱커를 13개나 장착하고 있었다. 이렇게 외형은 괴상해 보였지만, 일본 최초의 LPG선이니만큼 철판도 두꺼운 것을 쓰는 등 공을 많이 들인 선박이라서 이후 12년간 특별한 사고 없이 운항할 수 있었다.

작지만 튼튼했던 제1LP호.

8 압력식 볼탱커-LPG, LNG처럼 상온에서 가스인 물질은 액화시켜서 수송한다. 액화 방법에는 높은 압력을 이용하는 압력식 외에도 저온 냉동을 시켜 액상을 만드는 냉동식이 있다. 압력식 탱커는 구형이 가장 적합하나, 인공적으로 압력을 높이는 데 한계가 있기 때문에 오늘날 취항하는 대형 가스선은 모두 냉동식 탱커다.

제1LP호의 도입 과정에 대해 나는 '고백할 것'이 있다. 제1LP호의 생일, 즉 건조 기일은 1959년이지만, 1962년으로 변조해 신고서를 작성하고 배를 들여온 것이다. 우리는 이 배를 취득조건부나용선 허가로 도입해 VCM 수송에 투입하려 했다. 그런데 당시 상공부에서 고시한 '중고선박수입고시'가 문제였다. 이 고시에 의하면 중고선 중 1,000총톤 이상 되는 선박은 선령 10년 이하만 수입할 수 있도록 규제되어 있었다. 그런데 제1LP호는 1,096총톤이고 나이는 열두 살이니 고시대로 하자면 도저히 수입할 길이 없었다.

당시 VCM 전용선은 일본에도 작은 배 몇 척밖에는 없었다. 이 배는 일본에서 부타디엔을 수송하던 선박이었다. 부타디엔은 화물 비중이 VCM보다는 낮지만 VCM용 선박에 요구되는 오일리스 펌프(Oilless Pump)를 탑재하고 있었기 때문에 회사로서는 대량으로 실을 수 있고 안성맞춤이었다. 결국 선박의 생년월일을 1962년으로 허위 신고해 수입 승인을 받았다. 법 규정과 현실의 괴리가 불가피한 불법 행위를 빚어낸 것이다.

위법임을 알면서도 그렇게 하지 않을 수 없었다. 법을 위반하지 않으려면 방법이 없는 것은 아니었다. 일본/한국간 항로 취항이므로 외항선이다. 파나마에 치적해 놓고 외국배로 운항하면 그만이다. 그러나 그렇게 되면 우리 회사 장부에 수입과 지출의 회계 숫자를 올릴 수 없다. 뒤에 이야기하겠지만 선메르리온(Sun Merion)호처럼 부외 수입이 된다. 이것은 기업의 투명성 원칙에 위반되고 탈세행위가 된다. 정부를 속이고 한국에 들여오느냐, 회사 장부외로 돌리느냐의 선택을 해야 한다. 리베이트도 안 주는 투명성 유지가 나의 경영원칙인데 이를 위반하면 사내에서 리베이트 안 주는 명분을 잃는다. 그래서 무조건 나는 전자를 택했다.

불안 요소

사업이 순탄하게 진행되는 순간에도 우리의 앞길에는 먹구름이 계속 드리우고 있었다. 범양에 담보로 맡긴 주식 100퍼센트가 그것이었다.

당시는 통상적으로 비록 중고선이라 하더라도 선가를 상환하는 기간이 5년 이상 걸리던 시절이었다. 비록 도쇼쿠 측에 3년 안에 선가를 상환하기로 계약하긴 했으나, 해운업계 관행대로 한 차례 더 상환 기간을 연장해 6년 정도 걸리리라는 것이 범양 측의 계산이었을 것이다. 기업 경영의 경험도 없는 젊은이들이 해운업에 덤벼들었으니 그 사이에 경영이 어려워지면 회사를 자연스레 흡수하면 된다는 복안을 범양이 갖고 있다고 귀띔을 해주는 사람들이 적지 않았다. 회장 박건석 씨는 당시 거물급 기업인으로, 새로운 부문을 개척하고자 하는 의욕이 컸던 사람이기에, 내 귀에 들려온 소문이 단순한 설(說)이라고만 볼 수 없었다.

범양의 움직임이 포착되기 시작했다. 내가 선박 도입에 성공하고 귀국한 1970년 8월 20일, 범양에서 이미 자사 임원 중 한 사람을 우리 회사 사장으로 내정해 두었다는 말이 돌기 시작했다. 다음 수순은 사무실 이전을 요구하는 것이었다. 범양이 강병연 당시 상무에게 광일빌딩 사무실을 폐쇄하고 범양 사무실로 이전해 오라고 종용한 것이다. 말이 종용이지 주식을 100퍼센트 맡겨놓은 상태에서는 명령이나 다름없었다. 일본에서 돌아온 나는 강 상무에게 아무 걱정 말라고 하긴 했으나 앞길이 험하다는 것을 직감했다. 그는 '한신(韓信)도 바짓가랑이 밑을 기어간 적이 있었다'며 우선 범양이 마음을 놓도록 해야겠다고 마음먹었다. 나는 범양상선 기획담당 상무 한상연 씨 집을 찾았다. 우선 큰절을 하고 보증해 준 데 대한 감사의 말을 읊었다.

"저희를 믿고 지원해 주셔서 감사합니다. 한국이 미국의 그늘에서 사는 것과 같이 우리도 범양의 그늘에서 열심히 일할 터이니 잘 돌봐 주십시오."

한 상무는 안도하는 기색이었다. 대세를 인정하고 복종하겠다는 뜻으로 받아들였을 것이다. 그러나 집을 나서는 내 마음속에는 대기업에 함부로 맞설 수 없다는 처참함과 함께, '어디 두고 보자. 반드시 호랑이 굴에서 나오고 말겠다'는 독한 오기가 용솟음치고 있었다.

내 말이 주효했는지 그 후 범양에서는 사장을 교체하라는 말이 더 이상 나오지 않았고, 사무실도 기존 장소를 유지할 수 있었다. 얼마 후 내가 범양 박 회장에게 인사 갔을 때도 박 회장은 "우리는 아무런 욕심도 없습니다. 다만 우리에게 피해만 없게 해주시오. 그러면 별일 없을 것입니다"라고 하는 것이었다. 그러나 그 말은 범양에 조금이라도 피해가 생기면(용선료를 제대로 상환하지 못하기라도 한다면) 여지없이 담보권을 행사하겠다는 무서운 말이기도 했다.

위조편지로 주식 50퍼센트를 찾다

그나마 활력이 된 것은 사업이 성공적으로 진행되고 있다는 점이었다. 사업 계획의 140퍼센트 이상인 실적은 나조차 예상하지 못한 성과였다. 이런 호조는 사업 2년째인 1971년 8월까지도 변함없었다. 바로 지금이 중요한 기회였다. 사업 초기에 경영권을 굳히지 못하면 영영 물 건너갈지도 모른다.

일단 도쇼쿠 측에 지급 보증 해제를 추진했다. 문제의 발단이 되는 용선료 지급 보증 자체를 불필요하게 만들 생각이었다. 1년간 단 한 차례도 어김없이 용선료를 지급한 실적이 있고, 화물 사고도 없었기 때문에 국내 및 일본 화주들로부터 탄탄한 신용을 쌓아가고 있었다는 점도 든든한 버팀목이었다.

그러나 도쇼쿠 측에 타진해 보니 이사회 결의 조건이기 때문에 선가를 완불하기 전까지는 보증을 해제할 수 없다는 것이었다. 나는 난감해졌다. 범양의 태도로 보아 3년 후 선가를 완불한 후에도 회사 주식을 내주지 않을 것은 분명해 보였다. 동료들과 이맹기 회장의 낯을 볼 면목이 없어질 판이었다. 은혜에 보답하기는커녕 오히려 폐를 끼칠지 모른다고 생각되자 나는 다급해졌다. 당장 주식을 찾아올 묘안이 필요했다.

문득 머리에 떠오른 생각이 있었다.

'허위 문서라도 만들어 범양에 맡겨둔 주식을 찾아오지 못하면 영영 기회를 잃는 것 아닌가!'

이런 생각을 하기까지는 특별한 이유가 있었다. 나는 1971년 1월 범양 박 회장의 동생 박동선 씨를 만나게 되었는데, 당시 유수한 재미 실업가이던 그는 해운업을 스스로 한번 해보겠다고 결심하고 나의 도움을 청했다. 나는 혹시 범양과의 관계를 푸는 데 도움이 될지 모르겠다고 생각해, 박동선 씨 일을 성심껏 도와주었다. 썩은 동아줄이라도 잡고 보자는 심산이었다. 차츰 서로의 속내를 털어놓게 되면서 내 사정 얘기를 들은 박동선 씨는 의외의 말로 나의 기를 꺾었다.

"아이쿠! 우리 형님에게 주식을 맡겼다면 그것으로 끝입니다. 내가 도와줄 방법이 없습니다. 안됐지만 포기하는 것이 낫겠습니다."

한 가닥 희망마저 사라졌다. 이제 모험을 각오했다. 1971년 8월 나는 범양에 공문을 들이밀었다. 도쇼쿠 명의로 된 지급 보증 해지 공문. 그러나 이는 위조한 것이었다. 위험천만한 모험이긴 했으나 범양의 자존심으로 미루어 보건대 도쇼쿠 측에 공문의 진위(眞僞) 여부를 조회하지는 않으리라고 판단한 끝에 결행한 일종의 속임수였다.

예측은 적중했다. 공문을 받아든 범양은 사실 여부에 대한 조사도 하지 않았고, 다만 크게 실망한 기색을 보였다. 경험도 없는 부문에 뛰어든 내가 불과 1년 만에 이런 실적을 올리리라고는 상상도 못한 것이다. 나는 이 위조문서를 내밀면서 주식 반환을 요구했다. 범양으로서는 지급 보증이라는 사유가 없어졌으니 주식을 돌려주는 수밖에 도리가 없을 것이었다. 그러나 이러면 애초 범양 측의 복안이 물거품이 된다.

범양은 문제를 가능한 한 오래 끄는 태도로 나왔다. 이즈음 범양 박 회장이 어느 공식 연회에 참석했는데, 공교롭게 나도 거기에 와 있었다. 내가 박 회장 쪽으로 얼른 다가갔다. 넙죽 인사를 하고 주식 문제를 꺼내려 했으나 박 회장은 재빨리 나를 외면하고 몸을 피했다. 문제가 거론되면 입장이 난처했던 것이다. 그러나 너무 오래 끌다 보면 위조 문제가 탄로 날지 몰랐다. 쇠는 단김에 두들기라고 했다. 회사로 돌아온 나는 다시 한 번 공문을 보냈다.

"제1케미캐리호를 도입해 성공적인 사업을 가능하게 해준 데 대해 진정으로 감사드립니다. 조만간 주식을 모두 돌려주시리라 믿고, 그 답례로 선박의 50퍼센트에 해당하는 소유권을 드리겠습니다."

마냥 주식을 주기만 기다려서는 될 일도 안 되겠다 싶었던 나로서는 제1캐미케리호의 소유권 중 50퍼센트를 그 대가로 양보하겠다는 방침을 세운 것이다. 보증을 서준 데 대한 고마움을 표시하자는 뜻도 있었지만, 힘없는 소기업으로서는 회사 자산의 절반을 바치고라도 회사를 되찾을 수 있다면 그나마 다행이라고 생각했다. 이제 범양도 나 몰라라 할 수는 없는 일. 담당인 한 상무가 찾아왔다.

"좋소. 박 사장의 제안을 받아들이겠소. 그러나 거기에도 조건이 있소. 주식 50퍼센트는 당분간 우리가 계속 갖고 있겠소."

어이없는 제안이었다. 사례금을 확실히 받을 수 있도록 나머지 주식을 그 담보로 갖고 있겠다는 것이다. 주식의 50퍼센트를 계속 고집하는 것은 아직도 우리 회사를 지배하겠다는 욕심을 포기하지 않았음을 의미한다. 사례금에 대한 담보를 잡겠다는 것은 생전 듣도 보도 못한 일이었다. 그러나 50퍼센트를 되찾은 것만도 다행이라고 위안하며 범양의 뜻대로 따를 수밖에 없었다.

유일무이한 비자금

나는 여전히 불안하기 짝이 없었다. 회사 경영이 어려워지면 범양이 갖고 있는 50퍼센트가 언제 부메랑으로 돌아올지 몰랐다.

KSS해운의 기록을 보면 초창기 사명인 코리아케미칼캐리어스㈜가 1976년 한국케미칼해운㈜으로 바뀐다. 그런데 이 사이에 ㈜코리아케미캐리라는 회사가 등장한다. 전혀 별개의 회사인데 제2호 선박인 제1LP호를 도입하기 위해 별도의 법인을 1971년 4월 2일 설립한 것이다. 범양에게 언제 회사를 빼앗길지 모른다는 불안감 때문이다.

상호도 비슷하게 짓고 대표이사도 동명이인의 이름을 빌려, 대외적으로는 같은 회사인 것처럼 통용되도록 했는데, 대기업에 휘둘리는 소기업의 궁여지책이었다.[9]

1973년 8월, 마침내 제1케미캐리의 3년간 선가 상환을 마쳤다. 제1케미캐리가 국적선이 되는 순간이었다. 이제 해묵은 문제인 주식 50퍼센트를 완전히 되찾아 와야 했다. 범양이 또 어떤 핑계를 댈 것인가? 평범한 방법으로는 도저히 승산이 없어 보였다. 1973년 7월 말, 나는 범양에 공문을 발송했다.

"이제 8월이면 제1케미캐리호가 국적선이 됩니다. 약속대로 선박 소유권의 50퍼센트를 드릴 테니 선박을 들여올 때 발생하는 관세의 50퍼센트를 내주십시오. 그리고 소유권 50퍼센트는 일종의 증여니

9 앞에서도 잠깐 언급했듯이 (주)코리아케미캐리의 대표이사는 박종규(朴鍾奎) 씨(당시 대한해운 부장)로, 내가 해운공사에 신입 사원으로 입사했을 때 노정계장으로 근무하고 있던 동명이인이다. 설립 대표이사를 내가 겸임하면 범양에 약점을 잡힐 것이 분명했기 때문에 이런 편법을 쓴 것이다.

증여세가 발생합니다. 해량(海量)해 주시면 감사하겠습니다."

범양은 난처했을 것이다. 증여임은 분명하다. 그렇다고 해서 세금까지 물면서 이를 받아들일 수는 없었던 것이다. 본래 범양의 뜻은 대주주로서 위치를 계속 고수하는 것이었다. 선박 소유권의 50퍼센트도 이를 위한 안전장치 격이었다.

그러나 선가를 3년 안에 상환해 버렸으니 주식을 돌려주긴 해야 했다. 다만 선박 소유권의 절반을 받아야 했으나 세금까지 물면서 떠들썩하게 받아오면, '대기업인 범양이 벼룩의 간까지 빼먹는다'는 소문이 나돌 것이 분명했다. 위세가 당당했던 박 회장에게는 망신살이 뻗치는 셈이다. 한 상무가 쫓아왔다.

"박 사장, 우리가 보증을 섰는데 왜 우리를 코너에 몰아넣는 거요? 은혜를 이런 식으로 갚나?"

"그렇지 않습니다. 보증을 서주신 데 대해 고마움을 표시하고자 사례를 드리기로 한 것 아닙니까?"

한 상무로서는 반박할 명분이 없었다.

"아무튼 이런 식으로는 안 됩니다."

"그럼 어떻게 해야 하겠습니까? 해달라는 대로 하겠습니다."

한 상무는 한동안 묵묵히 있다가 말을 꺼냈다.

"4만 달러를 그냥 뒤로 주시오."

나로서는 그간의 보증료로 보면 된다. 나는 한 상무가 요구한 방법대로 지불했다. 나머지 주식 50퍼센트를 되찾아오기 위한 대가였다. 나에게는 이때가 비자금을 썼던 유일한 기억이다. 주식을 완전히 되찾은 나는 이맹기 회장을 찾아갔다. 이 회장의 소유 주식 증서를 내놓자 이 회장은 말을 잇지 못했다.

"우리나라에서 이런 일도 있을 수 있나? 불가능한 일을 해냈구먼."

처음으로 내가 이 회장님에게 인정받는 순간이었다. 돌아오는 발걸음이 가벼웠다. 특히 며칠 전 야스다 전무로부터 이 회장이 제1케미캐리호 도입을 지원하기 위해 한밤중에 일본으로 전화한 이야기를 들었던 터라, 어른의 은혜를 일부나마 갚았다는 심정이었다.

그러나 한 기업이 남을 위해 보증을 선다는 것이 얼마나 어려운 일인가. 만약 우리 회사가 범양의 입장에 놓여 있을 때 과연 그런 보증을 해줄 수 있을까? 생각해 보면 범양의 속마음이 어디에 있었든지 간에 결과적으로는 고마운 일이다. 나는 고 한상연 사장과 고 박건석 회장에게 감사의 마음을 잊을 수 없다. 무엇보다 그 두 분 덕에 특수한 석유화학운반선 사업이 시작되었으니 말이다.

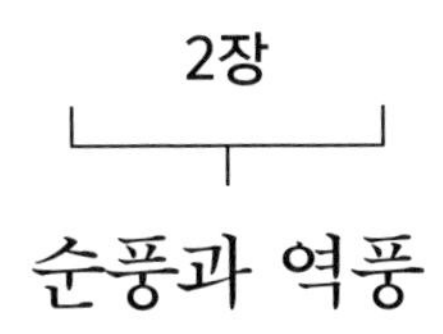

2장

순풍과 역풍

거침없는 성장세

초창기 사업의 가장 큰 불안 요인은 1973년에 일어난 제1차 오일쇼크였지만 1974년을 고비로 화물량이 늘고 운임도 상승하기 시작했다. 선박 부족 현상이 초래되어 다른 나라 선박까지도 단기 용선해 사용했다.

주식을 완전히 돌려받은 후에도 계속해서 사업은 날개를 달았다. 특히 유리하게 작용한 점은, 정부가 중화학공업 육성 정책의 일환으로 울산과 여천 등 석유화학공업 단지에 대단위 투자를 한 것이다. 우리 회사 선박들은 울산과 마산, 진해 등을 분주히 출입했다. 외형 면에서 볼 때 신장세는 뚜렷했다. 우선 화물 종류가 다양하게 늘어났다. AN(아크릴섬유원료), VCM(PVC원료)과 SM(스트로폴원료)만이 아니라,

카프로락탐, 에틸렌글리콜, 용융 유황, LPG 등 다종다양한 석유 화합물들을 운반해 내기 시작했다. 그 결과 1977년의 경우 한일 간 수송 물동량의 55퍼센트를 적취하는 실적을 올렸다.

화물이 늘어남과 함께 운항 선박의 수와 선복량(船復量)도 증가했다. 한 척으로 출발한 배가 점점 늘어나, 1974년에는 9척으로 증가했고, 1978년 말에는 최대 27척까지 운항하게 되었다.

운항 노선도 한일 간의 항로는 물론, 대만과 동남아 등 제3국간 항로에도 취항하기 시작했다. 본격적인 원양 항로는 1976년 5,500적재톤급의 다목적 신형 케미칼 탱커인 영 케미캐리(Young Chemicarry)호를 동남아 노선에 투입하면서부터였다. 그 이듬해에도 이와 동형의 신조선 벤추라 케미캐리(Ventura Chemicarry)호를 도입했다. 그 전까지는 선령이 비교적 오래된 소형 중고선으로 단거리 항로를 분주히 오가는 것이 사업의 주종이었는데, 이 두 척의 중형 신조선박을 새로 도입하면서 회사의 면모가 일신되기 시작했다.

사업이 한창 뻗어나갈 당시 KSS해운(당시는 한국케미칼해운)의 선박이 일본 항구에 기항하는 횟수는 연간 천 번이 넘었다. 그러니까 하루 평균 세 척 정도가 일본 항구에 정박한 셈이다. 특히 석유화학 단지인 일본의 미즈시마(水島)항에는 KSS해운의 육각형 로고를 그린 배가 정박하고 있는 광경을 언제 가도 볼 수 있을 정도였다.

선박회사에서는 펀넬마크(funnel mark)라 불리는 로고를 배의 연통에다 크게 만들어 붙이고 다니는데, KSS해운은 케미칼 수송 회사답게 석유 화합물 중 방향족(芳香族)의 화학 기호인 육각형 속에 'Chemical'의 머리글자인 'C'를 넣어서 회사의 로고로 삼았다. 창립

KSS해운의 육각형 로고.

후 사명은 여러 번 바뀌었어도 이 로고만큼은 지금도 변함이 없다. 1978년 당시 일본의 관문인 시모노세키(關門)해협을 통과하는 우리 회사 선박이 가는 배, 오는 배를 합해서 하루 대여섯 척은 되었다.

선청선적(先請先積) 원칙에도 예외가 있다

1971년부터 시작된 VCM(PVC의 원료) 수송은 시장을 거의 전담하기에 이르렀다. 그런데 독점 수송을 하면서 오히려 골치 아픈 일이 많아졌다. PVC를 생산하는 수입 화주들끼리 경쟁을 하면서 제각기 로비를 해오는 것이었다. 지금은 모두 한국플라스틱으로 합병되었지만, 당시 국내에는 세 회사가 VCM을 수입해 PVC를 생산하고 있었다. 진해의 한국화섬, 군산의 우풍화학, 울산의 공영화학 등 세 군데에 공장이 있었다.

화물 수입과 생산에서는 이 세 회사들이 피나는 경쟁을 벌였지만 원료 수송만은 KSS해운의 선박에 전적으로 의지하고 있었다. 그러나 나는 독점이라는 지위를 악용할 생각이 없었고 오해를 받기도 싫어서, 화물 수송의 원칙을 분명히 세워 하주에게 알렸다.

'선청선적'(先請先積).

누구든 먼저 선적 의뢰를 한 회사부터 운송해 준다는 것이다. 그러나 독야청청은 어렵다. 유혹의 손길이 뻗쳐 왔다. 셋 중 한 회사가 수송선사를 매수해 판매 시장까지 완전 독점해 보겠다고 나선 것이다. 1971년 여름, 한 회사의 중역이 도쿄 출장 중이던 나를 호텔로 찾아왔다.

"20만 달러를 드릴 테니 그 대신 우리 회사의 화물을 우선적으로 실어 주십시오."

화물 저장과 생산 능력이 막강한 회사의 화물을 먼저 실어 준다면 나머지 두 회사는 말라 죽어갈 것이 뻔했다. 말이 먼저 실어 달라는 것이지, 두 회사를 망하게 하자는 무서운 제안 아닌가! 남의 회사 두 엇쯤 눈 한 번 깜짝하지도 않고 쓰러뜨릴 수 있다는 그들의 사고방식에 전율을 느꼈다. 나는 그 자리에서 딱 잘라 거절했다.

"무슨 말입니까. 우리는 먼저 주문받은 회사에게 먼저 배선합니다. 그래야 공평한 것 아닙니까. 다시는 이런 일로 찾아오지 마십시오."

그러자 상대는 작은 해운회사가 화주를 무시한다고 생각했는지 한 번 더 입을 열었다.

"돈이 적어서 그러십니까? 필요하다면 더 드릴 수 있습니다."

나는 몹시 불쾌했다.

"절대 오해 마시오. 딱 두 척의 배로 횡포를 부릴 생각도 없소. 두 회사가 망할 것을 빤히 알면서 어떻게 당신 회사에 우선권을 줄 수 있겠습니까?"

이렇게 상대를 돌려보낸 나는 중역들에게 이 사실을 털어놓으면서 새로운 원칙을 세웠다. 선청선적에도 예외를 둔다는 내용이었다.

'어느 회사든 공장에 원료가 떨어지게 되면 먼저 실어 준다.'

내가 한술 더 떠 약한 화주를 보호하겠다고 나섰으니, 그 회사로서는 혹을 떼려다가 혹을 붙인 셈이었다. 당시 KSS해운으로서는 VCM의 독점 수송이 이익보다는 골치만 썩이는 사업이었다. 시장을 독점하려는 경쟁 때문에 별별 인맥을 다 동원해 뒷거래를 요구하는 것이 한두 번이 아니어서, 차라리 이 수송 분야에서 손을 떼고 싶은 심정까지 들 정도였다. 얼마 후 PVC업계의 불황으로 한 회사로 통합된 후에야 이러한 근심에서 해방될 수 있었다.

'역 앞의 카페'

1975년 ㈜대성메탄올이 여수에 메탄올 공장을 새로 짓고 있었다. 메탄올은 합판 공장에서 접착제로 쓰는 포르말린의 원료인데, 당시 동명목재를 비롯해 합판산업이 성업을 이룰 때라 수요가 늘고 있었다. 생산 규모는 연간 33만 톤. 이들 화물을 석유화학 운반선으로 수송해야 하는 일이 생겼다. 당시 우리 회사는 연간 27만 톤밖에는 수송하지 못하고 있었기 때문에 33만 톤이라면 큰 고객이었다. 무슨 일이 있어도 이 화물을 계약해야 했다. 그래서 나는 대성메탄올 본사 사무실이 입주해 있는 대우빌딩으로 그 회사 K사장을 찾아갔다.

"5년간 석유화학 화물을 수송한 실적도 있습니다. 대량 화물인 만큼 운임도 저렴하게 해드릴 테니 잘 부탁합니다."

그런데 대성메탄올 사장은 의외의 말을 꺼내는 것이 아닌가.

"당신네 회사의 수송 실적을 보니 우리 회사 화물량보다 적습디다. 그러니 우리 회사 화물을 당신들이 실어 나르면 거의 두 배가 신장되는 것 아닙니까? 당신 회사 주식의 50퍼센트를 우리에게 넘겨주시면 우리 화물을 몽땅 드리지요."

나는 어이가 없어 다음과 같이 대답했다.

"만약 제가 카페를 한다면, 이 대우빌딩 안에서는 안 하겠습니다. 빌딩 안에 들어오게 되면 대우 직원들만 이용하고 다른 고객에 대한 서비스는 제한을 받을 것입니다. 서비스업은 불특정 다수의 고객을 상대하는 것이 원칙 아니겠습니까? 저는 차라리 역 앞에서 작은 카페를 할망정 그렇게는 못합니다. 설혹 만부득이 빌딩 안에 들어온다 하더라도, 화물량으로 보면 두 배가 넘지만 메탄올은 운임이 싸서 우리 회사 매출액으로 보면 20퍼센트 정도밖에 안 됩니다. 그러니 50퍼센트는 좀 무리가 아니겠습니까?"

이렇게 말하자 K사장은 그 이상 말이 없었다. "다음에 봅시다" 하고 일어나는 것이었다. 두 번 다시 만나주지도 않았고 후에 다른 회사와 계약을 해버렸다. 당시는 너무 원칙을 주장하다가 큰 일감을 놓쳤다고 후회도 했다. 장사꾼은 고객이 제안하면 못마땅해도 우선은 '검토해 보겠습니다'라고 하고 나중에 조금씩 상대방 마음을 바꾸게 하는 것이 옳은 태도다. 그런데 나는 그때만 하더라도 내 주관을 앞세웠다. 장사꾼으로서는 덜 된 것이었다. 그러나 우리 회사의 영업 정책은 지금도 변함없이 '역 앞 카페' 노선임을 자랑한다.

중형선 도입을 통한 동남아 진출 사업

노르웨이 선박회사로 오드펠(Odfjell)이라는 세계적인 석유화학 운송 전문 선박회사가 있다. 1970년대 중반은 미국과 유럽 강대국들이 석유화학을 주도하는 시기였으며, 이 시기에 오드펠, 스톨트닐슨, JO 탱커 같은 메이저 케미칼 선사들이 석유화학 중간 제품들을 유럽과 북아시아로 실어 나르는 수송수요를 선점하기 위하여 2~3만 톤급 대형 케미칼 선박을 대량 발주하여 취항시켰다. 취항 항로는 주로 미국 걸프만에서 서유럽과 북아시아 항로로 장거리인 데다가 대량수송에 경쟁력 있는 운임으로 독보적 항로를 개척하였다. 여러 종류의 케미칼 화물을 동시에 수송하여야 하기 때문에 선창을 여러 구역으로 나누는 구조인 파슬탱커(Parcel Tanker)이고 스테인리스(stainless) 재질로 되어 건조비도 비싼 선박이었다. 즉 콘테이너 정기선과 같은 개념의 케미칼 액체 정기선인 셈이다.

나는 이러한 창의적 항로에 진출하고 싶었지만 투자금이 막대하고 생소한 유럽시장이라 당장은 엄두를 내지 못하였다. 그러나 좀 짧은 항로인 극동과 동남아 항로를 같은 개념으로 개척한다면 가능성이 있다는 생각이 들었다. 그래서 일본에서 동남아로 가는 케미칼 화물을 조사하는 중에 스미토모상사가 이 항로에 선박을 투입하면 전적으로 밀어주겠다고 했다. 그리하여 5천 톤급 두 척을 짓기로 했다. 지금까지는 대만 아래 지역에는 배선할 엄두를 내지 못했지만 동남아 항로에서 일본 선사들을 뛰어넘을 수 있는 도전을 하고 싶었던 것이다. 그간 승승장구의 업적과 내 젊은 패기의 소산이었다.

드디어 영케미캐리호(5,500적재톤)와 벤추라케미캐리호(5,500적재톤)는 각각 1976년과 1977년에 신조선으로 도입되었다. 이 선박들의 특성은 오드펠사의 선박과 같이 탱크가 여러 개로 구획되어 여러 화물을 동시에 실을 수 있는 파슬 탱커라는 점이었다. 탱크 내부가 스테인리스로 된 점도 같았다. 높은 안전성을 요구하는 까다로운 사양이기 때문에 선가가 각각 350만 달러, 450만 달러를 넘었다. 두 척의 건조비 800만 달러를 조달하는 일은 쉽지 않았으나, IBRD 차관과 일본 엔 차관을 확보하는 데 성공했다.

선가 상환이 부담이었지만 일본과 한국의 석유화학단지와 동남아 시장을 잇는 일종의 정기선 운항 계획으로 구상했다. 아직 3천 톤짜리 배도 없었는데 단번에 5,500톤, 그것도 스테인리스 선으로 신조했다. 앞으로 일본 경제권의 동남아 의존이 깊어진다고 보았기 때문이다. 수송비를 낮출 수만 있다면 동남아와 일본, 대만과 일본 등 노선에서 석유화학 물류 전망이 유망하다고 판단했다. 일본 회사 가운데 먼저 뛰어든 곳도 있었지만 우리의 경쟁력을 고려한다면 충분히 승산이 있다고 생각하여 승부수를 던졌다.

그런데 막상 배를 가동해 보니, 대량 화물도 적었고 특히 일본의 석유화학 공장 중에는 중형 케미칼 탱커에 적합한 부두 시설을 갖춘 항구가 적었다. 오사카, 지바, 요코하마 등 유수한 항구에서조차 배를 외항에 정박시킨 후 다시 작은 배를 이용해 일일이 화물을 옮겨주어야 했다.

장거리 노선이기 때문에 생기는 문제도 있었다. 한국이나 일본에서 동남아로 내려갈 때는 화물이 그럭저럭 있었으나 올라올 때는 식용유, 당밀 등을 실어오는 방식이었다. 그러나 당밀과 식용유는 워낙 운임이 저렴하기 때문에 채산성 있는 가동을 위해 고군분투해야 했다. 하지만 신형 선박이고 또 장거리 항로를 운항하는 선박이라는 점에서 회사의 주력 선대로 내세우기에는 부족함이 없었다. 한편 영캐미캐리호는 우리나라에서 처음으로 IMO 증서[10]를 획득했다는 데 의의가 있다. 그런데 이 증서를 발행해야 할 기국정부(旗國政府)인 우리 당국에서는 IMO 증서라는 개념도 없었고, 증서를 발행하는 양식도 갖추고 있지 않았다. 결국 우리가 외국 사례를 조사, 수집해 항만청에 제공하기까지 했다. 이 과정을 통해 IMO 규정에 대한 인식을 우리나라에 정착시키는 데 기여했다.

이러한 원대한 포부로 시작한 동남아 항로의 첨단 선박은 1978년 11월 제2차 오일쇼크로 화물은 사라지고 큰 짐덩이가 되었다. 당시 케미칼화물전용선은 모두 같은 운명에 처하게 되었다. 앞서 말한 오드펠선사의 운명도 같았을 것이다. 수요 감소에는 당할 장사가 없다.

하지만 동 프로젝트를 진행하여 잃어버린 것만 있었던 것은 아니다. 사업을 함에 좀더 구체적이고 정확한 데이터와 이를 이용하여 냉철하게 분석하지 않으면 가장 약했던 부분에서 문제가 발생해 사업이 어려움을 겪을 수 있다는 뼈저린 교훈을 얻기도 하였다. 사업은 하고 싶어서 하는 것이 아니다. 해야 하기 때문에 하는 것이다. 무엇보다도 디테일에 강해야 한다. 같은 실수를 나의 후배들은 반복하지 않도

10 국제해사기구에서 제정한, 유독하고 위험한 화물을 안전하게 수송하기 위한 시설과 시스템을 선박이 갖추었다는 증명서. 선원의 안전, 화물 누출 방지, 화재 방재 시스템 등 안전 규정이 각각 다르다.

록 경계하고 또 경계하여야 할 것이다.

이후 중대형 케미칼 선단은 유럽계 대형 선사들이 독점하게 되었고, 아시아 지역 선사에서 투입한 선박들은 규모의 경쟁에 밀려 시장을 잠식당하게 되었다. 최근까지도 중대형 케미칼 선박들은 유럽 대형 선사들인 오드펠, 스톨트닐센, 잇젠 케미칼(Eitzen Chemical) 등이 전 세계 시장을 장악하고 있으며, 2000년도 초까지 중대형 케미칼선 40~50척을 운항해 세계 굴지의 선대 규모를 자랑하던 JO탱커스는 시장 변화에 적응하지 못하고 스톨트닐센에 합병되는 비운의 운명을 맞이하였다. 최근에는 MOL 자회사인 도쿄마린아시아도 수익성이 악화되면서 선대 규모를 대폭 줄이고 싱가포르로 회사를 이전하는 어려움을 겪고 있다. 해운 사업은 철저한 시장분석으로 자신의 경쟁력을 파악해야만 생존/성장할 수 있다는 진리를 다시 한 번 확인할 수 있는 대목이다.

비록 중대형 선박의 선두주자가 되지는 못했지만 과거 실패로부터 얻은 교훈을 바탕으로 시장을 분석하고 모아 둔 힘을 중대형 가스선 증대로 전환하게 되어 지금의 회사로 거듭날 수 있는 시금석이 되었다고 생각한다. 지금도 회사는 자신의 능력을 키우며 내가 이루지 못했던 꿈을 이어가려고 노력하고 있으며, 머지않은 미래에 새로운 돌파구를 찾아 더욱 넓은 시장으로 나아가리라 믿어 의심치 않는다.

운명을 바꾼 조선업 진출

어느 기업이나 사업이 착실하게 성장하면 새로운 부문에 진출할 구상을 하게 된다. 이것이 고비가 되어 사업이 신장되기도 하고 때로는 극심한 위기에 빠지기도 하는데, 이 시기에 KSS해운도 새로운 사업에 진출하고자 했다.

먼저 생각한 것은 석유화학 제품의 화물을 부두에 저장하는 '탱크터미널' 사업이다. 석유화학 화물을 운반하면 이를 저장할 탱크가 있어야 제대로 하역할 수 있는데, 당시 우리나라에는 이 저장 시설이 크게 모자라서, 화물을 싣고 있는 상태로 외항에서 배가 대기하는 경우가 비일비재했다. 탱크터미널 사업을 하기로 하고 부지를 물색한 결과 1975년 3월, 울산항에 14,880평을 매입했다. 그런데 사업 구상이 점점 발전해 아예 석유화학 탱커를 건조하는 조선소를 짓자는 계획을 추진하게 되면서, 탱크터미널 사업은 부지만 매입한 채 중단되었다.

조선업까지 진출하자는 이유는 무엇이었을까? 나는 당시 국내 기술로는 역부족이었던 케미칼 선박 건조에 도전해 보고 싶었으며, 장

부지 공사로만 끝난 울산 탱크터미널 사업.

래에는 잠수함 등 해양방위산업에도 진출해 기술력 있는 사업을 하고 싶었다.

내 생각대로라면 조선-화물 저장-수송까지 연관 기업을 운영하게 되는 셈이었다. 임원들 간에 격론이 벌어진 끝에 사업에 착수하기로 결정, 1974년 우리 회사의 전액 출자로 동해조선이 설립되었다. 조선소용 부지로 울산시 용잠동 일대 토지 4만 평을 매입하고, 동 지구 앞바다 1만 평을 매립하면서, 조선소 건설이 시작되었다.

동해조선은 조선 장비 도입을 위해 1974년 외환은행에서 2억2천5백만 엔을 그리고 조선소 부지 조성 및 시설 설비 자금으로 같은 해 한국신탁은행에서 2억9천5백만 원을 모두 장기상환조건으로 차입했는데, 지급 보증은 (주)KSS해운이 서주었다. 우리 회사가 운영자금을 지원하는 등 해상 운송 사업을 통해 확보한 여유 자금을 계속 동해조선에 투입했다.

동해조선 전경. 승승장구하던 기세는 조선 사업에까지 진출하게 했다.

첫 사업은 자체 발주한 제17케미캐리, 제18케미캐리호를 건조하는 일이었다. 1976년과 1977년에 걸쳐 성공적으로 건조, 인도하면서 제법 희망찬 출발을 했다. 사업이 낙관적으로 전개되리라는 전망은 독일에서 3,500적재톤급 화물선 6척을 한꺼번에 수주하면서 굳어졌는데, 뒷날 이것이 모기업까지 뒤흔든 결정적인 패인이 될 줄 누구도 짐작하지 못했다.

용융(熔融) 유황 수송을 구상하다

1977년부터 1979년까지 KSS해운은 남해설파호(77년), 남해파이오니어호(78년), 그리고 동해설파호(79년) 이렇게 세 척의 용융 유황 수송 전용선을 도입한다. 때마침 처음으로 시작된 용융 유황의 수입 시장을 세 척의 새 선박으로 100퍼센트 전담하겠다는 의욕적인 사업이었다. 그러나 결과는 좋지 않았다. 내가 훗날 '오기 경영은 안 된다'는 교훈을 남긴 사례인 이 사업의 전말은 이렇다.

유황은 황산의 원료로 유안비료를 만드는 데 쓰이며, 카프로락탐이라는 물질로 나일론을 만들어 내는 공정에 투입되어 촉매로 사용된다. 당시 국내에서 유황을 사용하던 업체는 한국카프로락탐, 남해화학, 영남화학 등으로 연간 30만 톤 정도 규모였고, 그중에서도 남해화학의 사용량이 많았다. 1974년부터 일본 정부가 석유 정제 및 소비 과정에서 나오는 아황산가스 등 공해 물질을 줄이기 위해 정유 공장에 탈황 시설을 의무적으로 갖추도록 하면서 용융 유황이 생산되기 시작했다.[11]

이때까지 우리나라는 주로 캐나다산 유황을 수입하고 있었는데, 황색 가루 형태의 유황 분말을 일반 살물선(撒物船)으로 수송하고, 비료 공장에서 다시 이를 용융시키는 공정을 거쳐 유안비료 생산 공정에 투입했다. 그러나 유황을 분말 형태로 수송하는 데는 많은 문제점이 따랐다. 상온에서 고체 상태인 유황을 부두에 야적하면 가루가 되어 날려 환경에 악영향을 끼쳤고, 화재의 원인이 되는 데다가 하역비도 많이 들었다.

반면, 석유 정제 과정에서 추출되는 용융 유황은 고온의 액체 상태이기 때문에 대기 오염이나 화재의 우려가 없었다. 또 액체 상태이므로 파이프를 통해 적재, 하역하기 때문에 하역 시간도 단축되고 하역비도 거의 들지 않는다는 이점이 있었다.

1975년부터 국내와 일본의 정유산업과 유황 수요를 면밀히 조사해 보니, 새로운 수송 수요가 생길 것이 확실했다. 국내 탈황 시설의 가동은 아직 요원했으므로, 일본에서의 액체 유황 수입은 계속 늘어날 것이지만 이를 수송할 선박은 작은 배 한 척밖에 없는 실정이었다.

유황은 상온에서 노란 분말 형태의 고체로 있다가 섭씨 115도부터 커피색을 띠며 녹기 시작한다. 용융 유황을 안정적으로 수송할 온도는 섭씨 130도 정도인데, 이를 위해서는 특별한 설비를 갖춘 전용선이 필요했다.[12]

11 우리나라에서 탈황 시설이 일반화되기 시작한 것은 1980년대 중반부터다.

12 용융 상태의 유황 온도를 130도 정도로 유지해 주어야 하기 때문에 설계에서 고려할 점이 많다. 먼저 팽창 계수를 고려해야 하고, 둘째로는 용융 유황의 비중이 1.8인 점을 감안해야 한다. 이런 탱크를 설계할 수 있는 회사는 그때만 해도 국내에 없었다.

그런데 당시 국내에서는 소형선 한 척뿐이었고, 건조 기술도 없었다. 일본에서도 500~1,000톤 사이의 소형 선박들이 일본 내 항구 사이를 단거리로 수송하는 정도였다.

일단 1969년에 건조된 433톤 규모의 중고선인 제16케미캐리호를 1976년 6월에 도입해 운항 노하우를 익히기 시작했다. 어느 정도 자신감이 생기면서 2,500적재톤 규모의 선박 두 척을 건조할 계획을 추진했다. 척당 2,500톤으로 한 달에 5항차씩 1년이면 한 척당 14만 톤 정도를 수송할 수 있고, 이로써 연 30만 톤으로 예측된 국내 수입량을 100퍼센트 책임지고자 했다.

그리고 기왕이면 동해조선에서 직접 건조해 보자는 의욕에 찬 계획을 세웠다. 당시 우리 회사는 동해조선을 통해 제17 및 18케미캐리호 등 케미칼 운반선을 건조한 실적이 있었다. 용융 유황선은 화물을 130도로 가열·유지하는 장치를 갖추어야 했으므로, 탱크의 가열 시설을 만드는 노하우만 입수하면 독자적인 건조가 가능할 거라고 판단했다.

기술 이전의 벽

우선 한국과 일본 등 동아시아의 여러 조선소 중 유황선을 건조한 경험이 있는 곳을 찾았다. 예상대로 국내 조선소에서는 전무했고, 일본에서도 니혼고강(日本鋼管)이라는 조선소 한 곳에 불과했다. 니혼고강은 유황선을 제조하는 특허를 보유하고 있었고, 일본에서 운항하고 있는 대부분의 용융 유황선도 이곳에서 건조한 것들이었다. 동해조선이 니혼고강과 접촉, 용융 유황선 건조를 위한 기술 지원 요청을 타진했다. 그러나 니혼고강 측 태도는 실망스러웠다. '기술을 절대 팔 수 없다. 특히 한국 기업은 돈을 아무리 주어도 안 된다'는 대답이었다. 어차피 일본에서 생산되는 용융 유황을 수송할 선박을 한국에서 건조하게 되면, 기존 일본 선사들이 독점하고 있는 시장이 잠식되리라는 우려 때문이었다.[13]

고심한 끝에 우선 용융 유황선 목록들을 다 뒤져 보았다. 300톤, 500톤 등 작은 배부터 1,000톤 이상의 큰 배까지 샅샅이 찾아본 결과, 한 줄기 빛이 보였다. 대부분의 선박은 니혼고강에서 건조되었지만, 이미 폐선이 된 선박 한 척만은 일본 아와지(淡路) 섬에 있는 데라오카조선(寺岡造船)이라는 작은 회사에서 건조되었다는 사실을 발견한 것이다. 이 조선소의 건조 실적이 그때까지 불과 한 척이었고, 그나마 이미 폐선 처리가 되긴 했지만 유황선 건조 기술은 보유하고 있으리라 판단했다. 확인해 보니 니혼고강과는 조금 다른 방식의 특허를 갖고 있었다. 다만 규모가 너무 작아서 수주를 니혼고강에 다 뺏기면서 경영이 위축된 상태였다.

돌파구가 보이기 시작한다고 직감한 나는 인삼을 선물로 사들고 조선소를 방문했다. 사장 데라오카 씨는 백발 노인이었는데, 나는 초면임에도 그에게 한국식으로 넙죽 큰절을 했다. 우리 회사 사정과 함께 니혼고강의 실망스러운 태도를 설명했다. 그리고 자회사인 동해조선에 데라오카의 설계와 건조 기술을 지도해 달라고 부탁했다.

13 조선소가 자국 해운업을 보호하는 것까지 염두에 두는 것이다. 그 정신은 훌륭하다고 아니할 수 없다.

데라오카 사장의 반응은 호의적이었다. 그는 '우리가 훨씬 우수한 기술이 있지만 니혼고강이 시장을 독점하고 있어 도저히 싸울 수 없었다'고 털어놓았다. 자신의 실력을 알아준 회사가 바다 건너 한국에 있다는 사실에 크게 기뻐한 그는, 자신이 한국에 와서 동해조선이 기술 전수를 받을 능력이 있는지 보고 답변하겠다고 했다.

선박 건조로 가는 길이 뚫렸다. 1976년 겨울, 데라오카 사장은 약속대로 동해조선을 방문해 기술자들을 만나 보는 등 조사를 한 후 동해조선과 계약을 맺었다.

특허 내용을 알고 보니 의외로 간단했다. 화물 탱크와 선체 사이에 지지대를 버텨서 탱크가 팽창, 수축할 여유 공간을 주는 방식이었다. 어떻게 보면 간단할 정도의 특허 때문에 이런 고생을 치렀구나 하는 것이 동해조선 사원들의 심정이었다. 그러나 종이 한 장 차이가 이토록 엄청한 기술 격차가 되기도 하는 것이다.

1977년 1월부터 용융 유황 전용선인 남해설파(Namhae Sulphur)호와 동해설파(Donghae Sulphur)호의 건조가 시작되었다. 두 척이 시장에 투입되면 사업 전망이 매우 밝으리라 나는 자신하고 있었다.

또 다른 배가 일본에서 건조 중!

그런데 문제가 발생했다. 우리의 움직임과 별도로, 일본 미쓰비시 석유에서 용융 유황 전용선 두 척을 짓고 있었던 것이다. 한국의 유황 수입 시장을 겨냥한 미쓰비시 측에서는, 야마네운수(山根運輸)라는 계열사를 통해 똑같은 규모의 선박을 히가키조선(檜垣造船)에 발주해 놓고 있었다. 완공 목표도 1977년 말로 비슷했다.

사태는 빨리 진전되어 한국의 수입업체인 남해화학이 FOB가 아니라 CIF로 미쓰비시와 계약을 맺어 버렸다. 미쓰비시가 국내 항구까지의 수송권까지 갖게 된 것이다.

그런데 실은 미쓰비시보다는 남해화학의 태도에 문제가 있다고 할 수밖에 없었다. 자국화자국선제도 아래서, 국내 수입업체가 외국 배를 사용하려 할 때는 반드시 선주협회의 동의 과정을 밟아야 한다. 화물을 수송할 수 있는 국내 해운회사가 존재하지 않을 때 비로소 외국 해운업체에 이를 맡길 수 있는 것이다(이것이 웨이버제도다). 그런데 남해화학은 이러한 절차를 밟지 않았다. 그뿐 아니라 미쓰비시 측에서 수송을 다 해주니 남해화학으로서는 편하다. 일반 민간 기업도 아닌 국영 기업이 국법을 어겨 가면서 일방적으로 해외 공급자와 장기 계약을 맺어 버린 것이다.

동해조선을 방문한 데라오카 사장(오른쪽)과 나.

우리는 남해화학이 국영 기업체인 만큼 당연히 FOB 계약하에 선주협회나 해운항만청에 수송 문제를 의뢰할 것으로 믿고 있었다. 뒤늦게 두 회사 간의 계약이 CIF로 이루어졌다는 사실을 알게 된 황당함은 이루 말할 수 없었다.

이제 마찰이 생겼다. 해운항만청에서는 한국 회사가 용융 유황 전용선 두 척을 짓고 있다는 것을 환영하면서 국가 경제라는 시각에서 기필코 웨이버 제도를 관철하겠다는 입장이었다. 반면 남해화학은 이미 맺은 계약을 변경할 수 없다는 태도였다. 아무리 웨이버 제도가 있다고 해도 수입업자인 남해화학의 적극적인 협조가 없다면 우리는 난처해진다.

곤란한 것은 미쓰비시 측도 마찬가지였다. 미쓰비시 측은 일단 선박 한 척의 건조를 취소시켰다. 그리고 남해화학과의 계약이 있다고 해도 웨이버 제도가 결국 걸림돌이 되리라고 판단했다. 한편 남해화학은 우리를 자기들 일을 방해하는 훼방꾼으로밖에는 생각하지 않았기 때문에, 우리는 자연히 남해화학에게 미운털이 박혀 버린 꼴이었다. 남해화학은 외국과의 계약도 지키고 국법도 지키는 묘안을 찾고자 했는데, 그렇게 해서 내놓은 것이 흥아해운에 국적취득조건부 나용선으로 그 배를 제공한다는 제안이었다. 흥아해운으로서는 화주를 이미 확보한 셈이었기에 웨이버 제도에만 의존한 우리보다 유리한 입장에 서게 되었다.

이렇게 되어 흥아해운은 취득조건부 나용선 계약 신청서를 항만청에 제출했다. 그러나 항만청의 태도는 분명했다. '한국 배를 두 척이나 짓고 있는데 왜 외국 배를 용선하는가?' 하면서 신청을 반려한 것이다. 미쓰비시, 남해화학 그리고 항만청의 입장 대립은 쉽게 해결될 기미를 보이지 않았다. 흥아해운은 항만청의 허가를 얻지 못했고, 우리는 남해화학과 계약이 안 되는 상황이었다. 타개책이 필요했다. 게다가 시장 규모는 두 척만으로도 충분했지만, 배가 세 척이나 건조되고 있는 상황이니 어떻게 되든 선복 과잉이 우려되었다.

나는 이때 용융 유황 사업의 전망이 불투명하다는 불안감을 느꼈다. 어려운 상황이 되었다. 남해화학은 흥아해운을 밀고, 화주와 등진 우리는 정부가 밀어주는 상황이 되었다. 양국의 선복량을 합한 것이 시장 수요보다 커졌는데 국내 두 회사가 경쟁하고 있으니, 특별한 타개책이 필요했다. 누가 하든 한 회사가 전담하는 수밖에 없는 것이다. 흥아해운이 하든 우리가 하든 한 쪽으로 일을 몰아야 했다. 안 그러면 같이 망하는 것이었다. 그런데 실은 우리가 더 불리했다. 운수업에서는 무엇보다 화주와의 관계가 중요한데, 우리가 남해화학과 등진 상태에서는 전망이 불투명했다. 특히 FOB가 아니라 CIF로 계약하면, 우리가 미쓰비시와 남해화학 사이에서 오퍼레이션 하기가 대단히 어려울 것으로 예측되었다.

'오기' 경영의 낭패

나는 '이런 상황에서 우리가 하겠다고 고집할 수는 없겠다' 싶어 내심 포기할 결심을 굳혀 갔다. 물론 임원회의에서는 아직 정식으로 결정을 하지 않은 상태였고, 항만청의 입장도 변함은 없었지만 점차 사업 포기 쪽으로 움직이고자 했다. 마침 흥아해운에서 우리가 짓고 있는 배를 사겠다는 제안이 왔다. 나는 속마음을 행동으로 옮겨가기 시작했다. 가만히 생각해 보니 괜찮았다. 그동안 들어간 돈을 회수하고 포기하자고 생각해서 흥아해운에게 인수할 가격을 실사하도록 했다.

그런데 사업권을 포기하는 것도 쉽지 않았다. 사업권을 흥아해운에게 판다는 소문이 돌자 강창성 초대 항만청장이 나를 불렀다.

"박 사장, 절대 양보하지 마시오. 웨이버 신청을 하지 않는 남해화학이 나빠요. 화물은 내가 확보해 주겠소. 우리 화물을 우리 배로, 게다가 우리나라에서 지은 배로 수송하는 것이 국가 목표에 딱 들어맞는 것 아니오? 배를 팔지 마시오."

정부의 강력한 지원 방침에 뿌듯함을 느낀 것은 사실이었다. 그러나 나의 부정적인 판단은 변함이 없었다. 항만청이 우리 손을 들어주니 기분은 좋았다. 그러나 장사꾼으로서 가만히 생각해 보니, 화주인 남해화학과 평생 등지게 생겼다. 또 하나, 관청 사람들이 모르는 문제가 있었다. 화물을 실어야 하는 항구가 여러 군데였던 것이다. 최소한 세 군데 이상을 돌아다니며 실어야 하니 운항 관리가 까다로운 것이다.

아무리 애국적인 관점이 중요하다고 해도, 도저히 채산성이 맞지 않으니 무리한 시도를 하지 않는 것이 좋았을 것이다. 그런데 나의 이러한 결심은 곧 뒤바뀐다. 나는 이때를 뼈아프게 회고한다.

"근데 이게 내 실수입니다. 실수! 팔고 싶은 생각이 더 많았는데 이 심리 상태가 언제 바뀌었는가 하면, 우리 중역들하고 골프를 치러 간 적이 있어요. 우리 직원들한테는 이게 기업 간의 싸움이 되어서, 이 사업을 흥아해운에 주면 우리가 패배라는 자존심 문제로 된 겁니다. 직원들 사기가 저하될 우려가 있었어요. 하지만 나는 그래도 끝까지 파는 것이 현명하다고 생각하고 있었습니다. 그런데 그 골프 자리에서 김승정 기획담당이사(전 SK 사장)가 '사장님, 배를 꼭 넘기실 작정입니까?'라고 묻길래, 나의 대답은 속마음과 딴판이 되어 튀어나왔습니다. 순간적으로 '팔긴 왜 팔아!'라고 큰소리로 말하자 모두들 좋아했습니다."

결국 마음에도 없던 이 한마디가 사업을 넘기지 않는다는 결정이 되어 버렸다. 항만청장의 권유와 직원들 사기 문제가 작용해 방향이 바뀐 것이다.

우리는 용융 유황 전용선 사업을 계속할 뜻을 천명하게 되었고, 흥아해운의 매선(賣船) 제안도 거부했다. 결국 야마네운수와 흥아해운 간의 계약은 파기되고 야마네운수와 우리 회사 간에 다시 계약이 맺어졌다. 1978년 3월, 국적취득조건부 나용선으로 계약해 그 배를 들여왔다. 이것이 바로 남해파이오니어호였다. 겉으로는 우리의 승리였다. 그러나 이 승리는 정부 정책의 승리지 결코 우리의 승리는 아니었다.

고전의 연속

이제 우리는 세 척의 용융 유황 전용선을 가동하게 되었다. 선복량이 과한 것이 불안했으나 어쨌든 시장을 장악하고 있는 만큼 그런대로 사업이 잘 되리라 기대했다. 우선 히가키조선에서 건조한 남해파이오니어호를 유황 수송에 투입하고, 뒤이어 남해설파호와 동해설파호가 건조되는 대로 속속 투입할 예정이었다.

그러나 불길한 예감은 적중했다. 우선 예상보다 화물량이 적었다. 게다가 선박이 또 한 척 늘어나 버렸으니 수익이 제대로 나올 리 없었다.

답답하지만 대안을 찾아야 했다. 다른 화물 운반용으로 개조하는 방법이 있었지만, 이것이 또 만만치 않았다. 우선 운반 화물의 톤수를 수익성 있게 조절하기가 어려웠다. 용융 유황은 비중이 거의 1.8로 비중이 가장 높은 화물에 속하는데, 용융 유황 2,500톤을 적재하도록 건조된 배의 용적은 겨우 1,470입방미터에 불과해 다른 선박에 비해 선창의 크기가 훨씬 작았다.

게다가 선박의 특수 구조상 쉽게 범용선(汎用船)으로 사용할 수 없었다. 가령 보강재(stiffener)가 복잡하게 설치되어 있기 때문에 청소하기가 불가능했다. 그리고 코팅을 아예 하지 않는 것이 용융 유황선의 특성이어서, 특수 코팅을 요구하는 화학 화물을 싣기도 어려웠다.

동해설파호의 완공을 늦춰 가면서 고심 끝에 찾은 대안이 수산화나트륨(양잿물. NaOH)이다.[14] 한양화학(현 한화화학)에서 생산하는 수산화나트륨을 원진레이온에 수송하는 장기 계약이 1979년 성립되면서 회사는 한숨을 돌릴 수 있었으나 수산화나트륨 화물 한 종류만으로 보유 선단을 풀가동하기는 힘들었다. 더구나 수산화나트륨의 운임이 유황에 비해 낮았기 때문에 수익을 기대하기도 어려웠다. 결국 한

14__ 수산화나트륨은 VCM의 원료인 EDC를 생산하기 위해 소금을 전기 분해할 때 나오는 부산물인데, 비중이 1.2로 비교적 무겁고 국내 수요도 많았다. 비중이 높은 화물을 찾아 그 전용선으로 하자는 아이디어에서 추진한 것이었다.

양화학과의 장기 계약이 1985년 2월에 종료되어 동해설파호를 매각했고, 제16케미캐리호(85년 2월)를 비롯해 남해설파호(87년 6월), 남해파이오니어호(91년 6월) 등을 차례차례 매각하면서 용융 유황 수송 사업을 완전히 정리하게 된다.[15]

이렇게 모두 네 척의 용융 유황 전용선으로 12년간 해온 사업은 회사에 큰 이익을 가져다주지 못하고 고생만 했다. 사업을 기업 간, 국가 간 싸움으로 생각하는 것은 위험하다. 비즈니스 관점으로 접근한 흥아해운의 방식이 사업의 정도(正道)였다면, 우리의 접근 방법은 국가 제도에 너무 의지한 것에 잘못이 있다. 어디까지나 장사는 고객 중심이어야 한다. 정부 정책에만 의지하는 사업을 해서는 안 된다는 충고를 후배들에게 남기고 싶다. 이 일로 흥아해운이 케미칼운송 분야에 참여하게 되었다. 그러나 나는 흥아해운의 고 윤종근 회장님의 심정을 이해한다.

15 현재는 용융 유황의 수송 수요가 크게 줄었다. 황 대신 국내 동 제련소에서 생성되는 황산을 비료의 원료로 사용하며, 그러고도 남아서 연 30~40만 톤을 멕시코에 수출하는 실정이다. 그리고 국내 정유회사의 탈황 시설에서 유황이 자체 생산되기 때문에 외국에서 실어 올 필요도 거의 없어졌다. 유안(硫安)비료의 수요도 많이 감소했다.

3장

시련은 겹쳐서 온다

지켜지지 않은 경영 3원칙

1976년 조선소가 완공된 이후 동해조선의 초기 사업은 앞서 말한 바와 같이 모두가 모기업인 한국케미칼해운의 자체 발주 선박이었다. 이것은 동해조선의 영업 상황을 배려해 준 것이기도 했지만, 여기에는 또 다른 뜻이 있었다. 당시 자본력이나 기술 수준으로 볼 때 중형 선박 혹은 외국 선박 등 까다로운 선박 건조에는 함부로 덤벼들어선 안 된다는 판단 때문이었다. 한편으로는 선박 스크랩(폐선)업도 비중 있게 추진하면서 사업의 호흡을 길게 가져가고자 했던 것이다.

동해조선의 초대 사장은 고인이 된 장종원 씨였는데, 나는 장 사장에게 선임 첫날 경영 지침 세 가지를 주었다.

첫째, 조선소를 만들긴 했지만, 폐선소로 생각하시오. 당분간 스크랩업에 전념하면서 시간을 두고 기술을 축적해 갑시다.

둘째, 수리업을 중심에 두고 사업을 하되, 신규 건조 사업은 모기업의 발주분만 합시다.

셋째, 사람을 많이 쓰지 맙시다.

그러나 결과적으로 이러한 원칙은 하나도 지켜지지 않았다. 1977년 동해조선은 독일 선사로부터 선박 6척을 수주했는데, 이 선박 건조 작업이 실패로 귀결되면서 모기업인 한국케미칼해운까지 휘청거리게 된다.

1976년 독일의 한 선사가 일본의 우스키(臼杵)조선소와 3,500적재톤급 컨테이너선 6척의 선가 협상을 벌이고 있었다. 우스키 측은 척당 410만 달러를 제시했는데, 마침 현지 출장 중이던 장 사장이 이보다 1할 싼 가격 즉 척당 370만 달러를 제시했고, 이 가격에 계약이 즉각 이루어졌다. 전보로 소식을 들은 동해조선과 한국케미칼해운의 임직원들은 '우리도 유럽 선박을 수주했다'고 자축하며 나에게 이를 알려왔다.

수출용 선박을 신조하는 것은 극구 피하라고 당부한 바 있던 나는 장 사장의 계약이 경영 원칙을 어긴 행위라고 생각하면서도, 선가가 전보로 알려온 대로라면 괜찮은 수준이라고 여겼다. 당시 신조선가를 계산할 때 소형 컨테이너 선박인 경우에는 적재톤 기준으로 톤당 1,000달러 정도면 타당하다고 했다. 3,500톤급을 370만 달러에 수주한 것이니까 선가를 잘 받은 것으로만 생각했다.

다소 불안하긴 했지만 계약 내용을 꼼꼼히 살피지 않고 묵인하게 된 데는 다른 이유도 있었다. 장 사장이 출국한 사이에 그의 아들이 사망하는 사고가 일어났다. 장 사장에겐 여섯 살 된 외아들이 있었는데, 그는 이 아들을 무척이나 귀여워했다. 그런데 그가 출장을 간 사이 아이가 놀이터에서 야구공에 맞아 사망하는 비극이 일어났다. 얼마나 가슴 아팠을까 짐작이 가고도 남았다. 장 사장은 아들 대신 이 계약이라도 성공시켜서 귀국하겠다는 비장한 전문을 보내왔다.

이런 상황에서 내가 경영 지침 위배라는 지적을 하면서 간여하기가 미안하게 느껴졌다. 일은 일사천리로 진행되어 정식 계약이 체결되고 공사 준비에 들어갔다.

그러나 나중에 밝혀졌지만, 동해조선이 독일 선주와 맺은 계약에는 치명적인 허점이 있었다. 계약상 톤수는 3,500적재톤(OSD)이지만, 실제는 5,000톤이 넘었다. 유럽의 적재 톤수 환산 방식이 한국, 일본 등과 전혀 달랐기 때문이다.[16]

만약 적재 톤수가 5,000톤(CSD) 이상이라는 사실을 알았다면 모두가 반대했을 것이다. 내가 이를 안 것은 1977년 10월이지만, 이때

16 유럽에서는 선박의 톤수를 OSD(Open Shelter Decker), CSD(Closed Shelter Decker) 등 두 가지로 표시하는데, 이는 18세기 노예 수송선에서 비롯된 것이다. 노예 상인들은 한 번에 최대한 많은 노예를 싣기 위해 상갑판에까지 노예를 묶어 수용했다. 그런데 아프리카에서 미국 혹은 유럽까지 긴 뱃길을 오는 동안 상갑판 위의 노예들 중 탈진해 사망하는 경우가 많아지자, 차양 시설로 지붕을 설치했다. 이것이 기원이 되어 상갑판 윗부분을 톤수에 합산하면 CSD 톤수가 되고, 이를 빼고 계산하면 OSD 톤수가 된다. 이런 방식은 화물선에도 적용되어 각종 세금 계산시에는 OSD를 적용하나 화물 선적량은 CSD로 계산하기 때문에 실제 선박 톤수는 OSD보다 크게 마련이다. 동양권에서는 톤수 산정 방식이 단일하기 때문에 당시 조선 전문가들도 이를 잘 몰랐다. 더구나 동해조선의 경우는 설계 자체를 선주가 제공하기로 되어 있었기에 3,500톤급 선박을 수주했지만, 완공 후 계측을 해보니 실제로는 4,333톤(OSD)이었다.

는 내가 울산에 긴급 수습을 위해 내려갔을 때이니 이미 엎질러진 물이었다.

계약 당시 선가를 제시한 방법도 주먹구구식이었다. 원가 계산도 따로 하지 않고, 일본 조선소가 제시한 선보다 무조건 10퍼센트 적게 제시했으니, 일본 조선소가 수주했더라도 망해 버릴 선가였다 해도 과언이 아니었다. 당시 일본의 작은 조선소들도 유럽, 특히 독일 선박에 대한 지식이 적었다. 실제로 당시 일본의 소형 조선소 세 곳이 독일 선박을 수주했다가 도산한 일도 있다.

결국 동해조선 경영진은 엄청나게 손해 보는 가격을 기초로 계약을 맺은 것이다. 계산해 보니 선박을 계약대로 건조하면 이익은커녕 척당 150만 달러, 모두 900만 달러를 손해 보게 되어 있었다.

건조 작업은 첩첩산중이었다. 계약 조건에 따라 기관 부속을 모두 유럽산으로 써야 했기 때문에 원자재 비용을 감당하기 어려웠을 뿐 아니라, 감리자인 독일의 선사도 까다롭기 그지없었다. 작업이 수시로 중단되었고, 재작업도 몇 차례 하면서 공기(工期)는 마냥 늘어졌으며, 인건비 부담도 가중되었다. 동해조선은 점점 흔들리기 시작해 운영 자금도 모자라는 형편이 되었고, 급한 대로 한국케미칼해운에서 지원을 받았다.

그러면서 한국케미칼해운의 사정도 불안해졌다. 동해조선에 대한 보증 채무는 모두 40여억 원, 1978년 매출이 68억5천만 원이었던 점을 감안하면 막대한 금액이었다.

인사(人事)가 망사(亡事)가 되다

착실하게 실적을 쌓아 가자던 회사가 어쩌다 이 모양이 되었을까? 나는 인사 정책에 실패한 것이 결국 최대의 실착이었다고 고백한다.

인사 정책의 궁극적 책임을 따진다면 결국 나에게 돌아오는 것이다. 이 점만은 솔직하게 시인한다. 인사가 망사가 되는 날, 회사는 망하고, 직원의 삶도 위기에 흔들리고, 나아가 국가 경제에도 누를 끼친다. 인사가 경영의 99퍼센트라는 점, 후배 경영인들이 꼭 명심해 주었으면 한다.

당시 동해조선 임원들은 대부분 서울대 조선공학과 출신으로, 조선계 최고 실력파들을 스카우트해 확보한 인력이었다. 작지만 강한 기업이 되기 위해서는 기술력이 탄탄해야 하고, 이를 위해서는 뛰어난 인재를 처음부터 확보해야 한다는 판단에서 이루어진 것이다. 일본 도쿄대학 조선공학과 대학원을 수료한 우수한 장 씨를 경영자로 영입한 것도 조선 기술을 많이 아는 사람들에게 권한을 주어야겠다는 전략의 소산이었다.

그러나 기술적인 능력과 경영 능력은 전혀 다른 범주 아닌가? 결과적으로 이 점에 대한 판단 착오가 실패의 한 원인이었다. 사업 규모에 비해 머리만 너무 컸다. 당시 경영자는 설계 전문가이긴 했지만 경영에 적합한 사람은 아니었다. 독일 선박을 수주하는 과정에서 보는 바와 같이 최고경영자가 치밀하게 따지지 않고 대충 넘겨짚는 스타일의 경영을 했기 때문에 무작정 확장으로만 내달았다. 자금 경색은 필연이었다.

동해조선은 울산에 있었고 한국케미칼해운은 서울에 사무실을 두고 있었다. 서울에서 해운업에만 전념하던 나는 '조선은 조선쟁이한테 맡겨야지, 모르는 놈이 사주라고 이것저것 간섭하면 될 일도 안 된다'고 생각해 아무 간섭도 안 하던 상태였다. 게다가 현지 사정을 비공식으로나마 보고하는 사람조차 없었다. 동해조선이 외국 배도 척척 수주했다고 하니 잘 되어 가는 줄로만 알고 있었던 것이다.

나의 후원자이자 창립 자본금을 쾌척해 주었던 이맹기 대한해운 회장은 동해조선의 사장 인선에 일찍부터 반대했다. 1974년 나는 조선소 설계 작업과 관련해 장 씨를 찾았다. 그는 일본에서 돌아와 설계 사무소를 운영하고 있었다. 두 사람은 내가 해운공사 조선과장 시절 조선 작업의 감리 용역을 맡기면서 처음 인연을 맺었는데, 사주조합 운동을 할 때 〈중앙일보〉 광고비를 내준 장본인이 장 씨이기도 했다. 당시 그런 일에 돈을 댄다는 것은 신변의 위협까지 각오해야 했으므로 참으로 고마운 일이었다. 그때 마음의 부담도 겸해 나는 장 씨를 영입하리라 마음을 먹었고, 회사 주주이자 개인적 후원자이기도 했던 이맹기 회장의 승인을 받으러 찾아갔다.

그러나 의외로 이 회장은 절대 안 된다며 반대하는 것이었다. 내가 두 번을 계속 찾아갔지만 이 회장은 그때마다 번번이 퇴짜를 놓았다. 굳이 이유를 달지는 않았으나, 이 회장은 장 씨를 전무나 부사장으로 하고 내가 사장을 겸하여 직접 동해조선과 KSS해운을 경영하는 것이 낫다고 강력히 충고했다. 하지만 당시 장 씨는 동해조선소 건립에 적극적인 태도를 보이고 있었고, 사장 직이 아니면 승낙하지 않을 분위기였다. 나도 서울대 조선공학과 출신의 인력을 확보하려면 그들의 대부 격인 장 씨를 사장으로 영입하는 길밖에 없다고 판단하고 있었다. 내가 마지막으로 이 회장에게 간청해 보고 그래도 이 회장이 거절하면 장 씨 영입을 포기할 생각이었다. 이렇게 해서 세 번째로 이 회장을 찾은 나는 장 씨를 사장으로 영입할 것을 재차 요청했는데, 이 회장은 불쑥 이렇게 물었다.

"그에게 말했나?"

그때까지 나는 장 씨에게 영입 약속을 하지는 않은 상태였다. 그러나 이 회장으로부터 어떻게든 승낙받아야 한다고 생각해 무심결에 "예" 하고 거짓말을 했다.

"에이, 할 수 없군. 젊은 사람들끼리 잘 해봐."

이 회장의 이 말은 사후(事後) 승인일 뿐 아니라 무언의 경각심을 일깨워 주는 것이었다. 거짓말의 대가는 그만큼 컸다.

내가 위기를 감지한 것은 전혀 예상하지 못한 경로로부터였다.

1977년 10월 초 동해조선의 장 사장이 울산에서 서울의 나를 찾았다. 점심을 먹으면서 나는 동해조선이 잘 되어 가느냐고 물었고, 그렇다는 대답을 들었다. 그런데 그다음 말에 귀를 의심했다.

"박 사장님, 조선소를 팝시다."

"아니, 그게 무슨 말이오. 무슨 문제가 있습니까?"

"유럽 시장을 우리가 뚫었고 여섯 척이나 수주를 받아놓은 상태니 조선소 평가가 좋습니다. 그러니 이럴 때 팔아서 돈을 버는 것이 낫지 않겠습니까. 굳이 힘든 조선업을 해서 돈을 버는 것보다 더 유리한 방법이 아닙니까? 내가 알선해서 팔게 되면 나한테 1할만 주십시오."

나는 어안이 벙벙했다. 그리고 그 순간 '아, 이맹기 회장님이 반대한 이유를 이제야 알겠구나. 내가 어려서 사람을 잘못 보았다. 경영인이 아니라 브로커를 사장으로 모신 격이구나' 하고 가슴을 쳤다. 나는 낙담하면서도 내색하지 않고 말했다.

"팔고 말고는 내가 결정합니다. 사장을 그만두고 싶으면 그만둬도 좋소."

이렇게 되어 내가 조선소 회장으로 취임하였다. 나는 곧바로 울산 현지로 내려가 한 달간 현황 파악을 했다. 결론은 회사를 거저라도 좋으니 넘겨야겠다는 것이었다.

울산을 방문한 첫날, 나는 동해조선이 얼마나 곪아 있는지 감지했다. 첫 회의를 마치고 점심시간이 되었다. 직원 식당으로 발걸음을 옮기자, 임원들은 당황하는 모습을 보였다. "직원 식당에서 점심을 먹어야지, 왜 그러는가?"라고 하자, 한 임원이 "거기는 회장님이 갈 곳이 못 됩니다. 우리는 늘 밖에서 점심을 먹고 있으니 밖으로 가시지요"라고 했다. 이에 개의치 않고 직원 식당을 방문해 보니 식단은 물론 관리 상태가 엉망이었다. 그에 반해 임원들이 평소 출입하는 식당은 고급 횟집이었으니, 경영의 방만함은 물론 직원들 사기가 어떠했을지 짐작하고도 남았다.

동해조선의 당시 인원은 근 1,200명. 총톤수 1만 톤도 짓지 못한 조선소가 이 정도 인원을 고용하고 있다는 것은 상식적으로 이해되지 않았다. 근무 실태도 기대 이하였다. 예를 들어, 오늘 현재 인원이 몇 명 있는지 파악되지 않았고, 일단 파악할 수 있다 해도 불필요한 인원이 많았다. 공정이 바뀔 때마다 새로운 기능이 필요하다 하여 능력 이상의 봉급을 주면서 스카우트를 많이 했기 때문이다. 소위 빽으로 들어와 이름만 올려놓고 월급을 타가는 사람도 있었다.

한 달 정도 실사한 결과는 참담했다. 우선 독일 선사가 주문한 선박 6척을 감당할 방안이 도저히 없었다. 적자를 보는 건조 작업을 계속할 수 없는 노릇이었다. 나는 조선 사업에서 완전히 철수하기로 가닥을 잡았다.

선박 인도 못하면 회사를 넘겨라

동해조선 처분은 생각보다 쉽지 않았다. 1977년 12월부터 열두 군데가량의 재벌과 접촉했지만 모두 실패로 돌아갔다. 삼환기업 최종환 회장의 경우 울산 현지까지 내려와 현장을 둘러본 후 '못한다'고 딱 잘라 결론을 내렸다. 럭키 구자경 회장도 이맹기 회장에게 '조선업의 조자도 끄집어내지 말라'며 머리를 흔들었다.

나는 다급해졌다. 동해조선 문제를 제대로 해결하지 못하면 KSS 해운까지 지불 불능 상황에 빠진다. 더욱 안타까운 점은, 어렵게 개척한 유럽 시장에 한국 조선업계가 당분간 진출하지 못하리라는 것이었다(당시 유럽 시장으로부터 선박 수주를 받은 것은 동해조선이 처음이다). 나는 최각규 당시 상공부장관을 찾아갔다.

"우리 동해조선 하나의 운명만이 아닙니다. 한국 조선업계가 유럽 시장에 진출하는가 못하는가 하는 시금석이기 때문에 능력 있는 기업이 회사를 인수토록 해주십시오."

최 장관은 100퍼센트 지분 인계라는 방침에 의아해하며 물었다.

"어렵게 만든 회사를 그렇게 쉽게 포기하나요? 반은 소유하고 반만 넘기는 것이 어떨까요?"

"아닙니다. 그런 식이면 아무도 이 회사를 맡으려 하지 않을 것입니다."

그제야 최 장관은 자기가 알아보겠다고 약속한 후, 현대조선에 인수를 종용했다. 곧바로 현대조선 정희영 사장의 실사팀이 동해조선을 방문하기에 이르렀다. 이때가 1978년 봄. 그러나 호사다마랄까? 때맞춰 현대아파트 사건이 터졌다. 현대건설이 서울 압구정동 현대아파트를 분양하면서 언론계, 관계, 정계 등 유력 인사들에게 아파트를 뇌물 삼아 분양해 준 것이 드러나면서 사장이 구속되기도 했다. 이런 상황에서 현대는 동해조선 인수에 신경 쓸 여력이 없어졌고 인수 작업은 무기한 중단되었다.

1978년 5월 10일, 첫 독일 배를 진수하면서 진수 대금을 받기로 되어 있었다. 그런데 월요일인 5월 6일 큰 금액을 결제해야 할 사정이 생겼는데 이를 막을 돈이 없었다. 그래서 4월 중순부터 독일의 선주에게 '일주일 정도 빨리 송금해 줄 수 있는가' 하고 교섭을 시작했다. 이례적인 요청이긴 했지만 유일한 돌파구였다. 독일 선주는 당연히 거절했지만 다시 간곡히 요청했다.

"안 되면 회사가 부도난다. 그러면 배를 인도하지 못하니 당신들도 손해 아닌가?"

선주 측에서는 5월 3일 금요일이 되어서야 조건을 제시했다.

"예정대로 5월 10일에 진수를 못하거나 그 후라도 부도가 나서 선박을 인도 못하는 사태가 발생할 경우, 조선소의 자본과 경영권 일체를 양도한다는 조건에 동의하면 조기 송금을 해주겠다. 물론 동의하지 않으면 송금할 수 없다."

토요일 오전, 중역들은 머리를 맞댔다. 월요일에는 부도가 예정되어 있었다. 부도를 막으려면 독약이라도 받아 마셔야 한다는 의견이 다수였다. 조건을 받아들이고 부도를 면할 것인가, 아니면 가만히 앉아서 부도를 기다릴 것인가. 최종 결정은 나에게 위임되었다. 그러나 나는 그들의 조건을 받아들이느니 차라리 부도가 나서 회사를 국내 사람에게 주는 게 낫다고 생각했다.

"외국 업체에 경영권과 자산을 넘겨줄 수는 없다고 생각합니다. 부도가 나서 패가망신해도 그것이 더 애국이라는 생각이 듭니다."

나는 거절 전보를 치라고 지시했다. 그러자 울산 현지 임원진들이 "그러면 부도입니다" 하고 재확인하는 것이었다. 나의 대답은 꼭 같았다.

"부도가 나도 좋습니다. 전보 치시오."

이렇게 해서 독일 회사의 조건을 거부하는 전보를 보내게 되었다. 다음 날은 어린이날인 5월 5일. '내일이 부도니 모든 것이 끝이군' 하고 생각한 나는 모든 약속을 취소하고 집에 틀어박혔다. 그런데 월요일 아침 당직자로부터 전화가 걸려왔다.

"방금 텔렉스가 들어왔는데, 송금했다는 내용입니다."

훗날 독일 선주에게 "분명히 거절했는데 왜 송금했는가?" 하고 물었다. 그러자 그의 대답은 이러했다.

"'아니오'라고 했기 때문에 송금했습니다. 그런 조건을 받아들이는 경영자는 못 믿습니다. 그런 조건을 받아들이면 나중에라도 결국 부도를 내게 마련입니다."

최고경영자끼리 통하는 철학이라고 해도 좋을 것이다.

"당신과 나는 공동운명체야!"

마지막 시도마저 물거품으로 돌아가고, 동해조선에 지급 보증한 큰 어음의 만기가 며칠 남지 않은 1978년 8월 하순. 중역들이 이곳저곳을 뛰었지만 도저히 길이 보이지 않았다. 오전에 출근해 보고를 받은 나는 기력을 잃었다. '나의 운도 이제 끝나는 모양이다' 하는 생각이 들었다. 중역들은 내 얼굴만 쳐다보고 있고, 정말 상의할 사람 하나 없을 정도로 외로웠다.

외로울 때 늘 가던 장소를 찾았다. 프라자호텔 최상층 라운지, 시청 시계판이 마주 보이는 큰 창문가였다. '이렇게 사업가로서 생명이 끝나고 마는가. 젊었을 때는 죽었다가도 살아났는데 이제는 꼼짝없이 죽게 생겼군!' 하는 심정이었다. 사업가가 망하면 위로보다는 욕만 돌아오는 법. '나도 기업을 망해 먹은 중소기업 사장이 되는가' 하고 되뇌었다. 시청 시계판을 바라보던 중 수치심이 들끓자 몸을 일으켰다. 이미 제정신이 아니었던 나는 창밖으로 몸을 던졌다.

그런데 어떻게 된 일일까. 나는 뒤로 넘어져 있었다. 이마가 아파왔다. 두꺼운 유리가 창문에 단단하게 끼워져 있었던 것이다. 손님들이 웅성대는 소리를 듣고 정신을 차렸다.

나는 한 번 더 생각하게 되었다.

'그래, 부도가 나더라도 채권자들에게 최소한의 예의는 갖춰야지.

나의 수치만 생각하면 안 되지.'

그 길로 곧바로 주거래 은행인 서울신탁은행을 찾았다. 돈을 부탁하는 일은 이미 끝난 일, 마지막 인사나 제대로 드리겠다는 뜻이었다. 나는 홍윤섭 행장을 만났다.

"이제 더 이상 어음 결제를 할 수 없습니다. 죄송합니다."

홍 행장은 침묵을 지키다가 비서에게 "전 중역들 다 모이라고 해!" 라고 지시를 내렸다. 중역이 다 모이자 그 자리에서 그가 갑자기 나를 꾸짖었다.

"이보시오. 사업하는 건 좋지만 왜 은행까지 피해를 줘? 뭐, 부도가 난다고 인사를 와? 부도를 내면 은행에 사기를 치는 거나 마찬가지야!"

홍 행장은 책상을 치면서 2, 30분 내내 화를 냈다. 이윽고 "이제 다 나가시오" 하고 중역들을 물렸고, 쥐구멍을 찾는 심정이었던 나

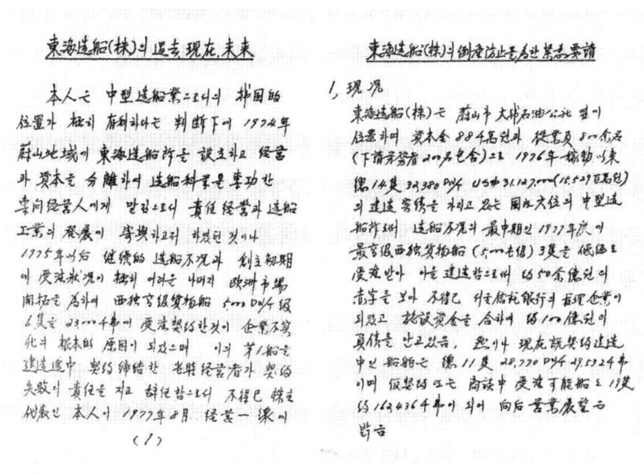

동해조선의 부도를 막기 위해 나는 진정서까지 써서 관계 당국을 찾아다녔다.

는 "정말 죄송합니다" 하고 일어섰다. 그때 홍 행장이 갑자기 나의 손을 부여잡았다.

"박 사장, 정신 못 차리면 안 돼. 당신과 나는 공동운명체야! 무슨 소리 하는 거야, 지금? 상공부장관 만날 수 있지? 날 만나게 해줘. 부도나기 전에 꼭 만나야 돼. 부도나면 끝이야."

홍 행장의 말이 힘이 되었을까, 나는 다시 일어나 상공부로 뛰었다.

정부 청사로 뛰어든 나는 숨을 고르며 상공부장관 면담을 신청했다. 그런데 비서실에서 면담을 시켜 주지 않았다. 캐나다 경제 사절이 와서 면담 중이라는 것이다. 한술 더 떠서, '금주 스케줄이 꽉 차서 금주 내로는 도저히 면담 일정을 잡을 수 없다'고 했다. 평소 잘 아는 비서인데도 일언지하에 딱 거절하다니, '장관에게 부담만 줄 사람'이라고 판단한 것이다. 현실은 냉정했다.

할 수 없이 청사를 나온 나는 중앙 계단에 멍하니 서서 '운이 안 닿는 것인가'라며 한탄했다. 이윽고 차를 불렀는데 이상하게도 차가 오질 않았다. 한참을 기다리다 옆에 키 작은 사람이 서 있기에 돌아보았다. 바로 최각규 장관이었다. 그토록 만나기를 간청하던 사람을 여기서 마주치다니! 얼른 인사를 드리자, 최 장관이 물었다.

"응, 박 사장이군. 어떻게 되었어?"

계단에서 대화가 계속되었다.

"몇 군데 더 교섭해 보았지만, 끝났습니다."

"다른 데 없나?"

"이제 다 끝났습니다. 저 한 사람 끝나는 건 문제가 아니지만 우리 조선업계가 큰일입니다."

담담히 대답하는 나에게 최 장관은 정색하며 반문했다.

“어떻게 하면 좋지?”

나는 이때를 회고하면 지금도 믿어지지 않는다.

나는 달리 할 말이 없었는데, 희한한 말이 내 입에서 튀어나오고 있었다.

“예수는 자기가 만든 십자가를 자기가 지고 죽었습디다.”

그러자 최 장관은 뭔가 번쩍 생각난 듯 나를 손가락으로 가리키며, “맞아, 당신이 해!” 하는 것이었다. “전 자금 능력이 없질 않습니까?” 하고 대답하자 최 장관은 “참, 돈이 없어 그러지? 신탁은행장, 나 좀 만나자고 해. 만나도 되겠지?” 하고 나에게 되물었다. 그리고 비서에게 “신탁은행장 오라고 해” 하고 지시했다. 그리고 기다리던 차를 타고 휙 떠났다. 그제야 내 차가 왔다. 기사는 “오늘 이상하게 앞 차에 가로막혀 차가 빠지질 않았습니다. 죄송합니다”라고 했다. 어찌나 운전기사가 고맙던지.

그 주 토요일 최 장관과 신탁은행장이 만나 은행 관리를 하기로 합의했다. 이로써 월요일의 사선(死線)을 넘을 수 있었다. 1978년 여름의 일이다.

이후 1년여가 지난 1979년 4월 홍윤섭 행장은 이른바 ‘율산 사건’에 연루되어 불명예스럽게 사임한다. 나는 당시 한양대학병원에 입원하고 있던 홍 행장을 문병해 치료비에라도 보태십사 하며 봉투를 내밀었다. 그는 딱 잘라 거절했다.

“아직 기업이 어려운 처지일 텐데, 이런 짓 하면 안 됩니다. 세월이 가면 당신은 성공할 것이고 나는 노쇠해질 것이니 그때 다시 오시오.”

나는 다시 한 번 홍 행장의 인격을 느꼈다. '이런 훌륭한 분이 율산 사건에 연루되어 곤욕을 치르다니 무언가 잘못되었다'라고 생각하며 물러나왔는데, 과연 그는 법원의 무죄 판결로 명예를 회복했다. 그로부터 20년이 흐른 뒤, 자택 병상에 있는 홍 행장님을 뵙고 그때의 봉투를 드렸다. 나를 알아보지 못하시는 것 같았다.

매일 크레인에 올라

그 후 동해조선은 2년 정도 은행 관리를 받았다. 한숨 돌리고 본격적으로 조선업 경영을 시작했다. 독일 배 6척의 문제는 재협상으로 3척으로 줄이고 가격도 더 받았지만, 조직 정비가 문제였다. 어떻게 하면 합리적으로 인원을 감축할 수 있을지 고심한 끝에 묘안을 생각해 냈다.

우선 사람마다 헬멧에 일련번호를 붙이게 했다. 그리고 매일 크레인에 올라가 망원경으로 내려다보았다. 물론 크레인 운전사에게는 절대 비밀을 지키라고 당부했다. 올라가 보니, 노는 사람뿐 아니라 아예 잠을 자는 사람도 있었다. 번호를 다 적어서 아침 조회 시간에 이를 건네주며 징계위에 회부했다. 그러자 내가 일 안 하는 사람만 쪽집게처럼 찾아낸다고 소문이 돌기 시작했다. 아예 제발로 그만두는 사람도 있었다. 이렇게 해서 6개월 만에 종업원 수를 1,200명에서 600명으로 줄였다.

조업 시작도 너무 늦었다. 점심시간이 가깝도록 일이 진척되지 않는 경우도 있었다. 묘안을 짜고 또 짰다. 나는 아침마다 회사 변전소를 찾아가 부서별 사용 전력이 최대로 올라가는 시간대를 체크해 보면서 이를 의식적으로 소문냈다. 주 작업은 용접이니까, 전력만 체크하면 일을 얼마나 빨리 시작하는지 알 수 있었다. 이렇게 매일 체크하니 점점 시작 시간이 빨라져 8시 출근에 8시 10분부터 용접 작업이 시작될 수 있었다.

한편, 회사를 처음 방문했을 때 화장실을 둘러보니 휴지가 비치되지 않아 지저분하기 짝이 없었는데 왜 이 지경인가 물으니, 휴지를 다 가져간다고 했다. 공장 화장실 상태를 보면 회사의 모든 것을 알 수 있는 법이다. 나는 '몇 번씩 가져가도 상관없으니 화장실을 수리하고 휴지를 무한정 공급하라'고 지시했다. 아예 휴지 당번까지 정해 놓았다. 그리고 매주 월요일 조회 때마다 '독일의 일류 배를 만드는 사람들이 남이 쓸 휴지를 가져가다니 자존심도 없습니까? 이러면 수출 선박을 만들 자격도 없는 사람입니다'라고 계속 호소했다. 그 후 휴지를 가져가는 사람이 없어졌다.

온갖 산고를 겪은 끝에 회사는 일단 정상 가동을 할 수 있었다. 하지만 채산성을 맞추는 일은 여전히 불가능했다.

독설과 삭발

독일 배의 인도 일자는 많이 늦어졌다. 하지만 독일 선주는 지체 보상금도 받지 않고 오히려 둘째, 셋째 배에 대해 각각 25만 달러와 65만 달러씩 높여 지급해 주었고, 나머지 3척은 계약 자체를 취소해 주었다.

한번 계약한 선가를 올려 받기란 거의 불가능하다. 동해조선의 집요한 선가 인상 요구도 주효했지만, 선주로서는 조선소가 망해 인도 불능 상태에 들어가는 것보다는 다소 늦더라도 완공해 가져가는 것이 이익이라는 계산에서 양보한 것이다. 물론 애초에 계약한 선가가 워낙 낮은 것도 원인이었으나 무엇보다도 동해조선이 최선을 다하는 성의를 보여 주었고, 선주가 이를 인정해 준 결과였다.

이제 독일 배를 만드는 데는 자신이 생겼다. 고생한 만큼 실력도 향상된 것이다. 그리하여 그 후 유럽을 중심으로 수주 활동을 맹렬히 전개한 결과 싱가포르의 스칸디아에사르(Scandia Essar)사로부터 6,700적재톤급 정유 운반선 4척을 1,948만 달러에 수주받아 착공했고, 독일의 또 다른 선주인 볼텐(Bolten)사로부터 14,200적재톤급의 컨테이너선 4척을 척당 1,045만 달러, 모두 4,180만 달러에 가계약해, 은행의 환급 보증만 받으면 확정될 단계였다. 마침 제2차 오일쇼크로 석탄을 비롯한 살물선(撒物船) 수요가 늘어나 화물선의 경우 선박 수주도 용이하고 선가도 올라 있었다. 이런 추세가 2년만 지속된다면 100억 정도의 부채는 3년 내에 갚을 수 있다고 확신한 나는 동해조선을 재건할 희망에 부풀었다. 사실 조선업은 불황에는 어렵지만 한번 불이 붙으면 순식간에 소생할 수도 있는 업종이다.

그런데 서울신탁은행 측에서는 부정적인 반응이었다. 새로운 계약의 수익성과 축적된 기술에 대해 구구절절 설명을 해도 은행은 아예 귀를 닫아두고 있었다. 경영진을 믿어 주지 않고, 조선소를 하루라도 빨리 큰 기업에 넘겨야 안심이 된다는 생각에서 한 치도 움직이지 않았다. 나는 답답했다. 게다가 운까지 따라 주지 않았는지, 1980년 신

정권 집권 이후 새로 취임한 김용운 행장이 은행 관리 종료를 통보해 왔다. 마지막 독일 배를 인도한(80년 9월 27일) 다음 날이었다. 피눈물이 흐르는 심정이었지만 어쩔 도리가 없었다. 동해조선 재건의 꿈이 하루아침에 사라진 것이다.

도매금으로 넘어갈 뻔한 KSS해운

모진 운명을 그냥 받아들일 수는 없었다. 나는 무슨 수를 써서라도 운명의 길을 바꿔 놓겠다고 결심했다. 이럴 땐 정치적인 해결을 모색하는 수밖에 없다고 생각했다. 마침 이웃에 살던 이학봉 당시 민정수석을 찾아가 호소했다.

"설사 조선소를 넘긴다 하더라도 어렵사리 유럽에서 수주받은 일감을 놓쳐서야 되겠습니까? 국가적으로도 손실입니다. 빚이 많다 하더라도 열심히 하면 3년 안에 해결할 수 있습니다."

이렇게 호소한 나는 '수주한 선박은 은행이 환급 보증을 해 일단 일을 하도록 해야 한다. 정 주인을 바꾸고 싶으면 나중에 해도 늦지 않지 않은가'라고 역설했다. 이 수석은 크게 공감하는 눈치였다. 나는 한 가닥 믿음을 가지고 이 수석의 집을 나왔다.

그러나 이 수석을 찾은 일은 결과적으로 역효과를 빚었다. 그는 그날로 서울신탁은행의 K전무를 불러 호통을 쳤는데, 자세한 내용은 알 수 없지만 무지막지하게 꾸짖었다고 한다. K전무도 그런 모욕을 받는 건 생전 처음이었다고 하더라는 것이다. 당시 군 출신들 눈에는 은행 사람들이 월급은 많이 받으면서도 무사안일하다고 보는 경향이 있었다. 군 출신의 서슬이 살아 있는 이 수석의 호통에 은행은 오히려 나에 대한 좋지 않은 감정을 굳히게 되었다.

결국 서울신탁은행은 재무부와 상공부에 동해조선의 처분을 촉진할 것을 건의하고 대한조선공사를 인수자로 내정하기에 이르렀다. 당시 대한조선공사도 적지 않은 부채에 시달리고 있었고 주거래 은행인 산업은행으로부터 괄시가 심했다. 그래서 대한조선공사는 이번 기회에 주거래 은행을 서울신탁은행으로 옮기고 새롭게 자금 지원을 받을 수 있으리라 기대하고 있었다. 그러니까 동해조선 사업에 관심이 있었던 것이 아니라, 제각기 어려운 속사정이 있던 은행과 대기업 사이에 이해가 일치한 것이었다.

1980년이 저물어가는 12월 어느 날, 난데없이 범양상선의 한상연 사장으로부터 전화를 받았다.

"박 사장, 요새 참 고생 많겠소. 그런데 어제 저녁에 서울신탁은행에서 오라고 해서 갔더니 우리보고 한국케미칼해운을 인수하라는 겁니다. 그래서 우리는 못 한다고 했어요…. 알고 계시지요?"

깜짝 놀라지 않을 수 없었다. 모기업인 한국케미칼해운마저 처분하려 한다니! 상상도 할 수 없는 이야기를 뜻밖의 경로로 들은 것이다. 일단 시치미를 떼고 이렇게 되물었다.

"예. 알고 있습니다. 그런데 왜 안 된다고 했습니까?"

"우리가 어떻게 박 사장 회사를 넘겨받습니까? 업계에서 뭐라고 하겠어요?"

"생각해 주시는 것만 해도 감사합니다."

한 사장의 배려는 정말 고마웠다. 청천벽력에 얻어맞은 충격을 감추며 은행 실무진을 통해 알아본 결과는 이러했다. 동해조선의 부채 102억은 적당한 연불(延拂) 조건으로 인수할 수는 있으나 그간의 미불 이자 33억까지 인수하지는 못하겠다는 것이 조선공사의 입장이었다. 그래서 은행 측이 생각해 낸, 보증 채무자인 한국케미칼해운도 다른 해운회사에 33억과 같이 넘기는 안을 추진하게 되었다는 것이다.

나는 동해조선을 포기하는 것은 이미 각오하고 있었다. 그러나 한국케미칼해운마저 잃을 수는 없었다.

'어떻게 만든 회사인데! 범양상선이 거절한다고 해서 끝날 일이 아니다. 은행은 또 다른 회사를 찾을 것이다. 은행 내에서 이런 음모(?)까지 진행되고 있었을 줄이야.'

나는 무슨 일이 있어도 모회사만큼은 방어해야겠다고 단단히 마음을 먹었다. 당장 은행장 면회 신청을 했으나 만나줄 리 없었다. 그리하여 수소문 끝에 김 행장과 동향이자 가장 가까운 친구인 한 실업가를 비 오는 밤에 자택으로 찾아갔다. 그분은 한밤중에 찾아온 초면의 젊은이를 맞아들여 자초지종을 들어 주었다. 나는 처음엔 조리 있고 점잖게 말했지만, 점점 흥분해 '막가는' 말까지 토해 냈다.

"아무리 은행 빚을 많이 졌다 해도 내 일생을 걸고 키워 놓은 회사까지 당사자에게 한마디 말도 없이 빼앗는 것이 말이나 됩니까? 알고 보니 김 행장, 조선공사 남궁 사장, 범양 박 회장 모두 진남포 고향 사람들 끼리끼리 해먹겠다는 모양인데, 잘 해보라고 그러십시오! 내 가만히 있지 않을 겁니다. 어디 김 행장, 발 뻗고 잠자나 봅시다. 잠은 고사하고 출근할 때 조심하라고 하십시오! 후에라도 묘를 파서 뼈를 갈 것입니다!"[17]

분노를 참지 못해 이성을 잃은 듯한 '막말'을 들은 초로의 신사는 이래선 안 되겠다고 생각했는지 다음 날 김 행장에게 '일도 좋지만 젊은 사람으로부터 일생의 원한을 사서는 안 된다'고 충고했다. 며칠 후 서울신탁은행 김 행장은 대한해운 이맹기 회장을 오찬에 초대했다. 뜻밖의 오찬 초대를 받은 이 회장은 아무래도 동해조선 문제 때문이라고 생각해 나와 상의했다. 그리하여 행장을 만난 이 회장은 '동해조선은 넘기되 한국케미칼해운은 건드리지 말아 달라'는 제안을 했다. 이 중재가 성립되어 결국 동해조선만 처분하는 것으로 결론이 났다. 한국케미칼해운이 덤으로 넘어갈 뻔한 위기를 넘긴 것이다. 이렇게 하여 오늘의 KSS해운이 다시 살아났다. 그때는 눈에 보이는 것이 없었다. 어떻게 그런 독한 말을 생면부지의 어른에게 서슴없이 뱉어냈는지 지금 생각하면 부끄럽고 죄송한 일이었다.

그리하여 1980년 1월 28일 대한조선공사가 동해조선을 인수하게 된다. 동해조선 부채 127억 원(순부채 102억+건조 중인 수출선 환급 보증 25억)은 조선공사가 인수하고, 미불 이자 33억은 한국케미칼해운 측에서 6년 거치 6년 분할 상환한다는 조건으로 매듭지어졌다.

나는 울산 현장의 사원들과 이임식을 하고, 배웅하는 그들과 같이 울었다. 기업을 잃은 회한의 눈물이 아니라, 그간 애써 준 사원들의 기대에 값하지 못했다는 참회의 눈물이었다. 돌아오는 차 안에서 10년 동안 끊었던 담배를 다시 물었다.

17 사실 세 사람 고향은 각기 달랐다. 김용운 행장은 진남포, 남궁연 회장은 경기도, 박건석 회장은 평남 순천인데 당시 내가 동향 사람들로 오해했다. 어쨌든 그때 범양상선이 이미 거절했는데도 내가 범양 박 회장을 거론한 것은 '고향 사람 세 사람'을 강조하느라 그런 것이다. 착각에 울분이 겹친 탓이다.

서울로 돌아온 나는 삭발을 했다. 실패한 장(長)은 사표를 내야 한다는 평소의 소신을 지킬 수 없는 형편에 그렇게라도 하지 않으면 마음이 풀릴 것 같지 않았다. 제2차 오일쇼크로 흔들리던 한국케미칼해운을 재건해야 한다는 짐이 또 기다리던 상황이었다.

2년이 지난 어느 날, 나는 조선공사 남궁호 사장으로부터 동해조선을 돌려주겠다는 말을 들었지만, '내 분수를 지키겠습니다'며 거절했다. 미련을 끊은, 어려운 결단의 순간이었다.

경영진 재편

화(禍)는 겹으로 온다고 했던가. 1978년 12월 제2차 오일쇼크가 터졌다. 이란에 회교 혁명이 일어나 호메이니가 집권하면서 시작된 석유 위기는 삽시간에 전 세계로 퍼졌다. 유가가 급등하면서 석유 수요는 감퇴하고 석유화학 제품 수요 또한 감소하니, 케미칼 수송에는 엄청난 불황이 닥쳤다.[18]

석유화학 경기에 의존하고 있던 한국케미칼해운은 최악의 상태를 면치 못했다. 당시 보유하고 있던 선박은 27척. 그전까지는 배가 모자랄 지경이었으나 1979년부터 급격히 화물이 줄어 울산항에는 항상 다섯 척 정도의 배가 묶여서 놀고 있는 형편이었다. 언제 이 상황이 풀릴지 누구도 예측할 수 없었다.

KSS해운 사원들은 1979년 초반부터 1985년도까지를 가장 어려

18 화물선 혹은 벌크선 부문은 나은 편이었다. 석탄 수요가 늘어났기 때문이다. 그러나 화물선도 선복 과잉과 전 세계적인 경기 침체에 영향을 받아 1982년경부터 불황에 빠진다.

운 기간으로 기억한다. 경영 상태가 어려워지면서 임금도 제대로 받기 어려웠던 탓이다. 1978년까지만 해도 KSS해운은 상여금을 300퍼센트에서 550퍼센트까지 지급했다. 1970년대 초 국내 일급 선사들의 상여금이 최고 연 200퍼센트에 불과했던 것에 비하면 매우 높은 수준이었다. 사업이 승승장구하기도 했고, '영업 실적이 좋으면 그만큼 직원들에게 보상해 주어야 한다'는 나의 방침이 뚜렷했기 때문이다. 이것이 오늘의 성과공유제가 되었다.

그러나 심각한 경영난으로 상여금이 서서히 줄어갔다. 1982년부터는 지급이 불가능해졌다. 기본 급여도 제때 맞추기 어려워 2, 3개월씩 체불되기 일쑤였다. 인건비만이 문제가 아니었다. 선가 상환, 유류 비용 등 지급해야 할 어음이 줄줄이 찾아왔다. 은행 문턱은 점점 높아져 급기야 사채를 쓸 수밖에 없었는데 이 사채 부담을 이겨내는 과정은 말할 수 없이 험난했다.

1979년 초, 동해조선 사업이 부진에 빠지면서 한국케미칼해운에는 내분도 뒤따랐다. 강병연 사장을 비롯한 경영진이 일제히 물러난 것이다. 동해조선의 지급 보증이라는 혹을 어떻게 처리할 것인가를 둘러싸고 논란이 일었다. 대한해운의 이맹기 회장과 내가 갖고 있는 한국케미칼해운의 지분을 매각하는 방안도 제기되었다. 그러나 이미 과다한 부채를 안고 있는 회사의 지분을 처분한다는 것은 의미가 없는 방법이었다. 1978년 8월, 강병연 후임 사장이 사무실을 극동빌딩으로 옮기면서 부담이 커졌다.[19] 우여곡절 끝에 경영진 총사퇴라

19 당시 극동빌딩은 새로 완공된 1급 건물로, 임대료가 가장 비싼 곳이었다.

는 방침이 취해졌다. 도쿄사무소 소장으로 발령받은 후 짧은 기간 동안 현지 업무에 여념이 없던 장두찬 사장은 이날을 이렇게 기억한다.

"1979년 2월 19일 긴급 중역회의가 있으니 당장 귀국하라더군요. 와서 보니 회사가 부도가 나게 생겼고 더 이상 방법이 없다고 하더군요. 결국 기존 경영진은 사표를 내고 퇴진했습니다. 그날부터 졸지에 영업이사를 맡게 되었습니다."

어떤 대안을 내고 새로운 방침을 모색한다는 의미에서 경영진 쇄신이 아니라, 더 이상 대안이 없다는 최악의 선언이었다. 이렇게 되어 나는 모회사의 수습도 떠맡게 된다.

회사는 어려운 상태였고, 기존 경영진도 회사가 기우니까 어떻게 해볼 도리가 없었다. 동해조선 때문에 회사를 어렵게 만들었다는 원망도 있었을 것이다. 갑자기 나는 두 회사의 대표이사를 겸임하면서 어렵게 일을 해나갔다.

임원진이 바뀌자 은행과 단자회사에서 한국케미칼해운이 어렵다는 악소문이 돌기 시작했다. 금융 기관의 단기 자금을 연장하는 일은 몹시 힘겨웠다. 장기적인 구조 조정을 기획하는 일보다 우선 당장 돌아올 어음을 막는 일이 급선무였다. 내가 울산에 있다가 서울로 첫 출근한 날은 1979년 2월 25일, 바로 직원들의 월급날이었다. 출근하자마자 중역회의가 소집되었다. 첫째 안건은 당연히 자금 상황 점검.

"오늘 자금 계획이 어떻게 됩니까?"

"육상 직원의 월급날이긴 한데, 이를 지급하면 부도가 나게 됩니다."

나는 생각에 잠겼다. 사무직 월급 총액은 2,500만 원가량이다. 당장 2,500만 원의 현금을 어음 결제에 투입하면 숨통은 돌릴 수 있다. 그러나 첫 출근한 사장이 처리한 안건이 월급 유예라면 직원들 사기는 어떻게 되겠는가? 나는 숙고 끝에 결단을 내렸다.

'지옥에 떨어지더라도 우선 직원들 월급부터 지급하고 보자.'

나는 일단 월급을 주도록 지시하고, 2,500만 원을 융통할 방법을 생각해 보았다. 당일 5시까지 자금을 조달해야 부도를 면할 수 있었다. 회사 상황이 좋지 않은 데다가 경영진이 개편되면서 회사가 위험하다는 소문까지 돌아 은행에서는 문전박대 당하기 일쑤였다. 간부들이 무릎을 맞대 보았지만 돌파구가 없었다. 오후 5시가 되어 내가 거래 은행인 상업은행 서소문지점을 찾아갔다. 마침 지점장 이현기 씨가 집무 중이었고, 내가 자초지종을 설명했다.

"오늘이 회사 복귀 후 첫 출근일인데, 아무리 생각해도 월급은 주어야겠습디다. 그런데 어음 결제액 2,500만 원이 모자랍니다."

당돌하기 짝이 없는 부탁이어서 은행 반응은 부정적일 거라며 마음의 준비를 하고 있던 터였다. 지점장은 내 말에 더 묻지도 않고 담당자를 호출했다. 그의 입에서 나온 말은 의외였다.

"당장 2,500만 원 기표하시오."

그리고 그는 나에게 "월급은 주셔야죠. 잘하셨습니다"라고 덧붙였다. 회사가 곧 쓰러진다는 흉흉한 소문이 돌고 있었지만, 직원들 사기부터 살리고 보겠다는 생각에 지점장도 마음이 움직였던 모양이다. 훗날 상업은행장까지 지낸 이현기 씨에게 그때의 고마운 마음을 잊지 못한다.

피나는 재건

일단 한숨을 돌린 나는 배수진을 치고 회생 작업에 나섰다. 이사들에게 제공되는 자동차도 처분하고, 탱크터미널 사업을 위해 확보해 두었던 울산 매립지도 매각했다. 이렇게 굵직한 자산만 처분한 것은 아니었다.

사무실도 허름한 곳으로 옮겼다. 보증금을 줄여서라도 직원 월급은 줘야 했다. 그래서 옛날 종로학원 자리, 엘리베이터도 없는 남도빌딩으로 3분의 1 임대료로 옮겨갔다. 한꺼번에 목돈이 되도록 처리해야지 야금야금 처리해서는 안 된다고 생각했다. 그리고 당시 골프회원권도 몇 개 있었는데 한꺼번에 파는 등 단돈 몇백만 원이라도 돈 되는 것은 다 팔았다.

이런 저런 경비 절감 노력은 다했으나 근본적으로 일거리가 줄었기 때문에 선박을 대폭 처분해야 했다. 선박을 처분하면 선원과 사무직 사원이 또 문제였다. 그래도 부득불 사람을 줄일 수밖에 없었다. 1982년 초, 동해조선을 거쳐 당시는 한국케미칼해운 전무로 근무하고 있던 두만석 씨가 나를 찾았다.

"아무리 생각해도 인원을 줄여야 할 것 같습니다. 종업원을 줄이기 위해서는 임원을 먼저 줄여야 하는데 사장님 입장에서는 난감할 것입니다. 내가 나서서 임원들에게 일괄 사표를 내도록 종용하겠으니 잠시 도쿄에 갔다오십시오. 전 임원이 사표를 내면 사장님은 꼭 필요한 사람만 사표를 반려하십시오.

그런데 조건이 하나 있는데, 내 사표는 무조건 수리해야 합니다.

그렇지 않으면 이 일을 할 수 없습니다."

나는 이 말에 눈물이 핑 돌았다. 진실로 회사를 생각하는 사람이 아니면 그런 생각을 할 수 없었다. 두만석 전무는 해운공사 시절부터 나와 절친한 친구 사이였다.

두 전무의 말대로 잠시 도쿄에 다녀오니 임원 일곱 명의 사표가 내 책상에 놓여 있었다. 입을 악다물고 영업과 자금 담당 임원만 남기고 사표를 수리했고, 연이어 영업부장 이하 사무직 사원 15퍼센트를 감원했다. 차라리 나 자신이 사표를 내고 싶은 심정이었다.

사장이란 독한 직업이다. 회사를 위해 떠나 준 임직원에게 지금도 미안한 마음뿐이다.

그러나 그때 회사를 떠난 임직원들이 더 잘되어 나갔다는 점이 나로서는 위로가 된다고 덧붙인다. 퇴직한 임원의 경우 3분의 2가 해운업계 등에서 사장으로 활동하고 있다. 그래서 오늘날 나를 사장 제조기라 부르기도 한다고 주변 사람들은 말하곤 한다.

경비 절감만이 능사는 아니었다. 무엇보다 침체에 빠진 사업을 다시 일으키는 일이 긴요했다. 대처 방안은 두 가지. 과잉 상태가 된 선박을 처분하는 일과 함께 영업에 더욱 진력하는 일이었다. 1호 선박인 제1케미캐리호를 비롯해 10척의 중고선, 그리고 야심을 품고 신조한 영케미캐리호와 벤추라케미캐리호도 처분했다. 1980년부터 1985년 사이에 이렇게 처분한 선박은 모두 16척, 자산을 매각하며 불황의 구름이 걷히길 기다렸다. 한동안은 이렇게 처분한 돈으로 연명했다.

열사의 사막에서 선박 처분에 실패

당시 가장 힘들게 처분한 배는 벤추라케미캐리호였다. 벤추라케미캐리호는 해운 시장에 매물로 내놓았을 때, 마침 중동의 아부다비석유회사(ADNOC)에 2년간 정기 용선되어 있었기에 아랍에미리트 연안에 취항하고 있었다. 그런데 이 배를 도선(導船)하는 도선사(pilot) 겸 아부다비 항의 항장(港長)인 모하메드 압둘라 씨로부터 배를 사겠다는 연락이 왔다. 그는 도선사를 하면서 선박 성능도 잘 알고 있는 터여서 욕심이 났던 것이다. 여러 번 전문 통신으로 선가 등 조건을 합의하고 계약을 맺기 위해 1981년 7월 말 내가 아부다비로 향했다. 계약서 서명과 계약금 수취만 하면 일이 끝나서 바로 귀국하리라 생각했는데, 도착한 나에게 압둘라 씨는 엉뚱한 제안을 늘어놓았다.

"박 사장, 미안하지만 연불로 지급하면 안 될까요?"

어이가 없었다. 일시불을 받아 회사의 자금 압박을 면하려는 것인데 연불이라니. 나는 딱 잘라 안 된다고 하고 돌아가려 했다. 그랬더니 압둘라 씨가 다시 매달렸다.

"은행으로부터 융자가 아직 안 되어 그러니 며칠만 더 기다려주시오."

'어떻게 할까?' 이 배를 팔지 못하면 회사 자금이 바닥나 부도 위험에 처할 것이 뻔했기 때문에 어떻게 해서든 임자가 나타났을 때 팔아야 할 처지였다. 3일 기한으로 기다리기로 하고 기다렸으나 3일이 1주일이 되고 1주일이 2주일이 넘었다. 그간 다른 바이어가 두 사람이나 나타났는데, 한 사람은 일본 혼다자동차 총대리점을 하는 갑부였다. 그런데 그는 런던에 있는 고문의 자문을 받아 결정하겠다고 하면서 차일피일 시간을 끌었다. 이번에는 다른 바이어가 나타나 나는 부랴부랴 그쪽으로 달려갔다. 그 바이어는 두바이항에서 가까운 샤르자(Sharjah)시의 경찰서장이었다. 그런데 그는 만나자는 장소에 나타나지도 않은 채 저녁 때까지 기다려 달라는 전갈만 날아왔다. 나는 초조한 마음으로 호텔에서 기다렸는데, 저녁이 다 되어서야 본인이 아닌 대리인이 나타났다. 대리인은 내 기대에 찬물을 끼얹는 말만 툭 던지고 돌아갔다.

"마음이 변하셔서 사지 않겠답니다."

이렇게 뺑뺑이만 돈 것이 어느새 한 달이 가까워 왔다. 그러던 어느 날, 처음 제안한 압둘라 씨로부터 연락이 왔다.

"박 사장, 좋은 뉴스가 있습니다! 내일 아침 10시에 호텔로 가겠으니 꼭 기다려 주시오."

나는 '그래도 혹시?' 하는 기대에 부풀었다. '은행 융자가 해결돼 이제야 성사되는가 보다. 이게 마지막 희망이다' 생각한 나는 다음 날 아침 10시가 되기 전부터 약속 장소에 나가 이제나 저제나 하고 그를 기다렸다. 그러나 아무 소식이 없었다. 결국 12시가 되어서야 나타나서는 점심이나 들며 이야기하자며 엉뚱한 제안을 해왔다. 자본금 500만 달러짜리 회사를 설립해 반씩 합자를 하자면서 자신이 아부다비석유회사와 친하니 자신이 영업 즉 장기 계약 체결을 책임지고 한국케미칼해운 측은 선박 관리를 맡아 공동 운영하자는 이야기였다. 배를 파는 것이 아니라서 흥미가 없었지만 한 푼이 아쉬웠기에 나는 조심스레 물었다.

"그러면 최소한 자본금의 반인 250만 달러는 당장 내놓을 수 있습니까?"

그러자 대답이 걸작이었다.

"우리 몫은 내놓을 필요가 없습니다."

압둘라는 이익 배당이 250만 달러가 될 때까지는 받지 않을 테니 그것으로 자본금 출자를 대신하면 된다는 것이었다. 너무 기가 막혀서 '만약 손해가 나면 어떻게 하겠느냐'고 했더니, 손해 보는 영업은 처음부터 안 할 것이니 그럴 염려는 없다는 것이 아닌가! 정말 기막힌 발상이었다. 45도가 넘는 여름철에 중동에 와서 한 달 동안 배운 것이 있다면 이 사람들과는 장사를 안 해야겠다는 깨달음이었다. 다음 날 보따리를 싸서 귀국 길에 올랐다.

강매(強賣)로 깎인 선가

귀국하는 비행기를 탔으나 선박을 처분하지 못하고 헛세월만 보냈으니 앞일이 아득하기만 했다. 마침 도쿄를 거치는 항로였기에 무작정 도쿄에 내렸다. 벤추라케미캐리호는 영케미캐리호와 자매선으로 건조되긴 했으나 이 배를 건조하기까지는 좀 복잡한 내력이 있었다.

한국케미칼해운이 영케미캐리호를 건조하는 것을 보고 1970년에 제1케미캐리호를 매각한 오리다(織田) 사장이 자기가 똑같은 배 한 척을 더 지을 테니 용선해 주겠느냐고 물어왔다. 어차피 동남아 진출을 하려면 두 척이 필요할 때라 그렇게 하자고 해서 짓게 된 것이 벤추라케미캐리호였다. 그런데 건조 중 오리다 씨가 자금 조달이 여의치 않은 상황에 빠져 버렸다. 당시 오리다 씨는 건조 중에 디폴트(default)가 되면 큰 낭패를 볼 입장이었다. 그는 나에게 이런 사정을 털어놓으며 도움을 구했고, 나는 오리다 씨와의 과거 인연을 생각해서 그 배를 인수한 것이다.

한편, 도쿄에서 비행기를 내린 나는 최후의 방법으로 오리다 씨에게 되사달라는 부탁을 해보리라 마음먹고 기타큐슈(北九州)의 오리다 사장을 찾아 사정을 했다. 오리다 씨는 '어려울 때 서로 돕는 것이 상도덕 아니냐'고 하면서 선뜻 그렇게 하자며 받아주었다.

그러나 그때는 오리다 씨가 간경화 증세로 몸이 성치 않아 아들에게 회사 경영을 맡기고 있던 때라 아들의 뜻이 중요했다. 그런데 아들은 딱 잘라 거절하는 것이 아닌가. 과거는 과거고 아버지 뜻에 따를 수 없다는 것이었다. 아버지도 아들 눈치를 보며 난처해했다. 도저히 오리다 씨 아들의 뜻을 꺾을 수 없어 빈손으로 도쿄로 돌아왔다. 서울에 전화를 해보니 자금 사정이 말이 아니었다. 파산 위기감이 점점 더 뚜렷해지고 있었다. 무슨 일이 있더라도 오리다 2세를 설득해야 한다는 생각뿐이었다. 그것만이 살길이었다. 다시 오리다선박을 찾아갔지만 또 한 번 거절당하고 돌아오는 심정은 참혹하기 이를 데 없었다. 마음은 천근만근이고 괴롭기만 했다. 차라리 비행기가 추락해 사라졌으면 하는 생각이 절로 났다.

화물선 시황이 형편없던 때라 다른 매수자도 나타나지 않았지만, 그러나 포기할 수 없었다. 이제 막다른 골목이라고 생각한 나는 오리다 씨의 아들을 세 번째로 방문했다. 그런데 지성이면 감천이랄까. 아들의 마음이 조금은 움직이는 것 같았다. 눈치를 보니 그는 선가가 좀 비싸다고 생각하는 듯했다. 나는 눈물을 머금고 다시 선가를 5퍼센트 낮추었다. 막다른 골목에서의 굴복이었다. 오리다 2세는 그제야 매입에 응했다. 한숨은 돌렸지만 생살을 도려내는 기분이었다.

그러나 그것도 잠시, 이번에는 오리다선박 측이 매입 자금을 마련하는 데 어려움을 겪었다. 오리다 사장은 니쇼이와이(日商岩井)로부터 매입 자금 융통을 추진했는데 지방의 작은 선박회사로서는 힘에 겨운 일이었다. 융자 조건은 선박과 용선료를 담보로 내놓는 것이었는데, 용선주로부터 동의를 얻는 일은 물론, 모든 서류 작성이나 법률적인 문제 등의 실무를 니쇼이와이의 다메가이(爲我井) 과장과 한국케미칼해운이 대행해 주어야 했다.

한 달 이상 걸려 이런 일들을 전부 마무리 짓고 드디어 서명하는 날을 잡았다. 그리하여 용선주와 매매 당사자가 용선 계약 변경 약정서에 서명하기 위해 한자리에 앉게 되었다. 오리다 2세도 새로운 선주 대표로 자리를 같이했다. 그런데 이 자리에서 오리다 2세가 느닷없이 '아버지가 하라고 해서 오긴 왔는데 나는 반대다. 서명할 수 없다'고 선언하는 것이 아닌가! 상식적으로 있을 수 없는 일이 벌어진 것이다. 나는 용선주 앞에서 망신을 당한 셈이 되었다. 내 평생에 그때처럼 화가 난 일은 없었다.

서명식을 깨고 나오는 오리다 2세에게 '내 체면 따위는 문제가 안 된다. 신용 하나로 살아온 자네 아버님 얼굴을 자네가 짓밟고 있다는 사실을 알아야 한다!'고 내뱉고는 호텔로 돌아와 방안에 틀어박혔다. 공든 탑이 젊은 친구의 유아독존에 물거품이 된 것이다. 차라리 동해조선 실패 때 진작 삶을 포기하지 않은 것이 후회스럽기만 했다. 나는 '동해조선 문제가 끝나니 또 이런 고난이 이어지는가?' 하고 자신의 모진 운명을 한탄했다.

저녁도 굶은 채 위스키로 마음을 달래고 있는데 밤 9시가 다 되어 오리다 2세가 이선덕 도쿄 주재원과 호텔방으로 찾아왔다. 그러고는 정중히 사과하면서 "죄송합니다. 잠시 잘못 생각했습니다. 내일, 오늘 못한 서명을 하겠습니다"라고 하는 것이 아닌가! 이렇게 하여 벤추라케미캐리호 매각은 1982년 2월 완료되었고 회사는 부도 위험을 벗어날 수 있었다. 오리다 후미야(織田文也) 사장은 지병이 도져 그해 12월 22일 운명을 달리했다. 오리다 씨는 제1케미캐리호 도입부터 벤추라케미캐리호 매각까지, 나를 도와준 잊을 수 없는 분으로 기억되고 있다.

사채, 악마의 금전

1978년부터 1985년까지가 최악에 해당하는 기간이라고 앞서 말했거니와, 영업은 적자를 면치 못했고 선박을 팔아 연명했는데 매각대금 대부분은 은행 채무 상환에 들어가고 실제 운영자금에는 보탬이 적었다. 운영자금이 모자라면 금융기관에서 조달하는 것이 일반적이다. 그런데 다 그런 것은 아니지만, 당시 융자액의 3퍼센트에 해당하는 리베이트를 주는 것이 보이지 않은 관행이었다. 그렇게 안 하면 다음에 손을 벌릴 수가 없다. 나는 사내에서 비자금도 리베이트도 없는 원칙을 지켜야 하기 때문에 금융기관 융자가 정말 힘들었다. 그래도 회사가 어려우니, 명동 사채시장을 이용할 수밖에 없었다. 결국 사채를 써서 급한 돈을 막을 수밖에 없는데, 이게 또 문제인 것은, 사채는 장부상에 기록하지 못하기 때문이다.

사채 시장 전주(錢主)는 거래 내역이 장부에 기록되기를 원하지 않는다. 장부에 기록되면 지하 경제에 있는 사채 전주의 소득원과 자금 규모가 드러나기 때문이다. 따라서 장부 외의 부채는 아니지만, 사실상의 부외부채(簿外負債)를 떠안고 사업을 할 수밖에 없다. 나는 처음으로 사채를 쓴 날을 지금도 기억한다. 1979년 10월 27일 토요일, 그러니까 이른바 10·26 사태 다음 날이다.

전날 부산에 출장 가 있던 나는 아침 7시 호텔 TV에서 대통령이 사망했다는 뉴스를 들었다. 자기 회사 걱정보다 나라 걱정이 앞서던 내가 9시에 부산사무소로 출근하자 서울에서 전화가 왔다.

"오늘 막아야 할 어음이 1억입니다. 그런데 지불할 방법이 없습니다. 약속된 운임 회수가 전혀 불가능합니다."

본래는 그날 오전 중으로 1억에 가까운 돈을 수금하기로 되어 있었기 때문에 아무런 걱정이 없었다. 한데 대통령 사망으로 정국이 뒤숭숭해지자 은행이든 기업이든 심지어 사채 시장이든 일제히 돈을 움켜쥐고 꼼짝하지 않는 것이었다. 정말 고래 싸움에 새우 등 터지는 꼴이었다.

회사 보유 자금은 불과 몇백만 원. 내가 은행을 방문해 호소해 보면 방법이 생길 수도 있었지만, 마침 부산에 출장 가 있었기 때문에 옴짝달싹할 수 없는 상태였다. 마지막 심정으로 전 종업원에게 호소했다. 서울, 부산, 여수, 울산 등 전국 직원들에게 연락해 '비상 상황이니 비상 자금 동원을 안 할 수가 없다. 전 직원이 친척 돈이든 집의 쌈짓돈이든, 꾸든 빌리든, 있는 돈 없는 돈 모두 동원해 달라'고 호소했다.

은행 문이 닫히기까지는 불과 세 시간. 이 시간 동안 직원들은 혼연일체로 움직였고, 그 성과는 현실로 나타났다. 나는 그때 그들의 애사심을 느낄 수 있었다. 목표보다 2천만 원이 넘는 돈이 모인 것이다. 그때의 결과를 보고 우리 직원들을 크게 신뢰하게 되었다. 자기 예금을 헌 사람, 집의 비상금을 턴 사람, 친척 돈까지 동원한 사람도 있었다. 이 일이 있고부터 나는 우리 직원들을 위해 회사를 경영해야겠다는 생각을 굳히게 되었다. 사원을 진짜 동업자로 보게 된 것이다.

직원들이 마련한 자금은 전문 사채꾼의 돈은 아니었지만, 어쨌든 사적으로 융통해 온 부채이니만큼 갚을 기한과 이자까지 정해 조금씩 상환하도록 했다. 그러나 '한 번만' 그것도 '우리 손으로 해결하자'며 마련한 사채 융통은 곧 전문 사채꾼에게까지 손을 벌리는 것으로 악화되었다. 직원들이 내놓은 돈의 이자도 주어야 하고 갚을 계획도 세워야 하는데, 이제 회사 능력으로는 그럴 수 없는 상태가 되어 버렸다. 그때부터 사채꾼들의 돈을 알아보기 시작했다.

그런데 과연 이 사채라는 것이 무섭기 짝이 없었다. 우선 이자가 고율이었다. 보통 연 36퍼센트, 월 3부로 어음이 돌아왔다. 이것을 다시 사채를 빌려 메워야 했다. 고율의 이자만이 아니라, 사채 시장 특유의 이른바 '양편이자'라는 것이 또 '죽음의 사슬' 같았다. 양편이자라는 셈법은, 돈을 빌려준 날과 갚은 날을 따로따로 계산해 이자를 덧붙이는 것이다. 사채 시장에서 빌려주는 돈은 만기가 길어야 한 달, 대개는 2주일, 심하면 1주일 혹은 며칠밖에 안 되는, 초단기 고리대금이다. 이때 빌려주는 날과 회수하는 날을 따로 더하기 때문에, 1주일의 사채에 실제로는 8일의 이자가 가산된다.

이렇게 되자 부채는 눈덩이보다 더 무섭게 그리고 악마의 굉음을 울리면서 맹렬히 불어났다. 박 대통령 서거날 빌린 1억2천만 원이었던 부외 부채(簿外負債)가 1년 후 2억이 되었다. 이자가 이자를 낳고 불경기가 또 겹쳐, 그 2억이 다음 해에는 3억이 되었고, 그다음 해에는 다시 4억5천, 즉 해마다 50퍼센트씩 늘어났다. 7년 후에는 22억 원으로 눈덩이처럼 불어났다. 지금도 고개를 절레절레 흔든다. 배를 그렇게 많이 팔아치워도 사채는 줄지 않고 늘기만 했다.

당시 자금팀 책임자는 김영세 상무(현 우남케미칼해운 회장)였고, 임진석 부장(전 국제콘트롤 부사장) 등이 매일 백방으로 뛰면서 회사 수호에 총력을 기울였다. 나는 지금도 그들의 노고를 잊지 못한다.

총무과 자금담당으로 일하던 유승근 씨(전 동룡해운 사장)는 그때를 이렇게 기억한다.

"오전에는 그날 돌아올 어음을 집계하고 은행과 사채업자들을 만나면서 돈을 얻으러 다니는 겁니다. 4시까지라도 은행에 막아 넣으면 한숨을 돌리지만 이때를 못 막는 경우가 허다했지요. 그럴 때는 은행 담당자에게 사정사정하는 거죠. 여행원(女行員)들에게 스타킹을 선물하기도 하고, 시간이 더 늦어지면 근처 식당에서 저녁을 들면서라도 기다리게 하면서 돈을 구하는 대로 뛰어가는 거죠."

이렇게 해서 일과가 끝나면 저녁 8시가 되기 일쑤였고, 다시 회사로 돌아와 다음 날 자금 계획을 수립하고 퇴근하곤 했다. 이런 식으로 별 보고 출퇴근한 것이 근 4년 이상이었으니, 유 이사는 지금 생각해도 그런 정열이 어디서 나왔는지 알 수 없다고 한다.

당시 경리담당 여직원 박영례 씨(1985년 퇴직)는 지금도 KSS해운 사람들이 기억하는 맹렬 여성이다. 마감 시간부터 은행 소파에 아예 자리 잡고 앉아서 8시가 되도록 조금만 더 기다려 달라고 애교 반 호소 반으로 매달리던 20대 초반의 여사원이었다. 밤늦은 시간까지 웃음을 잃지 않고 회사를 위해 일하던 박영례 씨를 보고 은행원들은 '저런 여직원이 있는 한 부도가 나지는 않을 회사'라는 믿음을 갖게 되었다고 한다. 거래 은행 지점장도 나에게 "한국케미칼해운의 여사원 얼굴 보고 연장해 드리는 겁니다. 회사가 어려우면 임원이나 간부 사원들만 버둥거리는 법인데, 일선 사원까지 그렇게 성실하게 일하니 한국케미칼해운은 뭔가 달라도 한참 다르군요" 하고 말하기도 했다. 이 모두가 힘든 시절을 견디게 한 미담(美談)이다.

내 팔자에 부도는 없다

당시 나는 '사장이 사채꾼을 직접 상대하면 안 된다'고 속다짐을 해, 주로 은행만 상대로 자금 교섭을 벌이곤 했다. 일상적인 자금회의는 중역들이 자체적으로 처리하고 있었지만, 자금이 크게 모자라는 날 아침에는 모두들 사장실로 와서 위기임을 알려주곤 했다.

"사장님, 오늘은 도저히 방법이 없습니다."

이렇게 호소하면 나는 그들에게 엉뚱한(?) 대답을 한다.

"여보게, 내 팔자에는 부도가 없다네. 그러니 걱정하지 말고 최선을 다하게!"

점쟁이에게 어떤 점괘를 얻어서가 아니었다. 다만 '리더가 흔들리는 모습을 보이면 안 된다. 어차피 부도나면 감옥 갈 사람은 나니까, 나만 버티면 된다' 하고 다짐하기 위한 것이었다. 이렇게 돌려보내고는 나도 밖으로 나갔다. 어디 직접 돈 구해 볼 데가 없을까 하고 궁리해도 도저히 갈 데가 없어서 한번은 '에라 모르겠다' 하고 사우나에 가서 누워 버렸다. 저녁에 빈손으로 회사에 와보니 직원들이 다 해결해 놓아 정말 미안했다.

팔자 얘기를 세 번쯤 써먹자, 당시 고 이용진 상무(전 LG ENC 사장)가 "사장님, 이제 그 얘기 그만하세요. 세 번쨉니다"라고 해서 "그랬던가?" 하고 웃어 버린 일도 있다.

회사에서 사장의 위치는 매우 중요하다. 때문에 사장이 전체의 사기를 죽여서는 안 된다는 것이 나의 신조였다. 말 한마디로 사기를 죽이기도 하고 살리기도 한다. 특히 위기일수록 유머를 동원해 자신감을 불어넣어야 한다. 나는 일단 집에 들어가면 절대 회사 걱정을 하지 않는 것을 원칙으로 삼았다. 아내가 눈치챌까 봐 집 문을 열기 전에 얼굴을 두어 번 문지르고 웃으면서 들어갔다. 회사가 당장 내일 넘어간다 해도 '내일은 내일 가서 생각한다'고 항상 다짐했다. 돌이켜보면 엄청난 정신력이 필요했다. 나는 새벽마다 하루도 빼놓지 않고 조깅을 했다. 어슴푸레 동이 트는 시간에 조깅을 하면 막연하게나마 용기를 가질 수 있었다. 회사가 어려울수록 새벽을 달리며 '까짓거, 어떻게 되겠지. 최선을 다하면 된다' 하고 자신을 달래곤 했다.

사실 부채와 불황에 시달린 나날이 1979년부터 근 7년을 이어갔다. 하루하루를 일희일비하다가는 단 한 달도 못 버텼을 것이다. 지금 생각하면 그 시절의 내 건강이 오히려 최고였다. 위기를 넘어서기 위한 엄청난 노력이 오히려 나를 강하게 만들었고, 그 결과 회사를 살려낼 수 있었다.

우리 회사는 중소 해운사 중에서는 오늘날 보험회사에서 자금을 빌려 쓰지 않는 회사라는 평판을 듣는데, 이것도 그때 경험에서 나온 것이다.

“그 이후 경영의 제일 목표는 절대 사채를 안 쓴다는 것이었죠. 비싼 금리로 차입을 해선 안 된다는 좋은 교훈을 얻었습니다. 심지어 보험회사 돈도 빌려 쓰지 않습니다. 우리는 은행 금리조차 비싸다고 봅니다.”

개미지옥보다도 무섭던 사채의 고리를 끊는 데 성공하기까지 7년여의 세월이 필요했다. 참으로 어려운 고비를 넘긴 것이다.

여기에는 여러 가지 요인이 있었다. 우선 1985년경부터 세계의 석유화학 경기가 회복되기 시작해 선복 과잉 현상이 해소될 수 있었고, 정부 주도로 단행된 해운산업 합리화 조치로 운영자금 지원을 받았으며, 대형 가스선 도입으로 수익이 커지면서 회사에 활력이 붙었다.

파업전야

불황이 계속되면서 사원들 고통은 커져만 갔다. 특히 상여금이 없어지고 월급마저 기약 없이 체불되자 극심한 생활고에 시달려야 했다. 당시 선원노조위원장 고 김형주 씨는 이에 대해 ‘대하소설 몇 질을 쓰고도 모자랄 정도’라고 말한다.

"선장 이하의 사관(士官)들도 월급을 못 받기는 마찬가지였으나, 회사 초창기부터 호흡을 같이해 왔기에 나름대로 신뢰는 있었습니다. 그러나 그들도 부하 선원들을 설득할 수는 없는 일, 결국 승무원들을 이끌고 노조 사무실에 쳐들어오는 것입니다."

"노조원들이 와서, 이건 뭐, 월급을 안 주니 어떻게 되는 거냐, 위원장이 뭐하는 거냐? 하여 회사 대신 시달림을 받았습니다."

위원장을 하던 초창기, 김형주 위원장은 새벽마다 산에 올라가 '제발 오늘 하루를 무사히 보내게 해주십시오' 하고 기도까지 드렸다고 한다. 그런데 이때부터 김 위원장은 회사 사정을 조금씩 알기 시작했다. 그때까지만 해도 회사가 은행 돈을 척척 얻어서 다른 데 돌려쓰는 것이 아닌가 의심하고 있었다. 그래서 사장인 나에게 항의했는데 총무부장이 이렇게 호소했다.

"은행에서 돈을 주기로 되어 있는데, 돈을 안 주는 겁니다. 다른 회사는 부장이 아니라 말단이 와도 척척 주는데, 우리 회사는 사장이 가도 안 주는 겁니다. 비자금이 없으니 더 어렵죠."

그전까지만 해도 회사가 월급을 안 주는 것은 성의가 없기 때문이라고 생각했던 김 위원장은, 회사가 사원들에게 농간을 부리는 것은 아닌 모양이라며 일단 오해를 풀었다. 비자금이라도 쓰면 되는 것 아닌가 했지만, 우리 회사가 지켜 나가는 원칙이란다. 허허… 너털웃음밖에 나오지 않았다고 한다.

여느 회사처럼 뒷돈을 빼돌리거나 고의 부도를 꾸미지는 않는다는 것을 확인했기 때문에 더욱 괴로웠는지도 모른다. 나는 '김 위원장과는 서로 언성을 높인 적도 많았지만, 마음을 터놓을 수 있는 사이였다'

고 회고한다. 고난 속에서도 최악의 불신은 면할 수 있었던 것이다.

그러나 인내에도 한계가 있는 법. 월급이 밀리기 시작한 지 3년째인 1984년 2월, 드디어 결정적인 고비가 왔다.

'이건 너무하다. 이제는 우리도 못 참겠다' 하는 불만이 선원들 사이에서 번지기 시작했다. '불법이고 뭐고 없다'며 선상에서 파업을 하겠다는 여론이 커졌다. 노조도 '더 이상 설득을 못하겠다. 급여가 3개월씩이나 체불되고 보너스 못 받은 지도 2년이 넘었으니, 우리도 회사를 그만두든지 파업을 하든지 해야지 안 되겠다'고 결심하기에 이르렀다. 김형주 위원장을 포함한 집행부도 지친 것이다.

파업 전날 김 위원장은 상경해 나와 마주앉았다.

"지금 부산에 선원들이 다 모여 있습니다. 내가 내일 회의를 해서 파업 결의를 하기로 되어 있습니다. 그러니 마지막으로 사장님이, 선원을 설득할 안을 제시해 주면 몰라도 안 그러면 파업입니다. 불법인지 압니다. 잡혀가도 어쩔 도리가 없어요."

내 입장에서도 노조위원장 말이 구구절절 옳은 것이었다.

보통 때는 올라와서 "언제 개선될 겁니까. 석 달 밀린 것을 두 달로 개선시켜 주십시오" 하는 등 건의하고 알아보고 했는데, 이번에는 나에게 최후 통보를 하는 것이었다. 나도 할 말이 없었다. 더 이상 참아 달라고 하기도 미안해서 "알았어요. 어쩔 도리가 없구만" 했다. 선원들에게 회사가 언제부터 잘 풀려서 월급도 제때 줄 수 있고 상여금도 줄 수 있다는 약속을 할 자신이 없었다. 거짓말은 못하겠고, 선원들을 설득해 달라고 부탁할 수도 없었다. 결국 이렇게 말했다.

"파업하겠다는 말 이해합니다. 파업하려면 하십시오."

파업하면 그나마 가늘게 연명하던 은행의 돈줄도 끊기고, 화주와도 거래가 끊어질 것이 뻔했다. 화물을 실어내고도 운임을 받아내기 어려운 실정에서 파업은 곧 부도를 의미했다. 나는 솔직한 심정으로 입을 열었다.

"이래도 망하고 저래도 망하는 것인데, 그래도 파업을 하는 게 후련하다고 생각하면 도리가 없습니다. 내 운명이니, 앞으론 좋은 회사에 가서 먹고 사셔야죠."

김 위원장은 낙담했고, 나는 미안하고 참담할 뿐이었다. 사무실에는 두 사람만 남은 채, 어느 사이에 밤이 이슥해졌다. 마침 속도 출출했다. 종로 YMCA 뒤편의 종로복국집으로 자리를 옮겼다. 마지막이니 서로 술이나 실컷 먹자는 심정이었다. 그날의 대화 내용은 중역들도 알지 못했다. 나는 노조 문제는 실무자에게 시키지 않았다. 노조 담당 직원도 있긴 하지만, 웬만한 것은 내가 노조위원장과 만나 최소한 방향만큼은 확실히 정했다. 그리고 웬만하면 저녁 때 단둘이서 술도 하고, 물론 중역들과도 어울려 저녁을 먹곤 했다.

우리 둘이 서로 그동안 수고했다며 권커니 잣거니 이별주를 하는 동안 자정이 다 되었다. 그리고 술에 취한 채 나의 집으로 발길을 옮겼다.

"마침 우리 집사람이 없고 집이 텅 비었으니 집에 가서 위스키나 한 잔 더 하고 자고 가세."

집에 와서 위스키를 마시던 김 위원장은 술에 취해 마구 화를 냈다.

"경영을 어떻게 했길래, 무슨 회사가 그 모양 그 꼴이야!"

그런데 취한 눈으로나마 집 안팎을 찬찬히 살펴보던 그가 "사장 집 한번 더럽게 형편 없구만. 걸레 같은 집에서 사는구만. 뭐 이런 집이 있어? 우리 선장 집보다도 시원찮네. 거지 같은 집에서 사네" 하는 것이었다. 나는 어이가 없기도 하고 웃음이 나왔다.

그러더니 "나, 가요. 여기서 안 잘래. 내일 아침 선원들 모이면 파업 결의해 버려야지" 하고는 택시를 타고 가버렸다.

'이제 내일 아침 출근하면 선원들이 모일 것이고 오전 중에 회의하고 파업 돌입 통지가 오겠지.'

회사의 운명이 끝나는 것인데 거짓말로 약속할 거리도 없는 상황이었다. 뜬눈으로 밤을 새우다시피 한 나는 일찍 출근했다. 그런데 12시쯤 부산에서 연락이 왔다.

"선원들이 모여서 웅성대며 파업 결의를 한다더니 오히려 안 하기로 했답니다!"

"어? 어떻게 된 거야?"

위원장이 밤차를 타고 와서 선원들에게 설명하기를 '사장 집에 술이 취해 가봤더니 우리 선장들 사는 것보다 못하더라. 재산이라도 감춰놓은 것이 있으면 월급 내놓으라고 얘기하고 싶었는데, 보아 하니 그런 것도 없더라. 그리고 그렇게 사는 사장인데, 회사를 위해 그렇게 노력했는데, 양심상 내 입으로 파업을 선언하지는 못하겠다. 나는 인간적으로 못한다. 회사가 망할 텐데, 그러면 뿔뿔이 흩어져 각자 딴 배를 타면 되지만, 난 못하겠으니까 하고 싶은 사람이 나서서 하라'고 했다는 것이다. 추후 김 위원장은 이렇게 털어놓았다.

"해운노조의 경우 연맹 체제로 되어 있을 때는 회사가 망해도 노조는 살았습니다. 그런데 80년대에 들어선 기업 노조는 회사가 무너지면 같이 무너지게 되어 있습니다. 게다가 박 사장이 사심 없이 경영하는 것을 보고는 도저히 파업을 결행할 마음이 안 나더군요. 열성파에게 '당신들이 책임지고 해보라'고 했지만, 나서지 않더군요."

오늘날 우리가 종종 접하듯이, 노사 분규가 고질적인 회사의 경우 임금이나 근무 조건보다는 회사와 노조 간의 불신이 분쟁의 직접적인 도화선이 된다. 반대로 신뢰가 형성되어 있다면 파업까지 사태가 악화되지 않을뿐더러, 파업이 일어난다 해도 수습이 빠르고 후유증도 적다. 우리 회사의 경우는 노사 간 신뢰가 튼튼했기 때문에 파국을 모면할 수 있었던 것이다.

신뢰에도 역사가 있다

백인덕 전 노조위원장은 1970년대부터 회사와 사원들 간에 신뢰가 형성되어 있었다고 보충해 준다.

"내가 입사한 것은 1976년인데, 처음 입사할 때 소개해 준 사람이 '회사 규모는 작지만 앞으로 비전이 있다'고 하는 것입니다. 내가 이 회사에 대해 좋은 인상을 받은 것은 입사할 때부터였어요. 당시 다른 회사의 경우에는 선원들이 직원들에게 뒷돈을 바쳐야 입사할 수 있었어요. 선원직이 인기 있던 시절이었으니까요. 그런데 이 회사는 어떻게 된 게 오히려 직원들이 선원들에게 술을 사면서 입사를 시키더군요. 또 밀수를 안 하는 회사라는 게 정말 마음 편했습니다."

상여금도 일류 회사급 수준이었다. 이 외에도 실적이 좋을 때는 경영진에서 먼저 추가 상여금을 지급한 일도 있었다고 백 위원장은 말한다. 해상 직원에 대한 육상 임직원들의 관심과 배려도 각별했던 것 같다. 백 위원장은 내가 현장 시찰 나온 일을 기억한다.

"같이 배에 오르는데, 제일 경력이 짧은 갑판원이 배 입구에 기다리고 있으니까 악수를 하면서 '김 아무개 씨' 하면서 이름을 불러 주었어요. 이 사람이 자기 이름을 기억해 주니 놀랐습니다. 그러면서 또 '선장님 말씀을 들으니 당신이 참 열심히 일한다고 합디다'라고 덧붙였습니다. 갑판원 이름까지 기억하는 것은 정말 경영진이 실천하기 어려운 일입니다."

나는 기끔 배를 방문하거나 승선을 했는데, 그때마다 2, 3일 전부터 선원 인사 카드를 보고 사진 얼굴과 이름, 직책을 전부 외우곤 했다. 70년대부터 같이 일한 선원들이 많았고, 이 사람들이 참고 기다려 주었기에 오늘의 우리 회사가 있을 수 있었다. 그들은 80년대에 와서는 선장, 기관장, 갑판장 등 상급직에 있었다. 그분들이 젊은 선원들을 감싸 안으며, 예전에 좋을 때 잘해 주었으니 나쁠 때는 참자고 하는 공감대를 형성할 수 있었다. 이것이 불황을 이겨내는 데 제일 큰 힘이 되었다.

1990년대부터 사업이 제 궤도에 오르면서 가장 경계한 것은 회사가 방만해지는 일이었다. 부진했던 냉동선 부문을 깨끗이 정리하고, 노후선과 비경제선을 속속 처분한 것이 구조 조정의 대표적인 사례였다. 노후선 중에서 아직 가동 연한이 많이 남아 있던 제20 및 제22케미캐리호의 경우, 선박은 노후화되었지만 은행 채무가 많이 남아 있었다. 이들은 스스로 버는 운임으로는 자기 채무를 갚을 수 없는 배였다. 이 선박들을 작은 개인 회사에 분리해 운항하도록 하면 유지비용이 크게 줄어들기 때문에 충분히 수지가 맞을 수 있었다. 이리하여 사내에서 창업 희망자를 공모했고, 고 박종태 당시 기관장으로 하여금 해운회사를 설립하도록 지원해, 2년 동안 채무를 완전히 상환했다.

또 한 가지 특기할 일은 지방 사무소를 독립 법인으로 분사화(分社化)한 일이다. KSS해운은 한국특수선 시절, 한때 국내에 세 군데 현지 사무소를 직영했지만, 합리화 차원에서 부산사무소 외에 모두 정리했다. 지방 사무소를 운영할 때 가장 큰 어려움은 같은 인건비를 주더라도 원활한 인력 순환이 어렵다는 것이다. 지방의 사원들은 그 지방(고향)에서 계속 일하기 원하고, 서울의 사원도 지방에 발령을 내면 1년 안에 돌아오기를 희망하기 때문에 사실상 남의 회사처럼 거리가 멀어지기 일쑤였다. 실제로 일반 대리점에서 100 정도의 비용으로 해낼 수 있는 업무를 지방 사무소에서는 250 이상이 소요되곤 했다. 자사 선만을 취급하기 때문에 현지 사무소를 운영하는 비용이 그만큼 많이 들었다.

나는 고민 끝에 분사화시켰다. 종래의 사무소장을 사장으로 하고 현지 종업원까지 주주화시켜 경영권을 넘겨주어 독립 회사로 서도록 했다. 여수의 진양선박㈜, 울산의 울산마리타임㈜이 그 예다. 분사화 정책은 성공적인 결실을 거두었다. 경비를 최대한 절감해 일반 대리점 수준으로 비용이 줄어들었고, 다른 회사의 대리점 업무도 적극적으로 유치하게 되면서 매출도 점차 늘어나, 현재는 그 지역에서 가장 큰 대리점이 되었다.

나는 사업이 순탄할 때일수록 경계심을 잃지 않았다. 갖은 유혹을 이겨내기 위해 '창립 때의 초심을 잃지 말자'는 다짐을 몇 번이고 거듭했다.

동해조선의 실패 이래 갖가지 실수를 할 때마다 '지금의 실패를 결코 잊지 말자'고 뼈에 사무친 결심을 했기에 방만한 경영을 피할 수 있었다. 과연 50년이 다 된 오늘까지도 KSS해운은 창립 당시의 각오를 잃지 않고 있다.

- 남이 안 하는 부문을 개척한다.
- 군살 없는 조직을 유지한다.
- 일제의 뒷거래를 배격하고 최고의 도덕성을 견지한다.
- 밀수 없는 선원 사회를 만든다.
- 종업원지주제를 실천한다.
- 경영과 자본을 분리하고 족벌 경영을 배격한다.

김 선장의 오도된 애사심

고인이 되신 김성태 선장도 잊을 수 없는 사람 가운데 하나다. 그는 주량이 고래를 방불케 하며 힘도 장사인 데다 책임감도 강한 쾌남아인데, 그와 나만이 아는 특별한 에피소드가 있다. 회사가 한창 어렵던 1980년대 중반, 내가 부산에 출장을 갔는데, 마침 휴가차 하선한 김 선장과 최종조 부산사무소 소장(92년 작고)과 술자리를 갖게 되었다. 취기가 얼큰히 오르자 김 선장은 문득 이상한 말을 꺼냈다.

"사장님, 요즘 회사가 어렵죠? 벌써 몇 년째 고생이 계속되는데,

까짓거 뭐, 내가 다 해결해 드릴게요."

나는 무슨 말인가 하고 김 선장을 쳐다보았다.

"까짓거, 사고 한번 치면 되는 거지!"

김 선장 입에서 튀어나온 말이었다. 한마디로 보험 사고를 내자는 뜻이었다. 나는 깜짝 놀라 그의 말을 가로막았다. 아무리 술김에 한 말이라 해도 어이가 없었다.

"무슨 쓸데없는 소리요!"

"에이, 사장님. 저 한 사람만 감옥 가면 되는 거죠, 뭐."

"김 선장, 그건 범죄요. 보험금도 안 나와요. 그리고 사고가 나면 여러 사람 다치는데 큰일 날 소리. 회사는 더 망해요."

그제야 김 선장은 "아, 농담 한번 해봤습니다. 허허…" 하며 슬며시 말을 주워 담았다. 그 후 2년 정도 세월이 흘러 술상머리의 이런 대화도 잊혀질 무렵, 구정을 맞아 나들이를 하고 막 귀가한 참이었다. 집으로 들어서자마자 최 이사로부터 전화가 왔다. 목소리가 잔뜩 긴장해 있었다.

"사장님, 아무래도 김 선장이 큰일을 저지를 것 같습니다. 여수에서 배를 몰고 떠났는데 출항 전에 술을 잔뜩 먹고서…."

최 이사 말로는 여수항에 있던 김 선장이 전화로 "최 이사님, 이번 기회에 회사를 아주 제대로 살려 놓을 테니 아무 걱정 마소" 하더니 전화를 일방적으로 끊어 버렸다는 것이다. 즉시 여수에 알아보니 김 선장이 탄 배는 이미 출항했다고 하는데, 아무래도 마음이 놓이지 않는다고 최 이사는 덧붙였다.

2년 전 술자리에서 들은 말이 번득 떠올랐지만 나는 "설마 술 한잔

한 김에 헛소리를 하는 것이겠지. 너무 걱정하지 맙시다"라고 최 이사를 안심시켰다. 그러나 실상은 스스로를 위로하는 말이기도 했다. 나도 마음 한구석이 불안해 즉각 배로 전보를 치라고 했지만 최 이사의 대답도 일리가 있었다.

"사고 치면 안 된다는 이상한 전보를 어떻게 칩니까?"

나는 '설마 그럴 리 있겠나! 사람이 자기 목숨을 거는 건데'라고 생각하면서도 도통 잠을 이룰 수 없었다. 날이 밝기도 전에 최 이사가 먼저 전화를 걸어왔다. 최 이사의 일성은 다급했다.

"결국 사고가 났습니다!"

"뭐? 선원들 다친 사람 없나?"

"선원들은 무사하고요, 그냥 바위에 받혔답니다."

'후!' 하고 안도의 한숨이 터져 나왔다. 우선 선원들이 무사하다는 말에 감사 기도라도 드리고 싶었다. 현장을 확인해 보니 비교적 가벼운 사고였다. 선수(船首)가 바위를 들이받아 일부 손상을 보았지만 다행히 침몰은 면한 것이다. 사고 조사 결과는 운전 미숙으로 인한 선체 일부 손상으로 확인되었고, 본사로 올라온 김 선장은 '회사에 누를 끼쳐 죄송하다'며 머리를 조아리고 다녔다. 징계위원회가 열렸지만 손해액도 적었고 화물도 마침 전혀 없는 상태였기 때문에 화물 오염이나 누출이 없어서 시말서 정도로 처리되었다. 그리고 이 사건은 곧 잊혀졌다.

하지만 나는 김 선장이 2년 전 술자리에서 호언하던 대로 행동한 것인지 생각해 보지 않을 수 없었다. 사실 우연한 사고라고 하기에는 묘한 구석이 있었다. 김 선장의 실력으로 '운전 미숙'으로 인한 항해

사고를 일으킬 리가 없다. 김 선장 나름으로 어떤 계산(?)을 한 것인지, 공선(空船)으로 떠난 항해였고 선원 숫자도 몇 달 전부터 선장 스스로 서서히 줄여나가 최소한의 인원만 태우고 있었다. 선체만 전손시킬 속내였을까? 동승했던 선원들의 후일담에 따르면 김 선장은 "오늘은 설날 아니냐. 평소엔 자네들이 고생했으니 오늘 당직은 내가 서마. 자네들은 좀 쉬어라"라고 했다 한다. 평소엔 호랑이 같아서 선원들을 엄하게 다루던 김 선장이지만 이날은 웬일인지 자상하고 관대한 모습이었다고 한다. 그렇게 해서 김 선장 혼자 배를 몰다가 밤 12시가 조금 지나 '꽝' 하고 사고가 난 것이다.

만일 고의 사고를 내서 고액의 보험금을 타겠다는 의도였다면 오히려 엄청난 손해를 끼칠 수 있었기에 나는 그 후로도 오랫동안 그때 일을 생각하면 등골이 서늘해지곤 했다. 그러나 김 선장을 책망하거나 원망하는 마음은 없었다. 오도된 것이기는 하나 그 나름으로는 애사심의 발로였을 터이니 그 마음만은 고맙게 가슴에 새겨 놓았다.

2부

이유 없는
발전은 없다

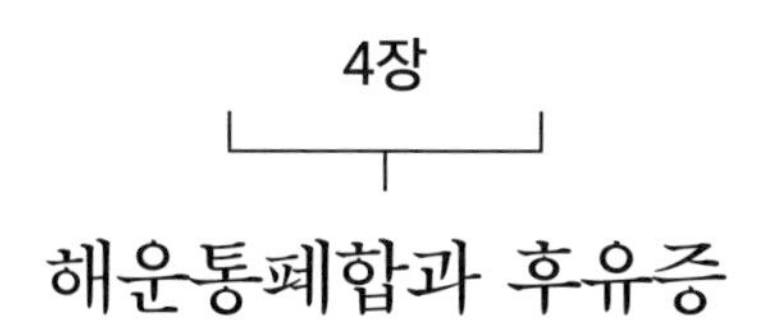

4장

해운통폐합과 후유증

단군 이래 최악, 해운 불황

제2차 오일쇼크로부터 시작된 세계 경제 불황은 1980년의 마이너스 성장에 이어 1984년까지 길고 긴 터널을 벗어나지 못하고 있었다. 신흥 해운국으로 발돋움하던 한국의 해운업 사정은 그중에서도 최악의 경우에 해당했다. 해운 불황은 석유화학 등 특정 부문에 한정된 것이 아니라 벌크, 컨테이너 등 거의 모든 부문을 휩쓸고 있었다. 1982년의 경우 국내 59개 해운업체 중 47개 업체가 적자를 기록해 총 1,023억 원의 결손을 나타내고 있었다.

해운업계 불황이 계속되자 은행까지도 부실 채권이 누적되었다. 이에 따라 정부는 이러한 부실 채권을 해소하고 해운산업을 구조 조정하는 직접적인 조치를 단행하게 된다. 1983년 12월 23일 정부의

세계海運業 최악의 不況

뉴욕시티 뱅크分析 石油쇼크후 物動量줄기만

船腹量과잉…運賃

希社재정난 船舶

景氣회복 추세 내년에 한가닥 기대

부시 美부통령 내년訪日

제2차 오일쇼크로 인한 세계적인 경제불황은
전 세계 해운업계에도 어두운 그림자를 드리웠다.

산업정책심의위원회는 '해운산업 합리화 계획'을 의결했는데, 그 요지는 해운선사들을 몇 개의 대그룹으로 통폐합하는 것이었다.

각 선사들은 1984년 3월 31일까지 해운산업 합리화 계획서를 제출하게 되었는데, 그때 신고된 채무액이 총 2조 5,163억 원이나 되었다. 해운항만청은 선사들이 제출한 자료와 자체 실사 내용을 기초로 합리화 계획을 확정했다. 주요 골자는 63개 외항 해운업체를 1984년 11월까지 17개 그룹 선사로 통폐합하고, 참여 업체에 조세 감면, 원리금 상환 유예 등을 지원하는 것이었다. 이에 따라 9개 선사를 합병한 범양상선이 출범하고, 전통을 자랑하던 고려해운도 대형선 부문이 현대상선에 합병되는 등 국내 외항 해운업계는 일대 재편의 시기를 맞게 되었다.

이러한 구조 조정안의 일환으로 한국케미칼해운도 일우해운(냉동 쇠고기 수송), 미원통상(당밀 수송)과 함께 '특수선 부문'으로 분류되는 동시에 그 주력 선사로 지정되었다. 그러나 이러한 구조 조정안이 결정되기까지는 내막이 있었다.

1984년 2월, 내 고교 후배로 조그마한 내항 가스 탱커를 운영하던 사람이 나를 찾아와 '같은 석유화학, 가스 계통이니까 한번 합쳐 봅시다'라고 제안했다. 그러나 나는 부정적이었다. 작은 회사끼리 합쳐봐야 얻을 것이 없다고 생각했다. 그러자 그 후배는 일우해운까지 끌어들일 수 있다며 자기 회사의 대차대조표, 손익계산서 등을 건네주었다.

"한번 보시고 합할 의향이 있으면 연락 주십시오. 일우해운은 내가 잘 아니까 만약 의사가 있으시면 그쪽은 염려 마십시오."

나는 여전히 내키지 않았지만 그래도 후배가 자기 회사 자료까지 내밀면서 제안하는 것을 그냥 무성의하게 처리할 수는 없었다. 실무진으로 하여금 이를 상세히 분석하도록 했다. 며칠 후 보고된 내용을 보니 심각한 상황이었다.

'우리도 사채 때문에 허덕였는데, 이 정도면 사채를 얼마나 쓰고 있을까? 장부상에는 안 나오니까 제대로 파악할 수도 없을 것이다. 우리 회사는 차라리 하나님 격이군!'

이렇게 생각한 나는 거절하기로 마음을 먹었다. 다시 찾아온 후배에게 그동안 작성해 둔 보고서를 건네주었다.

"지난번 준 대차대조표와 우리 직원들이 자체적으로 조사한 자료를 바탕으로 분석해 보았어요. 그런데 이 분석이 맞는지 어떤지 평가를 좀 해주시죠. 틀린 부분도 물론 많을 겁니다."

내가 책상에 앉아서 다른 업무를 보는 동안, 후배는 소파에 앉아 서류를 읽었다. 표정을 가만히 살피니 후배 얼굴은 흙빛으로 변하고 있었다. 내가 "틀린 데가 많죠?" 하자 그는 "대강은 맞네요" 하며 가만히 있다가, "선배님, 저 가볼랍니다" 하며 훌쩍 자리를 떴다. 그리고 다시는 이 일로 나를 찾지 않았다. 도저히 우리하고는 안 된다고 본 것이다. 후배는 후에 범양상선 쪽으로 합병했다.

그런데 얼마 후 이번에는 일우해운 사장이 나를 찾아왔다. 나는 일우해운과 통합할 의사가 없었기 때문에 곤혹스러울 뿐이었다. 일우해운은 냉동 운반선이 주력 선대라서 내가 잘 모르는 분야였다. 또 두 회사만 갖고 항만청에서 허가해 줄 리도 없었다.

일우해운 사장은 "항만청 관계는 우리에게 맡겨 주시오" 하면서 자신이 접촉해 보겠노라 했다. 일우해운도 감당하기 어려운 부채에 허덕이는 낌새였다. 그러나 나는 경영 상태가 나쁜 회사끼리 모여 봐야 더욱 악화될 뿐이라고 판단하고, 최악의 경우 이맹기 회장에게 부탁해 대한해운 그룹의 위탁 선사로나 참여해 후일을 기약할 생각이었다.

그런데 일우해운 사장의 노력이 어느 정도 통했는지 이번에는 항만청 해운국장인 최훈 씨(전 철도청장)가 나를 불렀다.

"일우해운과 미원통상, 그리고 한국케미칼해운 등 세 회사가 합해서 특수한 선박 그룹을 만드는 것이 어떻습니까?"

나는 미원통상이라면 해볼 만하다고 생각했다. 하지만 일우해운은 아무래도 부담스러웠다. 여기서 내가 생각한 복안은 일우해운과의 통합은 거절하되, 일단 운영 선사를 만들어 선박만 위탁 운영한다는 것이었다.

한국특수선(주) 탄생

그런데 항만청에서는 한국케미칼해운과 일우해운 그리고 미원통상을 '특수선 부문'으로 묶고, 상대적으로 경영 상태가 나았던 한국케미칼해운이 주도적으로 나서서 하나의 통합 선사를 만들 것을 종용했다. 일우해운의 경우 냉동 쇠고기 운반 사업을 하고 있었고 미원통상은 모기업인 ㈜미원이 필요로 하는 당밀을 전담 수송하던 회사였다.

그러나 우리 입장에서는 정부의 합리화 계획이 큰 도움이 되지 못하는 것으로 생각되었다. 이미 보유 선박을 대량 처분했기 때문에 잠시 숨이 트여 있었고, 함께 분류된 세 회사의 업종이 어떤 공통점이 있다고 보기도 어려웠다. 가령 미원통상이 보유하고 있는 당밀 수송선의 경우는 일반 탱커선의 일종이기 때문에 특수선이라는 명칭 자체가 어울리지 않았다. 일우해운의 경우는 냉동 선박이라는 점이 그런대로 특수하긴 했으나, 화물이 냉동육이라는 점에서 워낙 생소한 것이었다. 그럼에도 일우해운과 미원통상을 한국케미칼해운과 하나의 부류로 묶은 것은 이들을 받아들일 선사들이 마땅히 없기 때문이었다.

미원통상의 경우 해운업에서 완전히 손을 떼겠다는 의사를 밝혔다. 보유하던 선박 4척은 당밀 수송을 위한 전용선인데, 당밀 외에도 정제 석유 제품(통칭 CPP)도 수송할 수 있는 것이어서 어느 정도 경제성이 있었다. 미원통상이 바라는 바도 당밀선 4척만 처분하는 것이었기에, 이 선박들을 현재 가치대로 매입함으로써 문제를 깨끗이 해결할 수 있으리라 생각되었다.

문제는 일우해운이었다. 일우해운은 본래 선박 5척을 주력으로 호주-한국 간 냉동 쇠고기 운송업을 해왔으나, 1980년 이후 새마을운동본부에서 육우용 암송아지를 산 채로 수입하면서 위기를 맞았다. 국내 축산업을 진흥한다는 명분으로 진행된 생우(生牛) 수입 사업은 국내 축산 농가의 육우 생산을 엄청난 과잉에 빠지게 해 농민들의 반발과 빈축을 사기도 했다. 이 과정에서 난데없이 피해를 입은 것은 일우해운이었다. 수입된 암송아지가 계속 성장하면서 국내 쇠고기 생산이 점점 늘어나고, 그 결과 해외에서의 수입은 격감하게 된 것이다. 일우해운의 영업 상황은 날로 악화되어, 유일한 자산인 선박 5척의 감정가가 38억 원인 데 반해 부채가 296억 원으로 집계될 정도였다. 오일쇼크도 아니고 정부 정책의 오류 때문에 기업이 흔들리게 되었으니 일우해운으로서는 참으로 낙심했을 것이다.

이유야 여하튼 우리로서는 도저히 내키지 않는 통합 안이었다. 당시 우리 회사 매출은 130억 원대였고, 자체로도 150억 원의 부채를 안고 있었다. 이 상황에서 296억 원의 부채를 또 떠안는다는 것은 합리화의 취지를 무색하게 하는 일이었다. 더욱 부정적일 수밖에 없었던 점은 쇠고기 운송업이 과연 전망이 있는가 하는 문제였다. 국내 암송아지 공급 자체가 과잉인 상황에서 수입은 전면 중단되다시피 했기 때문에 사업 전망은 불투명했다.

검토 초기에 나의 입장은 이 사업에 아예 손을 대지 않는 것이었다. 하지만 조사를 거듭해 보면서 3년 후면 쇠고기 수입이 재개될 거라고 결론을 내렸다. 3년만 버티면 사업성이 나쁠 것도 없다는 판단이었다.

또 한편으로는 해운 합리화라는 대세에 거역하기도 어려웠고, 내부적으로는 동해조선 실패로 인한 인수 채무 33억을 통합 과정에서 정리해 낼 수 있지 않을까 하는 기대도 막연하게나마 있었다. 한국케미칼해운도 사채를 안고 있기는 마찬가지였지만, 일우해운의 부외 부채(簿外負債)가 얼마나 되는지 알 수 없었기에 기업 합병은 도저히 불가능했다. 결국 1984년 6월, 우선 공동 운영 선사를 설립하고, 한국케미칼해운의 주도 아래 점차 세 회사의 선박을 매입하는 길을 밟아간다는 약정서가 체결되었다.

한국특수선이라는 상호도 이때 즉석에서 결정된 것이다. 내가 합리화 참여 의사를 밝히자 최훈 해운국장은 즉각 "국무회의에 올릴 때 회사 이름을 뭐라고 할까요?" 하고 묻는 것이었다. 나는 회사 이름까지는 생각도 못하고 있었다. 공동 운영 선사를 설립하자는 것인데 한국케미칼해운 이름을 쓰자고 할 수도 없었다. 이때 해운국장의 입에서 튀어나온 한마디가 상호를 결정지었다.

"아, '특수선 그룹'이니 '한국특수선'으로 하면 되겠군요."

그리하여 이름이 한국특수선주식회사로 되었고, 1999년 7월 1일 주식회사 KSS해운으로 개칭되기까지 오랫동안 통용된 상호가 되었다.

서울신탁은행의 반대

해운 합리화 방안이 국무회의에서 통과되자, 이제는 집행 과정만 남았다. 항만청의 독촉이 심해지기 시작했다. 일단 미원통상의 선박 4척을 한국특수선 이름으로 매입해 첫 단추를 채울 수 있었다. 일우해운도 마찬가지로 합병이 아니라 선박 인수만이 가능한 상황이었다. 그런데 이를 위해서는 선박에 걸려 있는 부채 296억 원이 심각한 걸림돌이었다. 부채 전액을 즉시 인수하는 것은 불가능했다.

유일한 대안은 현가(現價) 방식이었다. 부채 296억을 무이자 장기상환으로 치고 자산 38억(선박 5척의 감정가)을 연리 11.5퍼센트로 계산하면 원리금(복리 계산) 합계액이 296억 원으로, 소요 기간은 12년 거치 13년 상환이 된다. 일우해운의 주거래 은행인 산업은행은 처음에는 이런 장기 상환이 전례가 없다고 거부했지만, 일우해운이 부도처리될 위험이 날이 갈수록 커지자 다급해진 나머지 결국 이 안을 받아들이지 않을 수 없었다.

그런데 산업은행과 약정서 합의를 이루기 전에 넘어야 할 마지막 암초가 있었다. 주거래 은행인 서울신탁은행의 반대였다. 서울신탁은행으로서는 우리의 기존 부채가 150억 원인 상황에서 일우해운의 296억까지 떠안는다는 것이 매우 불안해 보였다. 나는 신탁은행으로부터 일우해운을 떠맡으면 안 된다는 압력을 받게 되었다.

반면 일우해운의 주거래 은행이던 산업은행은 일우해운의 선박을 하루속히 한국케미칼해운에 인수시키는 길만이 296억의 결손 처분을 막는 방안이었기 때문에 선박 인도에 매우 적극적이었다. 산업은행과 신탁은행의 이해가 상충하는 상황이었다. 답답함을 느낀 산업은행 총재가 나를 불렀다.

"박 사장, 서울신탁은행에서 일우해운의 선박 인수를 반대한다는

데, 도대체 신탁은행 부채가 얼마요?"

"150억 원입니다."

"그 150억 원, 우리 은행이 갚아줄 테니, 주거래 은행을 우리 은행으로 바꿔요."

산업은행 총재는 이렇게 시원스레 일갈(一喝)했다. 산업은행은 당시 재무부에 400억 원 증자를 요청하고 국회의 심의를 기다리고 있었다. 그런데 일우해운이 부도가 나서 296억 원이 날아가 버린다면 어쩔 수 없이 이 돈을 결손 처리해야 하고, 그렇게 되면 400억 증자를 요청한 명분이 서지 않는 것이니, 그만큼 산업은행으로서는 다급할 수밖에 없었다. 남의 빚까지 갚아 주겠다고 할 정도면 산업은행으로서도 최대한의 적극성을 보인 것이다.

그러나 서울신탁은행은 여전히 미온적이었다. 여기에는 말 못할 사정이 또 숨어 있었다. 1981년 1월 동해조선을 처분했을 때 남은 동해조선의 미지급 이자 33억 원을 어떻게 처리하는가 하는 문제였다. 6년 거치 6년 분할 상환의 약정서가 교환되어 있는 이상 은행 채권임에는 틀림없다. 서울신탁은행으로서는 기한이 되었을 때 지불 청구를 하면 되는 것이다. 그런데 우리로서는 이번 기회에 이를 없애지 않으면 안 되었다. 약정 채무를 숨기고 산업은행으로 주거래 은행을 옮긴다는 것은 있을 수 없는 일이었다. 그러나 이를 산업은행에 밝히게 되면 산업은행 측이 포기할지도 모른다. 진퇴양난에 처한 셈이었다.

나는 적극적으로 움직이기로 결심했다. 회사가 해운산업 합리화에 동참한 목적에는 33억의 약정 채무를 해소하는 기회로 삼겠다는 것도 포함되어 있었던 것이다. 우선 서울신탁은행 구기환 행장을 찾았다.

"산업은행 총재께서는 '빚 다 갚아 줄 테니 담보를 다 가져오시오' 라고 합니다. 그런데 솔직히 말해서 33억 문제를 산업은행 총재께 말씀드릴 수도 없는 입장입니다. 만일 신탁은행에서 포기해 주시면 일은 당장 풀립니다. 그러니까 우리 회사를 계속 데리고 계시든지, 아니면 그거 포기하시고 시집을 보내 주시든지 둘 중 하나를 택해 주십시오."

이렇게 말하자 구기환 행장도 심경을 털어놓았다.

"데리고 있고 싶지는 않소. 그냥 시집을 가시지요. 33억은 기일이 아직 멀었으니 그때 가서 천천히 갚으면 될 것 아니오?"

찔러도 피 한 방울 나지 않을 냉정한 결론이었다. 돌아오는 발걸음은 천근이었다. 33억의 부외 부채를 해결할 수 있다는 기대로 합리화에 참여했는데 신탁은행장 말은 그러한 희망을 물거품으로 만드는 것이었다. 그렇다고 이제 와서 합리화 참여를 철회할 수도 없었다. 일우해운 선박을 인수하고 산업은행으로 주거래 은행을 변경하자는 방안은 거의 기정사실로 되어 가던 상황이었다. 난감했다. 어떻게 하면 서울신탁은행이 이를 포기하게 할 것인가! 밤잠을 설치면서 생각한 끝에 마지막 승부를 건다는 심정으로 신탁은행 구 행장을 다시 찾았다.

"제가 산업은행장에게 부외 부채가 있다고 털어놓았습니다. 그랬더니 총재님이 하시는 말씀이 '내가 과부와 재혼하는데 신부가 전 남편 사이에 낳은 아이(150억)를 데리고 온다는 것까지야 어쩔 수 없어. 그런데 배 속에 애(33억)를 배고 있다는 것을 알고서는 장가를 들 수 없지! 배 속 애를 지우고 오든지 시집오는 일을 포기하든지 하시오' 라고 합디다."

나는 산업은행 총재에게 33억 원에 대해 이실직고한 것은 아니었다. 섣불리 털어놓았다가는 지금까지 온 과정마저 도루묵이 될 판이었으니, 구기환 행장에게 말한 내용은 순전히 지어낸 것이었다. 그런데 내 말을 들은 구 행장의 대답은 사뭇 달랐다.

"맞는 말씀이구먼. 어떻게 하지?"

이때다 싶어 나는 구 행장의 말을 받았다.

"33억은 은행 채권으로 잡혀 있는 것도 아니지 않습니까? 다만 약정만 되어 있는 것인데 눈 딱 감고 포기해 주시죠. 그 대신 150억 원이 당장 회수되지 않습니까?"

구 행장도 난감한 표정이었다.

"글쎄, 감사(監査) 문제만 없다면… 하여튼 시간을 두고 연구해 봅시다."

은행 문을 나서는 나는 희망의 문이 열린다고 착각했다. 행장의 말은 '정치적인 힘을 동원해 감사 문제가 없도록 한다면 해결해 줄 수도 있다'는 암시 아닌가! 이제는 정말 로비를 해야 할 판이었다. 나는 대학 동창인 정영의 재무부차관을 찾았다. 자초지종을 말하고 힘을 써줄 수 있느냐고 말을 꺼내자마자, 정 차관은 대뜸 말을 잘랐다.

"은행 돈 떼어먹자는 말이군? 도둑놈 심보가 따로 있나. 말도 안 되는 소리!"

생각지도 않은 신랄한 말에 나는 둔기로 머리를 얻어맞은 듯했다. 가만히 생각하니 친구의 말이 맞았다. 나는 솔직하게 물러섰다. 면박만 받고 돌아오기는 했으나 쉽게 포기할 수는 없었다. 혹시 정치권에서는 풀 길을 찾을 수 있을지도 모르겠다고 생각해 세도정객(勢道

政客)으로 꼽히는 인사들도 찾아보았으나 누구 하나 선뜻 나서지 않았다. 그때 내가 깨달은 사실이 있다. 정치가들은 융자 받는 일에는 서로 나서려 하지만, 은행 채무를 삭감하는 일에는 모두 거북해한다는 것이다.

그래도 무슨 방법이 없을까 하고 골머리를 앓았다. 그때 머리에 퍼뜩 떠오르는 것이 역시 현가 방식이었다. 잔존 상환 기간에 당시 금리를 적용하여 33억 원의 현가를 계산해 보니 5억 4천만 원이었다. 이 돈만 갚으면 되는 것 아닌가!

정치적 압력이나 연줄을 빌리는 것도 아니고, 엄연히 회계상 방법의 하나를 찾아냈으니, 어두운 하늘에 빛이 뚫리는 심정이었다. 즉시 이 방안을 서울신탁은행에 제안하고 기다렸다. 그러나 서울신탁은행 실무진들은 여전히 미온적이었다. 무슨 일이든지 새로운 방식은 거부하게 마련이다. 이론상 가장 합리적이고 당시로서는 최적의 방안이었는데도 시간만 끌고 있었다. 이러다 행여 일우해운이 부도라도 나면 모든 것이 물 건너가는 판국이 된다. 마냥 뭉그적거리기만 하는 은행을 어떻게든 독촉해야 했다.

마침 산업은행 총재가 해외 출장을 떠난다는 사실을 알게 된 나는 서울신탁은행 이춘식 전무에게 전화를 걸었다.

"모레 오후 5시 산업은행 총재께서 해외 출장을 가는데, '그때까지 신탁은행에서 아무 말이 없으면 이 문제는 없던 일로 하겠다'고 합디다. 어떻게 하시겠습니까? 어려우시면 다 없었던 일로 해둘까요?"

나의 이 말에 신탁은행은 황급히 문제를 검토하기 시작했다. 산업은행 총재의 출국 두 시간 전에 이 전무로부터 전화가 걸려 왔다.

"5억 4천만 원이 맞기는 한데, 6억으로 채워 주시면 동의하겠습니다."

나는 이를 응락한 후, '그 대신 서울신탁은행이 33억 원 약정을 무효로 한다는 말을 해운항만청 권훈 해운국장에게 통보해 달라'고 부탁했다. 금융기관의 구두 약속은 언제든 뒤집힐 수 있는 것이니 해운 합리화 주무 부서장인 해운국장을 통해 확실한 약속을 받아내기 위한 것이었다. 물론 해운국장에게는 서울신탁은행에서 무언가 답변이 올 것이니, 연락이 오면 즉시 알려달라고 부탁을 해놓은 상태였다.

한 시간이 지나서 해운국장으로부터 연락이 왔다.

"서울신탁은행 전무로부터 한국케미칼해운의 채권 33억 원을 포기한다는 통지를 방금 받았습니다. 그런데 세상에 은행 돈을 생으로 떼어먹는 일은 난생처음 보는군요. 하하하…."

나는 그 소식을 듣고 10년 묵은 체증이 일시에 풀리는 기분이었다. '은행 돈을 떼어먹는 것이 아니라, 현가 방식으로 갚아 주는 것이오'라고 설명할 여유도 없었다. 아무튼 이렇게 해서 동해조선의 미지급 이자 33억의 문제는 말끔히 해결되었다. 일은 일사천리로 진행되어 곧이어 일우해운 선박의 인수가 이루어졌다. 이로써 해운 합리화 계획은 완료되었다.

1984년 6월 27일 한국케미칼해운(34퍼센트), 일우해운(33퍼센트), 미원통상(33퍼센트) 3사가 합자한 한국특수선주식회사가 설립되어 장두찬 한국케미칼해운 전무이사가 사장이 되고 다른 두 회사의 임원이 한 사람씩 참여해서 실무를 맡게 되었다. 한국특수선은 일우해운의 냉동선 5척, 미원통상의 당밀선 4척, 그리고 한국케미칼해운의 선박 10척을 운항하는 운항 선사로 시작했다. 1985년부터 86년에 걸쳐 이들 세 회사의 선박을 단계적으로 매입했고, 한국케미칼해운이 보유한 자산도 모두 한국특수선으로 이양했다. 한국특수선은 이어서 다른 두 회사 지분도 전부 인수했다. 이로써 1986년부터는 한국특수선이 한국케미칼해운의 명맥을 잇는, 특수선 부문의 유일한 외항 선사로 가동하게 된다.[20]

업종도 '액체 및 가스 석유화학 제품' 외에 '당밀' 및 '냉동 화물'이라는 분야가 추가되었다. 부가가치나 운항 기술면에서 고도의 수준이 요구된 것은 아니었으나, 어쨌든 생소한 분야인 만큼 영업과 운항을 시작하는 데 특별한 주의를 기울여야 했다.

열두 번 압류당한 냉동선

새로 인수된 선박들은 우선 정밀 선체 검사부터 받았다. 이 과정에서 5척의 냉동선들이 가장 큰 골치덩이였다. 그중 두 척의 엔진이 히타치에서 만든 것인데 딱 두 대만 만든 엔진이라 부품 조달이 안 되었다. 하는 수 없이 '부품 교체'에서 '엔진 전면 교체'로 바뀌었으니, 사람으로 치면 맹장만 떼어내려다 위까지 바꾸는 대수술을 단행한 셈이다. 수리비뿐 아니라 보험료 부담도 엄청났다. 예전 회사에서 운항할 때 잦은 해난 사고가 발생해 선체 보험료가 매우 높았기 때문이

20 한국케미칼해운은 이후 휴면회사(Sleeping Company)로 있다가 이름이 좋다고 원하는 사람에게 넘겨 주었다. 그후 동북선박주식회사로 개명하고 부산시로 이전하여 중국 선원의 수입 창구가 되는 선원관리회사로 변신했다.

다. 산업은행도 다 썩은 배를 우리에게 인수시켜 미안했던지 운영자금을 지원해 주었다.

그뿐만이 아니었다. 추석을 이틀 앞둔 어느 날 일우해운의 선원과 가족들이 우리 사무실로 몰려왔다. 그들은 사무실에 죽치고 앉아 월급 내놓으라며 고래고래 고함을 쳐댔다. 우리로서는 임금을 즉시라도 지불해 주고자 했다. 그런데 어처구니없게도 선원들의 밀린 임금이 정확히 얼마인지 제대로 정리도 되어 있지 않았다. 밀린 임금 조사하느라 또 한동안 고생했다. 어렵게 파악된 내용을 기초로 모두 지급해 주었다. 퇴직한 직원들의 퇴직금까지 물어주었다. 임금만큼은 법적인 책임 소재를 가리지 않고 가급적 모두 지급한다는 것이 우리의 방침이었다.

더 골치를 앓은 일은 일우해운의 해외 채권자들이 항구마다 선박을 속속 압류하는 문제였다. 일우해운은 기름값과 자재비, 항비 등을 지불하지 못한 채 도산해 적지 않은 해외 채무가 있었다. 우리도 당초 이 문제를 우려해 합병 대신 선박 매입 방식을 택한 것이다. 그런데 인도, 파나마, 일본, 태국 그리고 국내 곳곳의 항구 등, 배가 들어가는 항구마다 미지급 비용을 지불하라며 배를 압류해 버렸다. 현지 기업들로서는 어쨌든 배를 압류해 놓아야 한 푼이라도 받을 수 있다고 생각했을 것이다.

그러나 해상법상 이러한 조치는 근거가 없다. 세금, 해난 구조비, 인건비 등의 우선 채권을 제외한 일반 항비나 선용품, 기름값 등은 선박을 인수한 회사가 책임질 의무가 없기 때문이다. 하지만 어쨌든 선박이 압류되면 일일이 보증금을 걸고 풀어야 했다. 비용도 비용이거

니와 수속 기간 동안 배가 움직이지 못하게 되니 운항에 차질이 생기고, 화물을 맡긴 화주에 대한 신용도 손상을 입게 되었다.

이때 압류당한 횟수만 해도 모두 열두 번. 어렵게 수리한 냉동선 5척이 '가는 곳마다' 압류당하니 힘겨울 뿐이었다. 한 군데라도 돈을 지불한다면 클레임이 제기될 때마다 몽땅 물어주어야 할 판이었다. 미지급 비용이 얼마인지조차 모를 때도 있었다. 압류자가 제시한 증빙 서류 중에는, 배를 인수할 때 파악하지 못한 것들이 튀어나와 곤욕을 치렀다. 1985년부터 86년 사이에 냉동선 때문에 흰머리가 엄청 늘었다.

국제 사기를 당할 뻔한 일도 있었다. 냉동선 한 척이 바나나를 가득 싣고 고베에 입항했다. 일부는 고베에서 풀고 나머지는 요코하마에서 하역할 계획이었기 때문에 일손이 바빴다. 바나나는 시간이 갈수록 신선도가 떨어지기 때문에 과일 중에서도 가장 시간을 다투는 화물이다. 그런데 LA의 한 유류 보급업자가 일본 변호사를 내세워 고베에서 출항을 준비하던 선박을 압류해 버렸다.

우리로서는 당황할 수밖에 없었다. 날짜가 가면 바나나가 상해서 가치가 떨어지고 그러면 화주로부터 클레임이 날아온다. 압류한 시간은 저녁, 화주는 '내일 오전 10시까지 출항을 안 시키면 화물을 포기하고 클레임을 걸겠다'고 통보해 왔다. 이렇게 되면 우리가 물건값과 소송비용 전부를 물어내야 한다. 큰일이었다.

그런데 서류를 다시 살펴보니 압류를 신청한 LA 회사의 한국인 사장 이모 씨 이름이 웬지 낯익었다. 기억을 더듬어 보니, 해운공사 시절에 책상을 맞대고 일하던 동료였다. 옛 동료는 미국에 이민 가서 선박에 기름을 공급하는 일을 하고 있었고, 이 회사가 압류 신청을 한 것이었다.

평소 성품으로는 전화 한 통이라도 할 사람이었는데, 아무 통보도 없이 다짜고짜 압류 신청을 했다는 것이 은근히 괘씸했다. 나는 기왕 이렇게 된 것, 항의 전화라도 하자는 심정으로 옛 동료의 회사가 있는 로스엔젤레스로 새벽 1시(현지 시간으로 아침 9시)에 전화를 걸었다. 동료는 몹시 반가워하며 전화를 받았다.

"아니, 박형, 오랜만이군요. 그래 웬일이십니까?"

"웬일이나마나, 당신이 그럴 수 있소?"

"그럴 수 있다뇨?"

"아니, 이 사장이 우리 배를 고베에서 압류하는 바람에 바나나가 썩게 생겼잖소?"

그런데 이 사장의 대답은 전혀 딴판이었다.

"어, 그런 일 없는데요? 우리는 일우에서 돈을 받았는데요? 아하… 뭔가 알 듯한데요. 내가 직접 알아보겠습니다."

뭔가를 직감한 나는 잠깐 기다리라고 하고 녹음기를 전화기에 설치했다. 그리고 이 사장에게 '돈을 받았는가?' 하고 다시 묻자, '확실히 받았다'는 대답이었다. 누군가 중간에서 농간을 부리고 있는 것이었다. 짐작이 갔다. 일우해운으로부터 돈을 못 받은 어떤 일본 회사가 이 사장의 사인을 위조해 압류한 것이 분명했다. 날이 밝자마자 나는 상대 변호사에게 전화했다.

"사태를 다 알았소이다. 어떻게 이런 경우가 있을 수 있소! 녹음 증거를 확보했으니 10분 내로 우리 측 변호사에게 압류 해제 통보를 하지 않으면 사기죄로 고발하겠소."

가짜 위임장을 갖고 있던 일본 변호사로서는 발등에 불이 떨어졌다. 사실이 드러나면 책임을 면하기 어려웠다. 내가 노기 띤 전화를 한 지 꼭 10분 뒤 도쿄에 있는 우리 변호사에게서 연락이 왔다. 상대 변호사가 압류를 해제한다는데, 갑자기 취하한 이유를 알 수 없다는 것이었다. 나는 비로소 회심의 미소를 머금을 수 있었다. 국제적인 사업에도 이런 사기가 버젓이 존재하는 것이다.

악전고투하면서도 우리는 원칙을 지켰다. 법적 책임이 있는 우선채권은 클레임이 없어도 미리 지불해 주었다. 그러나 우선 채권이 아닌 것은 보증금으로 일단 선박을 빼내고 재판을 했다. 이렇게 해서 대부분 소송에 승리를 거두었다. 가령 인도에서는 10년이나 재판을 한 끝에 결국 이겼다.

우선 채권이 아닌 것 중 단 한 번 예외로 지급한 경우가 있다. 해운합리화 조치 이전에 일우해운 선원이 다쳐서 해외에서 입원한 일이 있는데, 병원비를 지불하지 않고 있었던 것. 이마저 안 준다면 한국에 대한 이미지가 나빠진다고 생각해 병원비를 즉시 지불했다.

아무튼 참으로 험난한 길을 걸어 왔다. 그러나 그 일로 우선채권에 대한 박사가 되었다.

바나나 껍질에 미끄러지다

새마을운동중앙본부에서 수입한 산 암소들이 국내 육우 시장을 뒤

흔들어 버렸고, 그에 따라 쇠고기 수입이 완전히 중단된 것은 앞에서 살펴본 바 있다. 그런데도 냉동선 5척을 인수한 것은 나름대로 시장 전망이 있다고 판단했기 때문이다. 당시 면밀히 시장을 검토한 결과 향후 3년간 버티면 쇠고기 수입 시장이 회복될 거라고 결론을 내리고 배를 인수했다. 1985년부터 정부에서는 암소의 도축을 허용했다. 육우용 암소가 과다하게 수입되면서 소값 파동이 일어났기 때문이다. 농민들 반발이 이만저만이 아니었고, 언론에서도 전경환 본부장을 겨냥한 비판의 화살을 날리기 시작했다. 결국 정부에서 잘못을 인정하고 암소 도축을 허용했다. 그런데 암소를 잡아먹으면 점점 소가 줄어들 것이 뻔한 것이다. 그래서 우리는 몇 년 후면 쇠고기 수입이 재개된다고 판단했다.

당시 나는 축협과 축산 관계 연구소에 있는 각종 자료를 검토하고, 전문가들의 자문도 구해 그런 결론을 내렸다. 3년만 참으면 냉동선이 쇠고기 수입에 투입될 수 있고, 거의 국내 유일의 냉동선이기 때문에 수익성이 보장되리라는 판단이었다. 냉동선 5척은 일우해운 시절 축협의 쇠고기 수입을 독점 수송하는 계약을 맺고 있었기 때문에, 수입이 재개되면 이 선박을 풀가동할 수 있는 것이다.

과연 이러한 전망은 맞아떨어졌다. 1988년 말부터 정부는 쇠고기 수입을 다시 개방했다. 우리는 이제야 사업이 제자리를 찾으리라고 잔뜩 기대했지만 결국 이 시장에 거의 진출하지 못했다. 그 사이 시장에 선보인 냉동 컨테이너 때문이다.

자체 냉동 시설을 갖춘 냉동 컨테이너는 일반 정기 컨테이너선에도 적재가 가능해서 소량이라도 최단 시일 내에 수송할 수 있었다. 이에 반해 구형 냉동선은 화물창 전체를 냉동육으로 채워 수송해야 채산이 맞기 때문에 하역비며 수송비 또 수송 시간 면에서 도무지 경쟁이 될 수 없었다. 재래식 쇠고기 수송선은 말 그대로 무용지물이 되었다. 엎친 데 덮친 격으로 미국의 압력에 따라 미국산 쇠고기가 물밀듯이 수입되면서 호주산 쇠고기 비율은 절반으로 떨어졌다. 이렇게 되니 그나마 호주산 쇠고기를 독점 수송하기로 한 계약 자체가 점점 무의미해졌다. 결국 눈물을 머금고 쇠고기 수송업을 포기해야 했다. 우리가 케미칼 화물만 취급하다 보니 컨테이너 시장의 발전 추세를 몰랐던 탓이라며 한탄했다.

쇠고기 수입에 참여하지 못하면서 냉동선 5척을 풀가동하는 것이 발등의 불로 떨어졌다. 냉동선은 과실, 육우, 냉동 어류 등을 실을 수 있는데 화물을 장기 계약하는 것이 무엇보다 중요했다. 여러 노력 끝에 1987년 뉴질랜드와 페루 사이에 양고기를 실어 나르는 일에 참여하면서 숨통이 트였다. 이어서 1988년 뉴질랜드와 극동 간 과실 수송, 대만과 한국 간 바나나 수송도 시도했다. 1989년부터는 냉동 어류가 주력이 되었다. 페루와 한국 간 및 포클랜드(아르헨티나령)와 한국 간 오징어 독점 수송에 성공하면서 조금씩 안정을 찾았다.

어려웠던 냉동선 사업은 1988년부터 그럭저럭 안정을 찾게 되었다. 그러나 액체 케미칼 화물이나 액화 가스 부문에 비해 영업 규모나 수익성 면에서 여전히 불안한 것이 사실이었다. 그러던 냉동선 영업에 큰 활력소가 될 만한 시장 변화가 예감되었는데, 1991년부터 바나나 수입이 전면 자유화된 것이었다. 열대 과일인 바나나 소비 시장은 온대와 냉대에 위치한 선진국들이다. 바나나는 사과나 포도 등 다른 과일에 비해 보존 기간이 짧고 쉽게 변질되기 때문에 특수 냉장 시설을 갖춘 선박들이 적도 및 아열대에서 북반구의 선진국을 오가는 수송 구조를 갖고 있다. 바나나 생산은 열대와 아열대에 대규모 플랜테이션(농원)을 운영하고 있는 돌(Dole), 델몬트(Del monte), 치키타(Chiquita) 등 3대 메이저 회사가 장악한 가운데, 필리핀이나 남미 등의 소규모 현지 기업들이 일부를 점유하고 있다.

지금은 바나나가 흔하지만, 1990년경까지 우리나라에서는 국내 생산 농가를 보호하기 위해 바나나 수입을 엄격히 제한했다. 대만이나 필리핀에서 소규모 구상무역 형태로 수입되거나 제주도에서 생산되는 것이 전부였으므로 이때까지는 가격이 비싼 고급 과일 대접을 받고 있었다. 1990년 상반기의 경우 바나나 국내 가격은 킬로그램당 6,000원 내외. 그런데 국제 바나나 시장 가격은 엄청나게 쌌기 때문에 수입이 전면 개방되면 수요가 크게 늘 것은 당연했다. 1991년의 수입 예측량은 약 28만 톤. 1990년의 2만 3천 톤에 비하면 10배에 가까울 것으로 전망되었다.

이렇게 되면 바나나를 운반하는 냉동선 운영이 호조를 띠게 될 것이 분명했다. 마침 우리는 1990년 하반기에 대만과 한국 간 바나나 운송을 순조롭게 하고 있었기 때문에 이 사업에 큰 기대를 걸었고, 국내 수입업자들과 상당한 물량의 수송 계약을 맺었다.

1991년 1월부터 바나나를 실을 수 있는 선박 3척은 바삐 움직였다.[21] 주로 운항한 노선은 에콰도르에서 한국까지 오는 것이었다. 한

21 바나나를 실으려면 시간당 선창 용적의 80배 이상의 신선한 공기를 주입할 수 있어야 한다. 냉동선 5척 중 3척만이 이러한 시설을 갖추고 있었다.

국과 가까운 필리핀이나 태국은 돌, 델몬트 등이 자사 선으로 운송했기 때문에, 국내 수입업자들은 남미의 에콰도르에서 주로 수입을 했다. 싼 바나나가 수입되자 소비는 크게 늘어났다. 1월 한 달 소비량은 3,600톤이었고, 2월은 6,740톤, 3월에는 13,900톤을 기록했다. 수입업자들은 이제 떼돈을 벌게 되었다고 생각했다. 부산항에서는 때아닌 바나나가 냉동 창고를 가득 채워, 배 한 척 하역에 5~6일까지 소요할 정도였다.

그러나 시장은 냉정했다. 수요 공급의 원리가 작동하기 시작한 것이다. 공급량이 급격히 늘어난 결과, 불과 한 달여 만에 시장 가격이 폭락하기 시작했다. 1991년 1월 킬로그램당 가격은 2,500원 정도로 1990년 같은 기간 6,000원의 40퍼센트 수준으로 떨어졌고, 2~3월이 지나면서도 하락세가 계속되었다.

이렇게 되자 수입업자들은 아우성을 치기 시작했다. 1991년 4월까지 우리나라의 바나나 수입량은 10만 4천 톤으로 1990년도 한 해 수입량인 2만 3천 톤의 5배에 가까운 규모였으니 가격 폭락은 당연했고, 수입업자들은 결국 수송비도 못 건지는 사태를 맞게 되었다. 너도나도 뛰어든 중소 수입업자들이 현지에서 제 살 깎아 먹기 식으로 매입 가격까지 상승시켰기 때문에 타격은 더 컸다. 숱한 수입업자가 부산항에 도착한 화물을 인수하지 않고 포기했고, 아예 부도가 나거나 도피해 버리는 업체들이 속출했다. 수송 중인 바나나를 바다 한가운데 버리는 경우까지 나타났다.

우리는 기대와 달리 큰 손해를 보게 되었다. 수송 물량은 충분했지만, 운임을 받을 수 없었던 것이다. 수입업자의 도산으로 지급받지 못한 운임 채권만 30억 원에 달했으니, 1991년 매출 410억 원과 비교하면 엄청난 결손을 입은 것이다. 잔뜩 기대했다가 낭패를 본 회사로서는 피해를 줄이고자 온갖 노력을 했으나, 끝내 결손액 대부분을 회수하지 못했다.

이 과정에서 더욱 가슴 아팠던 일은 바나나 수송 사업을 총지휘하던 최종조 상무가 심장마비로 1992년 1월 26일 별세한 것이다. 정상적으로 영업을 하고도 운임을 떼인 일은 이번이 처음이었고, 유능한 중역까지 잃게 되자 임직원의 심적인 타격은 헤아리기 어려울 정도였다. 우리 회사 사원들에게 바나나 수송 사업은 지금도 회상하기 싫은 실패 중 하나다.

세계의 바나나 시장은 4대 메이저 회사가 생산부터 유통까지 완전

輸入바나나 창고마다 넘친다

釜山港 하루 최고 10척 入港…체증 부채질

양파등 농수산물 보관못해 썩고 값 폭락

바나나 수입시장 전면 개방으로 항구마다 바나나가 넘쳐났다.
그러나 이는 가격 폭락으로 이어졌고 바나나 수송 사업에도 치명적인 손실을 가져왔다.

장악하고 있다. 게다가 이들 회사가 자가 수송선까지 띄우고 있기 때문에, 이들과 똑같은 위치에서 경쟁하는 것은 불가능하다. 국내 수입업자들이 한탕의 유혹으로 뛰어들어 경쟁을 벌인 끝에 대부분 첫해에 쓰러지고 말았으며, 우리도 이 과정에서 피해를 입은 것이다.

합리화 조치로 냉동선 5척을 떠안게 된 것은 불가피한 사정이었다고 치자. 하지만 3년만 견디면 냉동 쇠고기 수송이 재개되고 바나나 수입도 시작된다는, 야심 찬 전망은 물거품이 되어 버렸다. 절대액으로만 보면 동해조선으로 입은 손실보다도 큰 것이었다. 다행히 가스 부문과 액체 케미칼 화물 수송에서 좋은 실적을 보였기에 경영 악화는 면할 수 있었다. 돌이켜보면 역시 바나나 시장의 특성을 정확히 파악하지 못한 것이 실패의 원인이었다. 바나나 수입 물량 확보에만 주력했고, 빨리 시장의 기선을 잡아야겠다는 생각이 너무 앞섰다. 그러나 시장은 냉정하다. 충분한 연구와 준비 없이 의욕만으로 뛰어드는 기업에게 시장은 냉혹한 수업료를 요구하는 법이다.

물고기와 계약하다

바나나 수송 이후 냉동선 부문은 새로운 시장을 찾았다. 마침 1991년 하반기부터 페루 앞바다의 오징어 어장에 한국 선단이 진출했다. 오징어 잡이는 수산회사들이 공동 선단으로 조업하는데, 이 수송권을 둘러싸고 세계 해운선사들의 경쟁이 치열했다. 낮은 운임을 제시하고 뛰어든 선사들도 있었으나 우리가 독점 수송 계약이라는 쾌거를 올렸다.

사업은 1992년부터 본격적으로 시작되어 1994년까지는 호조를 보였다. 수송할 선박이 모자라자 경쟁국인 구소련 선박을 용선해 투입하기도 했고, 제5리퍼호는 어선에 기름을 공급하는 유류 공급선으로 개조해 운항했다. 특히 1994년의 경우 총 11척을 용선해 당초 예상의 150퍼센트를 넘는 166억 3천만 원의 냉동선 수입을 기록했다.

그러나 이러한 영업 실적은 오래가지 못했다. 1995년 116억 원으로 영업 수입이 큰 폭으로 감소하더니 이듬해인 1996년에는 107억 원을 기록하는 등 계속 위축세를 보였다. 부진의 가장 큰 원인은 페루 앞바다에 엘니뇨 현상이 나타나면서 어획량이 감소했기 때문이다. 오징어 수송 계약을 장기로 체결한 탓에 선박을 바로 철수시키지도 못했으니, 피해를 고스란히 떠안을 수밖에 없었다.

엎친 데 덮친 격으로 구소련 체제가 붕괴하면서 동구권과 구소련의 냉동선들이 세계 시장에 저가 운임 공세를 펴자 더 이상 냉동선 사업을 지탱하기 어려워졌다. 한때는 자사 선박으로도 모자라 소련과 일본 선박까지 용선해 투입했지만, 이제는 순식간에 골치덩이 사업이 되어 버렸다. 부진한 영업 상황을 타개하기 위해 1996년에는 아르헨티나 앞바다인 포클랜드 수역의 오징어 어장까지 진출했지만 별 성과는 없었다.

우리가 직접 체험해 보기도 했지만, 어류 수송 사업은 본래 불안정한 것이다. 어선과 수송회사 사이의 계약이지만, 우선 고기가 제대로 잡혀야 수송이 이루어진다. 수송 톤수를 어선들이 무조건 해운회사에 보장할 수는 없는 것이기 때문에, 어획고가 감소하면 수산회사만이 아니라 해운회사도 같이 손해를 보게 된다. 그래서 '물고기와 계약한다'는 우스갯소리도 있다. 물고기가 잘 잡혀 줘야 비로소 해운회사가 운반할 수 있으니까.

그래서 냉동선 부문에 대한 근본적인 검토가 진행되었다. 5척의 냉동선들이 모두 1972년부터 1975년 사이에 건조된 노후선이기 때문에 선박을 신규 도입해 사업을 계속할 것인지, 아니면 여기서 냉동선 사업을 과감히 포기할 것인지 분명히 결정해야 했다. 결국 냉동선 사업을 포기하기로 하고 1997년 5월 제1리퍼호를 마지막으로 매각함으로써 부침이 심했던 냉동선 사업에서 완전 철수했다.

냉동선 사업에서 얻은 교훈은, 같은 해운이라도 잘 알지 못하는 시장에는 들어가지 말라는 것이다. 해운통폐합 때문에 시작한 사업이지만, 역시 특수한 전용선은 화물주가 자기 화물의 운송수단으로 하는 부대사업이다. 바나나도 돌(Dole), 델몬트(Delmonte), 치키타(Chiquita) 등이 바나나 전용선으로 운송하고, 수산물도 원양어선 선주가 자기화물 운반에 사용하는 경우이며, 가축 운반선이나 포도주 운반선 등도 실용선주가 소유하고 있는 경우가 대부분이다. 이런 패턴을 잘 모르고 냉동운반선을 인수했다가 큰 코를 다친 것이다. 앞에서 언급한 용융유황선도 수입국에서 운영할 성질의 것이 아니었다.

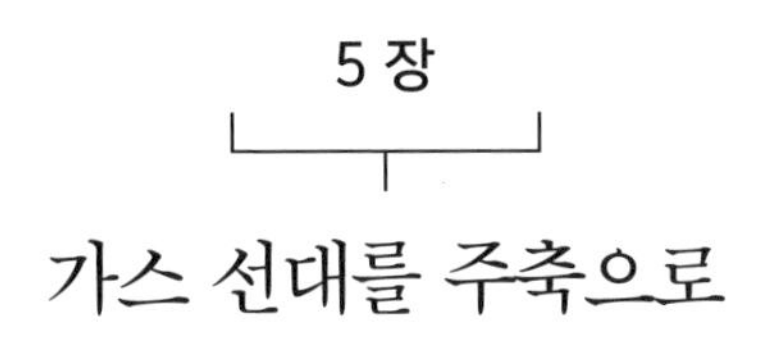

5장 가스 선대를 주축으로

선단의 변화

1979년 초, 2차 오일쇼크로 울산, 여수 등지의 석유화학공장 가동률이 하락하여, 내 · 외항 불문하고 운송화물이 감소할 수밖에 없었다. 이러다 다 같이 망하는 것은 아닌가 하는 우려 속에 불가피하게 27척의 보유 선박을 닥치는 대로 팔아치우고, 1985년 국제석유가가 회복될 때까지 11척의 소수 선박으로 근근이 연명하는 신세가 되었다. 선박 수가 적어 화물공급의 증가로 해운 시황이 개선되면 다른 회사 선박을 용선했다가 시황이 어두워지면 돌려주는 식으로 선박을 운용하였다. 1970년대 국내 석유화학단지의 내항화물 운송 수요가 증가하면서 주로 내항 경쟁업체들이 선복량을 늘렸고, 이로 인해 1980년대 내항해운업계가 어려움을 당하는 속에서도 우리 회사는 배를 적게 보유하고 내항해운시장에서 철수하였기 때문에 당시의 불경기에도 타격이 적었고, 장기 고객과 거래를 유지할 수 있었다.

1984년 해운합리화 바람이 거세게 업계를 덮치고 있을 때, 석유화학 운반선 업계도 불황의 극치에 다다랐고, 내·외항 선사를 막론하고 선박을 처분하지 못한 대부분의 내항 선사들이 경영 상태가 극히 어려워지고 있었다. 일부 선사들이 정부의 해운합리화 정책으로 외항업체는 통합을 하는데 내항도 같이 했으면 좋겠다는 뜻을 해운항만청에 전했다. 석유화학 운송회사라 하면 우리 회사가 대표적인 회사이기 때문에 자연히 우리 회사에 통합하는 것을 가정할 수 있었을 것이다. 그래서 그런지는 모르나 최훈 당시 해운국장이 나를 불렀다.

"이왕 특수선 회사로 발족하니 내항 케미칼 업계도 다 통합하면 어떻습니까?"

뜻밖의 제안을 받고 나는 당황하였다. 당시 내 생각은 '통합하면 당장은 나도 좋다. 부채가 더 많아지지만 자산도 는다. 무엇보다도 한국 내항시장을 독점할 수 있으니 운임을 올려서 경영개선도 빨리 할 수 있다. 이것은 상당한 유혹이었다. 그러나 이렇게 되면 경쟁 없는 시장이 된다. 우선은 좋으나, 첫째, 우리 직원들이 안일해진다. 장래 생존경쟁에서 이길 수 있는 자생력을 잃어버린다. 나는 평소 시장경제를 신조로 삼고 있기에 그런 생각은 자연스러운 것이었다. 그래서 잠시 생각한 나는 그 제안을 거부하기로 했다.

"지금은 케미칼 내항업계가 어려우니 업자들은 당장 부채에서 벗어나고 싶은 심정일 것입니다. 그러나 몇 년 지나면 또 호황이 옵니다. 그때는 그들이 후회할 것입니다. 그러니 사리에도 맞지 않습니다.

무리해서 할 것이 아니라고 봅니다."

그 일은 그것으로 끝났다. 그런데 이 업계가 내 · 외항이 없다. 누구나 배만 있으면 들어올 수 있다. 그래서 경쟁이 심하다. 흔히 내용을 잘 모르는 사람들은 우리 회사가 특수한 분야의 전문 업체니까 내가 그 분야에서 독점하고 있는 것으로 오해한다. 그러니까 겉으로 보는 것과 달리 경쟁이 심한 업계인 것이다. 돌아오는 길에 그런 상념을 하면서, 다시 들어가서 통합하자고 해볼까 하고 잠시 생각하다가 참았다. 잘한 일이라고 생각한다.

한국케미칼해운 시절인 1980년도에 불황을 맞이하면서, 소규모 케미칼 선단만으로는 더 이상 안정적인 사업을 꾀하기가 어렵다고 판단을 내렸다. '앞으로는 가스 시대다. 더 이상 액체 케미칼 화물에만 의존해서는 안 된다. 어떤 어려움을 겪더라도 가스 선대를 도입하는 것이 유일한 생존 길이다'라고 생각했다. 그때는 회사 경영이 몹시 어려워 직원들의 사기도 처져 있던 때였다. 마침 1980년 봄 종업원 연수를 실시하게 됐는데, 나는 그 자리에서 대형 가스 선단 중심의 전략을 밝혔다. 그때 장소가 한국선명회회관이라고 지금도 생생하게 기억하고 있는데, 축 처진 직원들에게 희망을 주어야겠다고 절실히 염원했다.

이런 구상은 막연히 나온 것이 아니다. 1970년대 말 정부가 택시업계에 LPG 사용을 허가했다. 국내 정유공장에서 그냥 공중에 태워 없애던 LPG를 액화시키는 장치가 완성되어 생산이 가능해졌기 때문이다. 택시업계에서는 LPG값이 휘발유보다 싸기 때문에 대환영이며, 대도시의 대기오염을 줄이기 위해서라도 정부가 음식점 등에 가스 사용을 장려할 것이고, 따라서 중동으로부터 LPG 수입이 증가할 것이 예측되었다. 당시 전국 택시는 8만 대인데 택시 한 대당 소비량은 연간 8톤이다. 그러면 64만 톤의 LPG 수요가 일시에 증가한다. 한번 가스 사용을 맛본 시장은 석탄으로 돌아가지 않을 것이다. 이러한 새로운 시장도 발이 늦으면 아무 소용이 없다. 정유공장이 있는 대기업이 독점 수입하고 수송수단도 그들 계열회사 몫이 될 것이기 때문이다. 따라서 중소 독립선주는 그들보다 발 빠르게 진입하지 않으면, 아무리 "앞으로는 가스 시대다"라고 외쳐본들 '그림의 떡'에 지나지 않는다.

나는 오일쇼크가 극복된 후에는 등유나 경유 등 석유 제품을 대신해 LPG와 LNG가 각광받을 거라 내다보았다. 그렇게 되면 단거리 소량 화물을 중심으로 하는 액체 케미칼 수송업의 불안정성을 넘어설 수 있었다. 당시 회사는 몹시 어려웠지만 대형 가스 선단을 구축하는 노력이 과감하게 진행되었고, 그 결과는 성공하여 1984년 도입한 암모니아 전용선 '가스글로리아호'와 1988년 중고 LPG 대형선 '가스포임호'를 국내 최초로 도입하여 오늘의 안정적인 면모를 갖출 수 있었다.

운명을 건 승부수

암모니아는 주로 요소비료의 원료로 사용되는데 종래에는 나프타를 원료로 생산했다. 그러나 석유 가격이 상승하면서 1980년대 초반부터 천연가스, 즉 LNG를 처리해 추출하는 공법이 각광받기 시작했다. 이 공법에 의해 생산된 암모니아 가스의 가격은 종전 가격의 50퍼센트 이하였기 때문에 국내 최대의 요소비료 생산업체인 남해화학에서 연 20만 톤의 수입 허가를 정부로부터 받게 되었다.

당시 한국의 부두 사정은 최대 2만 톤급 가스 선박까지 접안할 수 있었는데, 우리가 조사해 본 결과 당시 2만 톤급 이상의 선박 중 암모니아를 수송할 수 있는 것은 전 세계에서 12척밖에 없었으며, 3만 톤급 선박도 5척에 불과했다.

사업 전망이 충분하다고 본 우리는 2만 톤급 냉동식 중대형 가스 운반선을 도입하기로 했다. 당시 이 정도 규모의 선박을 새로 건조하는 데는 근 5천만 달러가 투입되는 모험이었기 때문에, 비교적 관리 상태가 좋은 중고선을 수배했다. 물망에 떠오른 선박이 바로 가스글로리아호였다. 선령은 15년으로 오래되었지만, 독일에서 건조한 까닭에 철판이 기준 사양보다 매우 두껍고 관리 상태도 양호해 알래스

국내 최초의 중대형 암모니아 전용선인 가스글로리아호의 모습.

카나 중동의 거친 파도를 뚫고 항해하는 데도 어려움이 없을 것으로 판단되었다.

선박을 확보하기 전에 우리는 남해화학에 선박 도입 의사를 밝히고 앞으로 화물 계약에 웨이버제도를 적용해, 암모니아 생산국들과의 계약을 FOB로 해주도록 부탁했다. FOB로 계약하면 선박의 용선과 운항을 한국 해운회사가 전담할 수 있기 때문에, 자국 기업을 보호하며 국가의 외화 수지 개선에도 기여할 수 있는 셈이었다.

그런데 남해화학은 암모니아 수입을 CIF 조건(남해화학 부두까지 화물을 인도하는 조건)으로 경쟁 입찰을 공고했다. 당시 암모니아 주 공급지는 알래스카의 케나이(Kenai), 인도네시아의 본탕(Bontang), 중동의 쿠웨이트와 카타르 등이었는데, 낙찰자가 선박까지 수배해 남해화학에 공급하도록 하는 방식이었다. 이렇게 되면 우리는 그때그때 낙찰받은 공급업자와 항차마다 수송 계약을 맺어야 하고 선박 운항도 까다로워진다. 우리는 FOB 조건으로 해달라고 요청했지만 번복시키기에는 역부족이었다. 1970년대 말, 용융유황 운송 건으로 남해화학과는 껄끄러운 관계도 있었다.

우리는 기로에 섰다. 일반적으로 중대형급 이상의 선박 도입은 화물을 장기적으로 확보하고 나서 단행하는 것인데, 화물도 불확실한 상태에서 2만 톤급 선박을 도입했다가는 자칫 낭패를 볼 수도 있었다. 오랜 검토와 숙고 끝에 선박 도입을 계속 추진하기로 결단을 내렸다. 당시 암모니아 운반선은 주로 유럽의 대형 선사들이 독점 운영하고 있었기 때문에, 동아시아 시장에서 움직일 수 있는 대형선을 한 척

도입하면 공급자가 어느 나라, 어느 회사이든 결국 이 선박을 사용할 수밖에 없으리라 판단했다. 승부수는 보기 좋게 적중했다. 남해화학이 아니라 남해화학에 암모니아를 공급하는 회사들과 그때그때 스팟(Spot) 항차로 화물 운송 계약을 체결해 나간 것이다.

나로서는 이때가 회사의 먼 운명을 걸고 승부수를 던진 때였다. 내가 이 배를 무리하다 싶을 정도로 애써 도입한 것은 우선 시장 전망에 자신이 있었기 때문이다. 가스 시장이 앞으로 더욱 확대된다고 보았기에, '동아시아 유일의 중대형 가스 운반선을 보유하는 회사가 되자. 그러면 승산이 있다'고 생각했다. 이 밖에도 '회사가 어려운 상황에서 어떻게든 뚫고 나가야만 한다'는 절박함이랄까 하는 것이 있었다. 막말로, '에이, 해보자. 회사가 어려운데 아무것도 안 해서 망하느니 여기서 승부를 걸어 보자'는 심정이었다.

일등공신 가스글로리아호

문제는 암모니아 전용선 도입을 위한 자금 마련 방안이었다. 제2차 오일쇼크로 회사를 유지하기도 힘들던 때였다. 사업 계획은 자신 있었으나 이것을 믿어 줄 은행가는 없었다. 죽으나 사나 당시 주거래 은행인 서울신탁은행에 매달릴 수밖에 없었다. 가스글로리아호의 선가는 1,200만 달러. 당시만 하더라도 이는 적은 돈이 아니었다. 은행 실무진부터 시작해 임원과 행장에게까지 전부 설명하고 돌아다녔으나 긍정적으로 보아 주는 사람은 아무도 없었다. 더구나 장기 화물 계약이 없기 때문에 더욱 어려웠다. 특히 반대한 사람은 담당 상무였다.

이런 처지에서는 흔히 그런 것처럼 외부 유력 인사를 동원하는 수밖에 별 도리가 없다. 나는 선배나 평소 친분이 있는 정관계 인사를 총동원해 은행에 말 한마디라도 해달라고 부탁하고 다녔다. 사업 초기부터 돈 쓰는 로비는 안 하기로 작심하고 있었기 때문에 안면과 그간의 교분으로 밀어붙였다. 시쳇말로 이것도 정·재계 밀착이라고 하면 밀착일 것이다. 은행에서도 행장은 행장대로, 상무는 상무대로, 부장은 부장대로 사회적으로 괄시할 수 없는 친한 사람들로부터 두 번, 세 번 각각 부탁이 들어오니 난처하기 짝이 없었을 것이다. 이런 과정이 효험이 있었던지 은행으로부터 진지한 반응이 나오기 시작했다. 은행의 결론은 증자 조건으로 꾸어 주겠다는 것이었다. 다행히 담보 여력이 다소 남아 있기 때문이었다. 말하기는 쉬우나, 그러한 결정을 끄집어내기까지 숱한 고생을 해야 했다. 담당 상무에게 무릎 꿇고 큰절을 한 것은 문제도 아니었다. 문전박대당한 일도 몇 번인지 셀 수 없었다. 동해조선 관계부터 시작해 서울신탁은행 본점을 출입한 횟수가 그 몇 년 사이 300번은 넘을 듯싶었다. '아! 내 인생의 감가상각이 신탁은행 문턱에서 끝나는구나!' 하고 한탄한 적도 있다. 그러나 한편, 은행 간부진에게 애도 많이 먹였다. 자초지종이야 어떻든 간에 당시 해운 불황의 한가운데서 자금을 내준다는 것은 큰 결정이었다. 지금도 구기환 행장에게 정말 감사하게 생각한다.

당시 우리 회사는 늪 속에서 허우적거릴 때였다. 그런 와중에도 장래를 위한 투자를 위해 총력을 집중했고, 그 결과가 오늘날 우리 회사의 초석이 되었다. 최악의 상황에 빠질 때는 당장 하루하루 연명하는 데 급급하기 십상이었다. 그러나 회사는 어려운 상황에서도 장기적인 전략의 고삐를 놓치지 않았다. 나는 이를 '불황 때 선박을 도입하는 전략'이라고 말한다. 이 시기에는 선가가 싸기 때문에 좋은 선박을 확보할 수 있다. 그리고 호황을 맞아 이 선박을 처분하면 높은 자산 처분 이익을 남길 수 있는 것이다. 고정자산 매각이 용이한 해운업의 특성상 선박의 적정한 확보와 처분도 경영 전략에서 중요한 비중을 차지하는 것이다.

우리 회사 사람들은 가스글로리아호야말로 오늘날의 회사를 있게 한 일등 공신이라고 입을 모은다. 3만 입방미터의 화물창이 있는 중대형 가스 운반선이 우리나라에 도입된 것은 이 배가 처음이다. 가스글로리아호의 주화물은 냉동 암모니아 가스로, 일본, 중국, 대만, 싱가포르 등 아시아 해운국을 통틀어 유일한 암모니아 전용 중·대형선이었다.

마침내 1983년 8월, 베니스항에서 가스글로리아호를 인수하고 한국으로 떠나자마자 선적할 화물이 생겼다. 파나마 운하 바로 앞에 있는 트리니다드토바고에서 화물을 선적해 캘리포니아 버클리에서 짐을 풀고, 다시 알래스카의 케나이항에 입항, 곧바로 암모니아를 싣고 여수로 들어왔다. 첫 항해의 순조로운 결과에 뒤이어, 미국의 유노칼과 트랜스암모니아, 일본의 미쓰이, 미쓰비시 등 남해화학에 암모니아를 공급하던 회사들은 모두 가스글로리아호를 이용했다.

그 이전까지 이들은 유럽 배를 사용해야 했다. 동아시아에 암모니아 전용선이 없었기 때문이다. 유럽 배를 용선하면 돌아갈 때 빈 배로 가야 하므로 운임도 자연히 높을 수밖에 없었다. 그런데 극동에서 배가 한 척 들어오게 되었으므로, 공급자들마다 전부 의뢰하려고 했다.

가스글로리아호의 목적지가 여수나 울산이니 운임을 비싸게 받을 필요가 없었기 때문이다.

가스글로리아호는 착실한 운항을 계속하여 회사를 지탱하는 힘이 되었다. 정남훈 소장은 '당시 직원들 사이에는 가스글로리아호가 언제 입항하는가가 관심이 될 정도였다'고 회고한다. 가스글로리아호의 운임이 입금되면 곧바로 월급이 지급되었기 때문이다.

그러나 운항 10년, 즉 선령 25세를 넘기면서부터 선박 노후화 현상이 급속히 진행되어 1995년부터 해상 상태가 험난한 알래스카 취항을 중단하고 중동과 인도네시아 항로에 주력하게 된다. 적도에 비해 북동의 바다는 비바람이 심한 날이 많아 이제 노년이 된 가스글로리아호에게는 아무래도 북태평양 항해가 무리일 수밖에 없었다.

그 후 대체선을 끊임없이 모색, 1997년 7월 30일 신조선인 가스콜럼비아(Gas Columbia)호를 장기 계약해 운항하는 데 성공함으로써, 지금까지 아시아 유일의 대형 암모니아 운반선을 운항하는 회사의 면모를 유지하고 있다. 특히 미쓰이상사의 암모니아를 최단 10년, 최장 20년 수송한다는 획기적인 계약은 KSS해운의 안정적인 성장 기반이 되었다. 이러한 실적 때문에 프랑스의 트라모 사와 두 척의 용선계약을 맺을 수 있었다.

10엔의 공과 사

1980년대 중반부터 90년대에 걸쳐 대형 가스선을 도입할 때 주로 자금을 조달한 곳은 도긴리스(東銀リース)였다. 도긴리스에서 주로 접

축했던 담당자는 다카시마(高島) 씨인데, 나와는 1971년 제1LP호 도입 과정에서 인연을 맺어 점차 돈독한 우정을 키워온 사이였다. 1986년 선멜리온(Sun Mellion)호와 90년 가스로망(Gas Roman)호를 확보할 때도 그의 도움이 컸다.

1986년 여름, 가스 마켓은 대단한 불황이었다. 그러나 나는 조만간 시황이 회복되리라고 전망해 중소형 압력식 가스 탱커인 선멜리온호를 도입하고자 했다. 문제는 역시 돈이었다. 선가는 205만 달러인데 국내 금융은 불가능했고, 해외 신용도 장담할 수 없었다.

도쿄에 갈 때마다 만나던 돈독한 사이인 다카시마 씨(당시 부장)와 점심을 먹으면서, 큰 기대는 걸지 않고 지나가는 말로 "한 200만 달러만 있으면 배를 한 척 살 수 있을 텐데"라며 운을 떼었다. 물색한 선박과 시장 전망을 설명하려 하자 다카시마 부장은 한마디로 딱 매듭을 지었다.

"알았어. 빌려 줄게."

그 자리에서 승낙해 버린 것이다. 그러나 나는 아무리 부장이라 해도 도긴리스라는 큰 회사에서 이런 즉석 결정을 할 만한 힘은 없지 않을까 반신반의했다. 그런데 그는 정말로 돈을 빌려 주었다. '돌아가지 말고 기다려 보라'고 하더니 불과 1주일 만에 확정해 준 것이다. 금융 조건도 파격적이어서 착수금도 없이 205만 달러 전액을 지원했다.

이렇게 확보한 선멜리온호는 매각 차익을 통해 회사에 큰 이익을 남겨 주었다. 1986년 9월 배를 도입할 당시는 선가도 비교적 낮았고 운임도 그리 높지 않았다. 그런데 그해 겨울부터 시장이 살아나면서 운임과 선가가 크게 오르기 시작했다. 불과 1년 3개월 후인 1987년

12월 이 배는 355만 달러에 매각되었다. 1년간 운항 수입과 매각 차익을 합하면 200만 달러의 순익이 발생했다. 이런 매각 대금이 쌓여 1988년 초반부터 시작된 대형 가스선 도입의 종자돈이 되었다.

나에게 평생 잊을 수 없는 사람 한 사람만 말하라면 바로 다카시마 씨다. 돈을 빌려 주어서가 아니다. 내가 도쿄에 가면 약속이 없을 때 종종 그에게 전화해서 간단히 저녁이나 같이 하자고 한다. 그리고 그의 회사 건물 지하에 있는 지하철역 앞에서 만나기로 약속하곤 했다. 하루는 약속 장소에서 기다리는데 그가 내려오더니 공중전화 부스로 가면서 잠시만 기다려 달라고 한다. 그날은 기다리는 시간이 좀 길었다. 전화를 걸고 나오는 그에게 약간 불평스런 말투로 "어디에 하는데 통화가 길어!" 했다.

"집사람에게 저녁 먹고 간다고 했는데 다른 일도 있어서, 기다리게 해서 미안해."

그 말에 나는 여전히 불만스런 목소리로 답했다.

"아니, 집에 하려면 회사에서 미리 전화하고 오지."

"회삿돈으로 전화하기 싫어서…."

이 말을 듣는 순간, 가슴에 쇼크가 오는 것을 느꼈다. 이 친구가 공과 사를 이렇게까지 지킬 줄은 몰랐다. 그러고 보니 만날 때마다 공중전화 부스에 가곤 했다. 전화요금 단돈 10엔, 그에게는 금액의 크기 문제가 아니다. 나는 부끄러웠다. 미국에 있는 아이들한테 회사 전화를 아무 생각 없이 막 썼다. 귀국해서 회계팀에 내 개인 사용 국제전화요금은 무조건 내 월급에서 공제하라고 했다. "10엔의 도덕률이 일본과 우리나라의 수준차를 만든다. 회사 임원의 정신자세가 이렇게 다르니 우리가 일본을 따라갈 수 없다. 이 작은 10엔이 근로자의 손끝까지 달라지게 하는 것이다. 우리 민족이 정신 차려야 한다"라고 어느 잡지에 쓴 글을 그에게 보냈는데 이를 읽어 본 다카시마 씨에게서 전화가 왔다. 나는 반갑게 전화를 받았다. 그런데 목소리가 화가 나 있는 게 아닌가?

"왜 그런 말을 썼어. 창피하게…. 나만 아니고 회사에 다니는 사람이면 그 정도는 다 하고 있어. 내가 특별하지 않단 말이야. 사람 망신 주지 마!"

그러면서 전화를 탁 끊는 것이다. 나는 변명도 하지 못했다. 자기를 칭찬해 주어서 고맙다고 할 줄 알았던 내가 더 부끄러워졌다. 몇 달이 지나 도쿄에 간 김에 다카시마 씨를 만나 사과했다. 적은 돈이라도 회삿돈을 아끼는 그를 다시 보게 됐는데, 그의 말이 고등교육을 받은 일본 사람이면 누구나 이 정도 상식은 있다는 것이다. 어렸을 때부터 학교나 가정에서 배운 보편적 행동원칙이라는 것이다. 나는 더 놀랐고, 일본 사람들이 무섭기까지 했다. 귀국길의 발걸음이 무거웠다.

우리도 그렇게 해야 한다. 언제 그들을 능가할 수 있을까? 불가능하다는 생각이 가슴을 꽉 조이게 했다. 이런 일들이 쌓여 나는 '바른경제동인회'의 투명경영 운동에 더 진력하게 되었다.

선의의 덕

기업 간의 관계는 재화, 서비스를 대가로 금품이 오가는 것이 통례인데, 한 푼도 주고받지 않고 서로에게 큰 도움을 주는 경우도 있다.

히요시산업(日吉産業)과의 관계가 그렇다.

히요시산업은 압력식 탱크를 설계하고 감리하는 일을 전문으로 하는 회사다. 직접 시공하지는 않기 때문에 규모는 작지만 가스 탱커 부문에서는 독보적이다. 압력식 탱크는 압력만으로 가스를 액화시키기 때문에 크기에 한계가 있어서, LPG나 VCM 또는 암모니아를 수송하는 소형 선박에 탑재된다. 내가 이 회사를 알게 된 1971년경에는 일본 내항을 운항하는 선박들 거의 대부분이 이 압력식 탱크를 탑재하고 있었다.

사업 초반에 우리 회사는 주로 중고선을 매입했는데, 이때 가장 어려웠던 점은 이 압력식 탱크 내부에 균열이 생겼는지 파악하는 일이었다. 고심 끝에 내린 결론은 탱크 설계회사에 직접 물어본다는 것이었다. 선주야 물론 탱크에 이상이 없다고 하겠지만 그래도 설계회사라면 어느 정도 양심적으로 말해 주리라 기대했다. 특별한 안면도 거래 관계도 없었지만 나는 히요시산업에서 설계한 탱커를 구입하려 한다고 설명하고 협조를 구했다.

히요시산업의 사장 사노(佐野) 씨는 예상 외로 호의적이었다. 탱크 하나하나마다 상세한 평가를 해주었고, 균열이 의심스러운 것은 사지 말라고 충고해 주었다. 나는 고마운 마음에 몇 번이고 인사를 하고 돌아왔다. 이후 압력식 탱크를 구입할 때마다 사노 사장을 찾아가서 협조를 구했는데, 그때마다 사노 사장은 친절하게 응해 주었다. “술이나 한 잔 합시다”라고 할 뿐, 대가를 요구하는 일이 없었다.

이런 관계가 몇 년 지속되던 중 문득 ‘아니, 아무리 사람이 좋다고 해도 단돈 1엔도 안 받고 이런 협조를 해주다니’ 하는 의문이 들었다.

그 길로 사노 사장을 찾아가 "돈 한 푼 안 받고 우리를 도와주는 이유라도 있습니까?" 하고 묻자 그는 웃으면서 이렇게 대답했다.

"사례는 무슨 사롑니까? 박 사장 때문에 우리 사업이 더 잘되는데."

나는 어리둥절했다. 사노 사장은 웃음을 지었다.

"박 사장이 올 때마다 어느 회사가 어느 배를 판다더라 하고 알려주는 셈이고, 우리는 곧바로 그 회사를 찾아가 '새 배를 지으면 우리 탱크를 써달라'고 영업합니다. 이렇게 해서 수주한 경우가 제법 됩니다. 박 사장은 탱크 상태를 알게 되고, 우리는 선주들의 대체 건조(代替建造) 정보를 입수하게 되는 것입니다. 내가 박 사장에게 탱크 상태에 대해 잘못 가르쳐 주면 다시는 날 찾지 않을 게 뻔하겠죠. 그러니 매번 성실하게 응해 드린 겁니다."

1989년경 우리는 그럭저럭 한숨을 돌릴 만했지만, 히요시산업은 일거리가 완전히 떨어져 최악의 불황에 허덕였다. 히요시산업 소식을 들은 나는 새 배를 지어 히요시산업의 일거리를 만들어 주어야겠다고 마음먹었다. 당시는 가스 탱커 시황이 바닥세여서 화물을 마련할 전망도 없었지만, 나는 '여차하면 스팟 베이스(Spot base)[22]로 뛰면 되겠지'라고 각오하고 일본 데라오카조선소에 3,000입방미터급 압력식 가스 탱커 한 척을 발주했다. 발주 조건은 '히요시산업에서 탱크를 설계, 감리하도록 할 것'이었다.

뜻이 좋으면 결과도 좋은 것인지, 선박을 건조하는 도중 선가가 상

22 장기계약이 아닌 항차당 운송계약.

승하기 시작했다. 선박을 진수할 즈음 유럽의 선주가 꼭 배를 사겠다고 나서게 되어 완공과 동시에 이 배를 매각했다. 매매 차익은 250만 달러에 달했으니 상당한 이익을 거두었다. 이런 매각 대금이 쌓여 1990년 초반부터 시작된 대형선 도입의 토대가 되었다.

남을 돕겠다는 순수한 뜻으로 지은 배가 효녀 역할을 해준 셈이다. 이 배를 판 지 3년 후에는 시황이 다시 역전되어 선가와 운임이 떨어졌으니, 우리로서는 어떻게든 좋은 결과를 얻은 것이다. 기업 간 동반자 관계란 이런 것을 두고 하는 말이리라.

불황 때 도입한 초대형 가스선

1988년 2월에 도입해 1995년 7월까지 운항한 초대형 가스선이 가스포임호다. 이 배는 도입 당시 선령 11년의 중고선으로, 가스글로리아호와 함께 대형 가스선 운항 경험을 쌓게 한 선구자 역할을 했다.

도입 과정에서의 특색은 지금까지 주로 일본의 저리 자금을 융자받은 것과 달리, 산업은행에서 국내 금융을 조달한 것이다. 산업은행에서 융자 승인을 받은 것이 1988년 초였는데 당시 국내 은행에서 융자받는 일은 말 그대로 어림없다고 할 정도였다. 특히 해운 합리화 후에 해운업계에 돈 꿔주는 것은 미친 짓이라는 말까지 나돌 정도였기 때문에 선박 도입을 신청하는 회사도 거의 없었다.

그러나 나는 일단 부딪쳐 보기로 하고 상세한 사업 계획서를 작성해 산업은행 실무진에게 우선 검토를 부탁했다. 선가는 2,100만 달러. 이중 20퍼센트는 자기 자금으로 마련할 테니 나머지 80퍼센트만 지원해 달라는 것이 우리 요청이었다. 그러나 실무진은 선박 금융을 위한 사업 계획서를 보더니 "우선 우리 총재님을 만나 보시지요" 하고 슬며시 물러섰다. 선박 금융에 대해서는 누구나 기피하던 것이 당시 상황이었다.

이때 총재는 기획원 차관으로 일하다 옮겨온 김흥기 씨였다. 나는 김 총재를 만나 "틀림없이 선가를 상환할 수 있습니다"라고 자신 있게 말하며 사업 계획을 설명하기 시작했다. 김 총재는 갑자기 손사래를 쳤다.

"박 사장, 내게 사업 계획을 설명해야 소용없소. 어차피 내가 해운은 문외한이니 설명을 해봐야 알아듣지도 못할 것이고, 다만 딱 한 가지만 물어봅시다."

이렇게 말을 가로챈 김 총재는 질문을 던졌다.

"내가 당신 회사 대차대조표를 보니 이런 회사 규모에서 선가의 10퍼센트는 몰라도 그 이상은 어려울 것 같은데, 어떻게 20퍼센트를 조달하겠소?"

나는 정곡을 찌르는구나 하며 속으로 무릎을 쳤다.

"예, 저희가 일본에 외화로 돈을 좀 모아놓았습니다. 그것을 들여와 착수금으로 쓸 겁니다."

그 돈은 선멜리온호를 매각하면서 남은 200만 달러였다. 나는 이 과정에 대해서도 솔직하게 설명했다. 그러자 김 총재는 시원한 모습이었다.

"됐어! 어떤 사람은 외화를 빼돌린 것이 발각되어 자살하는데, 박 사장은 외국에서 번 눈먼 돈까지 국내로 들여와 기업에 투자하겠다니, 제대로 된 기업인이구먼! 융자는 걱정 마시오."

내가 융자 성공에 들떠 인사를 하고 총재실을 막 나가려는데 총재님이 다시 불렀다.

"그런데 그 돈은 어떻게 들여올 거요?"

당시 외환관리법이 엄격해서 들어오는 돈도 은행에 신고해야 했다. 총재께서는 세밀하게 그것을 걱정하는 말이었으며 잘못되어 입금이 안 되면 융자도 없다는 의미였다. 나는 묻는 의미를 얼른 파악하고 답했다.

"그런 것까지 물어보시면 어떻게 합니까? 총재님께서는 모르는 것으로 해주십시오. 무슨 방법이든 돈을 입금시켜 놓을 테니까요."

"알았어요. 내가 너무했나?"

사실 말이지 건당 5,000달러 이상의 입금은 한국은행에 보고하게 되어 있었다. 거래 없이 큰돈이 들어오면 간첩자금으로도 오해받는 시절이었다. 그래서 우리 회사 직원들이 여러 은행에 계좌를 개설하고 도쿄로부터 4,990달러씩 매일 수건씩 입금 처리를 하고 자본금 증액처리를 한 것이다.

나는 과분한 칭찬까지 받고, 큰 액수의 융자까지 받았다. 가스포엠호가 들어올 수 있었던 것은 김 총재의 결단 덕택이다.[23] 물론 외국에 있는 부외자금은 법적으로는 회삿돈이 아니다. 내 개인 돈인 셈이다. 원화로 환산하면 30여억 원에 해당한다. 보통 기업인들은 회삿돈을 비자금으로 빼내기 일쑤인데, 그런 거액의 개인 자금까지 회사에 넣겠다는 기업가 정신을 총재께서 과찬한 것이다. 비록 부외자산(簿外資産)을 매각한 자금이라 하더라도 회사 일을 하다 보니 부수적으로

자투리땅이 생긴 것이나 마찬가지였다. 이런 부외자산을 개인적으로 처분하려면 할 수는 있지만, 처음부터 기업을 투명하게 운영하겠다는 내 철학에 맞지 않는다. 추호도 그럴 생각이 없었는데 김 총재의 말씀으로 새삼스럽게 내 개인 것이란 사실을 인식하게 된 것이다. 따라서 회사 입금 회계 처리는 자본금 증자로 하고 출자자는 기존 주주들 이름으로 불입하게 하였다. 주주들은 알지도 못하는 사이에 자기 주식 수가 증가한 것이다.

가스포임호가 무사히 들어올 수 있었던 것은 나를 믿어 준 이런 김 총재의 결단 때문이다.

가스글로리아호에 뒤이은 대형선 중 하나인 가스포임호.

23__ 실제로 도입하기까지는 한정 없는 세월과 복잡한 절차가 소요되었다. 1988년 2월 이 배의 도입이 확정되자 나는 관련 서류를 다시 훑어보았다. 도입 신청부터 심사, 허가까지 관련 당국자의 날인이 찍힌 결재 수는 모두 111개였다. 무려 111명의 손을 거쳐서야 배가 들어올 수 있으니 '불필요한 규제'란 바로 이를 두고 하는 말일 것이다.

10년을 내다보는 매매 전략

1980년대, 아니 90년대 들어서도 해운업계에 금융권이 대부해 주는 일은 거의 상상하기 어려웠다. 해운 합리화를 겪을 만큼 해운 불황이 심각했고 기업들도 부채 덩어리를 안고 신음하는 경우가 태반이었다. 합리화 과정에서 정부와 금융권도 나름대로 골머리를 앓았기 때문에 웬만해서는 해운업에 새로운 자금을 대부하는 일을 삼가고 있었다.

이런 분위기라서 대형 가스선을 도입할 때마다 갖은 우여곡절이 뒤따랐다. 하지만 이렇게 불황이 심각할 때야말로 오히려 선박 도입에 투자할 호기라는 것이 지금까지도 변함없는 나의 전략이다. 경기가 나쁘면 운임이 내려가고 선가도 하락하기 때문에 이때 좋은 선박을 싸게 도입하면 나중에 큰 힘이 된다. 호황이 되어 선박을 고가에 매각하면 재무 구조가 크게 향상되기 때문이다.

다만 이 시점을 어떻게 예측하는가가 회사의 사활을 좌우한다. 호황을 잘못 예측해 무리하게 선박을 도입했다가는 악성 부채에 허덕일지도 모르는 일이다. 따라서 해운회사에서 가장 중요한 일의 하나는 5년에서 10년 후의 시황을 내다보는 일이다. 이것이야말로 기획실 업무의 골간이며, 궁극적으로는 경영자가 할 일의 거의 전부라 해도 좋다. 사실 해운회사에서 선박을 가동해 운임 수입을 올리는 것은 회사를 유지하는 일에 불과하다. 시장 조건은 누구에게나 똑같기 때문에 시세보다 더 주는 화주도 없고 덜 받는 선주도 없다. 그러므로 불황이 오면 경비 절감으로 버티는 수밖에 없다. 따라서 회사를 획기적으로 성장시키는 일은 선박 매매를 적시에 잘하는 것이다. 즉 자산 플레이가 대단히 중요하다. 이 일이 바로 사장의 역할이므로 경영진의 판단 하나가 회사를 살릴 수도 있고 망하게 할 수도 있다.

1988년 2월, 내가 LPG선 '가스포임호'를 도입한 때는 다행히 국적선 LPG 전용선이 한 척도 없었다. 대한석유공사(유공)와 LG 칼텍스 양 회사 모두 외국 선박에 의존하고 있었다. LPG 수요도 증가 추세이고, 수입 물동량도 3척분 정도로 예상되었다. 3척 모두 내가 확보하여 국내 수입 물량 전량을 수송할 욕심은 있으나 대기업 생리상 중소 독립선주에게 호락호락 맡겨줄 리 없다고 판단하고, 두 회사에 각각 한 척씩 LPG선을 도입해 이미 도입된 우리 회사 배와 함께 3척으로 공동운항하자는 안을 제안해 보기로 했다. 항만청에도 취지를 설명했더니 좋은 생각이라며 지지해 주었다. 그러면 운임 차이로 인한 국내 LPG 시장 점유 경쟁도 없고 설령 앞으로 국제운임이 높아진다 하더라도 그 영향권에서 벗어날 수 있다고 설득하기로 했다. 즉 공동 운송회사를 만들자는 제안이다.

먼저 대학 대선배이며 평소 존경하는 구평회 회장님을 찾아가 말씀드렸더니, 참 좋은 제안이라고 환영하면서 그룹 내에서 상의해 보겠다고 하셨다. 기대를 걸고 회답을 기다리는데 3주가 지났다. 다시 선배님을 뵙고 어떻게 되었냐고 물었더니, 선배님은 난처한 얼굴로 나를 쳐다보면서 그룹 최고회의에서 오간 대화의 결론은 "그런 좋은 일이라면 우리가 하지 왜 남한테 주어?" 하더라는 것이다. 선배님이 덧붙였다.

"아직은 기업 간 협력 인식이 약해. 일본만 하더라도 그렇지 않은

데 이것이 우리 기업 풍토의 한계야. 언젠가는 될 날이 오겠지! 박 사장, 미안해."

후배에게 애써 변명하시는 선배님이 도리어 안쓰러웠다.

나는 내 제안이 받아들여지지 않을 경우를 대비해 장두찬 부사장을 런던에 보내어 용선주를 알아보라고 해두었다. 그런데 마침 시세보다 좀 높은 용선료로 1년간 용선하겠다는 회사가 나타났다. 장 부사장이 계약 여부를 독촉하고 있어 좌우간 그날로 결정해야 했다. 그래서 LG 측의 거부 의사를 확인하고 회사로 돌아온 즉시 런던에 전화하여 계약을 성사시켰다. 어려운 여건에서도 국내 화물 확보에 노력했으나 실패한 것이 도리어 전화위복이 된 셈이다.

한 달이 지나 LG 칼텍스 측에서 배를 내놓으라는 요청이 있었으나 이미 외국과 계약된 배를 줄 수 없었다. 운임 시황이 높아진 정보를 늦게 안 것이다. 그리하여 우리는 자연스럽게 먼저 외국 시장에 진입하게 되었다. 그 후 예상했던 대로 ㈜유공(현 SK이노베이션)은 계열회사 SK해운이 LPG 선박을 도입하여 수송하게 되고, LG 칼텍스는 1995년 7월 여수 앞바다에서 씨프린스호 좌초로 인한 기름 유출 사고를 계기로 계열회사인 ㈜호남탱커를 해체했다. 호남탱커에서 운영하던 LPG '가스비젼호'를 우리 회사가 인수하여 LG 칼텍스의 LPG 운송을 전담하게 되었다. 지금도 구 선배님 가족이 경영하는 E1의 수입수송은 우리 회사가 전담하고 있다. 작고하신 후에도 구평회 선배님과의 인연은 연연이 이어가고 있다.

연구비 10만 달러

가스선 시장 진출을 꿈꾼 뒤 처음으로 확보한 신조 대형선이 바로 가스로망호다. 선가가 6천만 달러를 넘던 이 대형선을 확보하는 과정은 우여곡절의 연속이었다.

1988년 한 해 내내 내가 한 일은 전 세계 대형 가스선과 화물 시황을 분석하는 일이었다. 최고의 자료는 국제적으로 유수한 연구소에서 발행하는 시장 보고서다. 여기에는 지역 및 국가별 가스 시장의 동향과 선박 건조 현황 등 고급 정보가 집약되어 있다. 특별 보고서 형식으로 발행되는 이 책자는 대개 200부 한정판으로 발행되는데, 한 권에 4만 8천 달러짜리도 있다. 이런 시장 보고서를 구입하는 데만 쓴 돈이 10만 달러. 사장이 별것 아닌 자료집 구입에 낭비한다는 사내 여론도 있었지만, 나는 가스 수송 시장 진출에 사활을 걸었기 때문에 정보비를 아끼지 않았고, 보고서 분석을 맡은 기획실 직원들을 독려하기에 힘썼다.

나 스스로 관련 자료를 놓고 연구자들과 토론하는 등, 고시 공부를 방불케 할 정도로 열심히 시장 분석에 임했다. 이렇게 몇 달을 고생한 끝에 전 세계 가스 시장에 대한 최종 분석서를 만들어 낼 수 있었다. 여기에는 여러 연구소가 집계한 수치와 전망뿐 아니라 자체 연구와 판단이 포함되어 있었음은 물론이다.

시장에 대한 확신이 서면서 1988년 10월부터 미쓰비시조선소와 도긴리스 양측과 동시에 협의를 진행했다. 원하는 선박 사양을 기준으로 조선소에 문의하니 선가가 약 6,000만 달러였다. 이렇게 막대한

자금을 해외 금융 기관에서 얻어 낼 수 있을지가 큰 문제였다.

그해 12월, 나는 자체 보고서를 지참하고 도쿄에 가서 도긴리스의 중역과 담당자에게 브리핑을 했다.

“지금 가스 마켓이 불황인 것은 사실입니다. 그러나 2년 후엔 분명히 회복됩니다. 그때를 대비해 6천만 달러짜리 대형 가스선을 새로 건조하려고 하니 우리에게 자금을 지원해 주십시오. 지금부터 건조 계약을 하더라도 인도까지는 약 2년이 걸릴 것입니다.”

여기까지 도긴리스 측은 그런대로 호의적이었다. 우리의 시장 분석이 치밀하고 깊이가 있다며 신뢰하는 분위기였다. 그러나 계속되는 내 말에는 아연실색하는 기색이 역력했다.

“단, 조건이 있습니다. 장기용선 계약을 전제로 하는 금융 지원이라면 이 사업을 포기하겠습니다. 지금은 선가가 매우 낮고 운임도 마찬가지로 바닥입니다. 이러한 상황에서 장기용선 계약을 하면 우리는 남는 것이 하나도 없습니다. 이런 식의 선박 금융이라면 돈을 준다고 해도 그만두겠습니다.”

모인 사람들은 한결같이 난처한 표정이었다. 시장 전망이 믿을 만하다는 것은 인정하지만, 화물도 확보하지 못한 채 그저 믿어 달라니, 상식을 벗어난 요구였다. 하지만 나는 1970년 제1케미캐리호를 도입하던 장면을 머리에 떠올리며 자신 있게 말을 끝맺었다.

“오직 이 보고서를 보고 판단해 주십시오. 2년 후에는 시장이 틀림없이 회복되어 운임과 선가가 상승합니다.”

그들의 대답은 ‘검토해 보겠다’였다. 이제는 ‘검토’의 뜻을 너무도 잘 알기에 ‘쉽게 결정 내려지지는 않을 것’이라고 짐작했다. 서울로 돌아온 지 두 달이 지나도록 연락이 없었다. 이제 도긴리스에서는 안 되는 것일까. 우리가 자체적으로 확보할 수 있었던 금액은 선가의 10퍼센트인 600만 달러가 될까 말까 했으니, 막막한 심정이었다.

그런데 다음 해 2월 초에 연락이 왔다. 일단 도쿄로 와보라는 전갈이었다. 나는 보고서의 신빙성을 인정해 주었으리라 짐작했다. 그러나 구체적인 말이 없는 것으로 보아 장기용선 계약의 문제가 쟁점이 되리라 예상하고 도쿄로 날아갔고, 그 길로 도긴리스의 사장과 면담했다.

"좋습니다. 당신 회사의 시장 분석을 믿어 보고 선박 금융을 추진하는 쪽으로 노력하겠습니다. 문제는 용선 계약입니다. 지금 이 선박을 건조하기 시작하면 90년 말에 건조를 완료해 인도하게 됩니다. 이 배의 장기용선 계약을 최소한 인도 6개월 전까지는 체결할 수 있겠습니까?"

도긴리스의 제안에는 나름대로 최대한 우리를 배려한 흔적이 있었다. 장기용선 계약을 전혀 요구하지 않는 것은 너무 불안하고 그들의 관례에도 없었다. 그러나 우리의 신용을 인정하고 최대한 기회를 주자고 결정한 것이다. 앞으로 1년 4개월이 남아 있으니 그 정도 시간이라면 시장이 회복될 수 있으리라 판단한 나는 도긴리스의 요청을 수락했다.

이리하여 선가 74억 엔의 90퍼센트를 선박 금융으로 지원받기로 도긴리스와 합의했고, 정식 계약은 두 달 후인 1989년 4월 28일 홍콩에서 미쓰비시조선소, 도긴리스 그리고 우리 3자가 모여 체결하기로 했다. 모든 것이 순탄해 보였다.

고토(后藤) 사장의 결단

그런데 막판에 문제가 생겼다. 도긴리스의 모회사 즉 도쿄은행 심사부에서 제동을 걸고 나선 것이다. 해운과 조선의 일반적인 관례에 어긋나는, 비정상적인 금융이라는 이유였다. 이 사정을 도긴리스의 다카시마 이사로부터 직접 들은 것은 아니지만 나는 불안한 마음을 감출 길 없었다. 그러나 다카시마 이사는 나에게 아무런 부정적인 의사를 표시하지 않았다. 계약 서명일이 다가오도록 도쿄에서는 아무 연락이 없었다. 마침내 서명식 선날 나는 김포공항에서 홍콩행 비행기를 기다리며 다카시마 이사에게 전화를 했다.

"가도 되는 거요?"

다카시마 씨의 말은 다소 애매했다.

"어쨌든 가세요."

내가 다시 "그럼 다 된 건가요?" 하고 묻자 그는 "글쎄, 가면 된다니까요" 하고 말할 뿐이었다. 그의 말만 믿고 홍콩으로 간 나와 장두찬 부사장은 무사히 예정대로 3자 계약을 체결할 수 있었다.

나중에 안 일이지만, 내가 다카시마 씨에게 전화할 때까지도 도긴리스는 도쿄은행으로부터 승인을 받지 못한 상태였다. 문의 전화를 받는 다카시마 이사의 속은 초조하다 못해 새까맣게 타고 있었다고 한다. 다카시마 씨가 마지막으로 고토 사장에게 "이제 어떻게 하면 좋겠습니까?" 하고 묻자 고토 사장은 이렇게 말했다고 한다.

"내가 책임질 테니까 가서 사인하고 오시오."

고토 사장은 모회사인 도쿄은행의 승인이 나지 않은 상태에서 집행할 것을 결심해 버린 것이다. 첫 배인 제1케미캐리호를 도입할 때 도쇼쿠상사 야스다 전무의 결단으로 이루어진 기적의 후속판이었다.

그런데 더욱 놀라운 일은 나의 시장 전망이 한 치 오차도 없이 들어맞았다는 점이다. 1989년 9월경부터 대형 가스 화물의 용선료가 폭등해 월 45만 달러에서 100만 달러까지 뛴 것이다. 4월에 계약한 지 6개월도 채 되기 전에 일어난 일이다. 건조 선가로 보면 월 70만 달러 정도면 운항 비용과 선가 상환 비용이 나올 수 있는데 100만 달러에 가까운 용선료라면 커다란 이익을 남길 수 있는 것이다.

그해 후반 우리는 영국의 한 회사와 월 97만 5천 달러에 5년간 용선 계약을 체결했다. 이 용선 계약은 커다란 이익을 가져다주었고, 회사가 든든하게 서는 결정적 계기가 되었다. 만일 관례대로 장기용선 계약을 자금 지원 계약 이전에 체결했다면 시황에 비해 훨씬 낮은

1989년 4월 28일 홍콩에서 열린 가스로망호 건조 계약 체결식 모습.
왼쪽부터 나, 장두찬 당시 부사장, 다카시마 이사.

용선료를 받을 수밖에 없었을 것이고, 그렇다면 회사 재정에는 큰 보탬이 되지 못했을 것이다. 다카시마 이사와 고토 사장의 넓은 안목이 우리의 기반 구축에 큰 도움을 준 셈이다.

그러나 무엇보다 결정적인 성공 요인은 역시 10만 달러를 투자한 시장 연구였다. 이것은 장기간의 시황 예측을 위해 막대한 연구비를 투자해 결실을 거둔 모범적인 사례라고 할 수 있다. 해운회사마다 기획실이라는 부서를 두고 있는데 우리 회사의 경우 그 기획실이 시장을 전망하고 새 사업을 구상하는 제 역할을 톡톡히 해낸 것이다. 한편으로 이는 내가 해운공사 기획실 시절 선박도입반에서 일하며 쌓은 노하우 덕분이기도 했다.

기적은 없다

신형 선박으로 가스 선단을 구축하는 일이 쉬울 리 없었다. 자체 운항용으로 건조하는 경우만이 아니라, 장기용선 계약을 체결해 간접적으로 선박을 확보하는 경우에도 선박을 실질적으로 운항할 책임이 있는 우리 회사가 건조 자금을 마련하는 데 적극적으로 나서야 했다. 문제는 다른 해운회사처럼 매출액이나 보유 선박이 많은 것도 아니고, 또 재벌 회사도 아니기 때문에 모든 것을 신용에 의지해 진행해 나가야 했다는 점이다. 선박 건조 자금을 마련하는 일은 1970년 제1호 선박 도입 때 못지않은 난관의 연속이었다. 가스미라클(Gas Miracle)호의 선명이 '기적'이 된 것에도 이런 뒷이야기가 숨어 있다.

기적처럼 도입된 가스미라클호.

대형 LPG 시장이 계속 유리하다고 본 나는 1991년 가을 미쓰비시 중공업 측과 선가 91억 엔의 제2차선 건조 계약을 체결했다. 일단 계약금의 15퍼센트에 해당하는 1,000만 달러는 자체 자금과 일시 대출을 받아 지불했지만, 나머지 6,000만 달러는 쉽게 마련하기 어려웠다. 대형선의 경우는 장기 화물 수송 계약을 화주와 맺으면, 이 계약을 담보로 금융회사에서 선가를 지원하는 것이 일반적이다. 그런데 공교롭게도 1992년 봄부터 대형 선박의 용선료가 떨어지기 시작하고 있었기 때문에, 화주들이 해운회사들과 신규 화물 계약을 늦추려 했고, 금융회사들도 자연히 자금 공급을 주춤거렸다.

선박 진수는 1992년 6월 말. 이때까지 선가의 40퍼센트인 2,800만 달러를 지불해야 했으나, 5월이 되도록 자금은 확보되지 않았다. 초조하기 그지없었다. 이제 꼼짝없이 계약금을 날릴 판이었고, 회사의 신용마저 하루아침에 무너질 수도 있었다. 세계의 가스 마켓이 워낙 좁으니까, '한국특수선(당시)이 미쓰비시에서 배를 짓다가 포기했다'는 사실은 자금이 어려운 회사라는 이미지를 심어 주게 된다. 그러면 불안을 느낀 화주가 거래를 꺼린다. 한 번의 실수가 회사의 운명을 좌우하는 것이다.

때는 5월 말. 이제는 미쓰비시중공업 측도 초조해졌다. 발주자인 우리가 금융 융통에 어려움을 겪고 있다는 사실을 알고 있었기 때문이다. 6월 말까지는 한 달도 안 남은 상태. 디폴트(계약 불이행 선언)가 빤히 보였다. 미쓰비시중공업에서 먼저 제안을 해왔다.

"10퍼센트만 손해를 보시고 배를 리세일(건조 중 매각)합시다. 리세일 알선은 우리가 책임지겠습니다. 그러면 손해를 최소한으로 막아 낼 수 있습니다."

미쓰비시의 요지는 이미 지불한 1,000만 달러 중에서 700만 달러만 손해를 보고 손을 떼라는 뜻이었다. 그러나 나는 생각이 달랐다.

"리세일은 죽어도 안 합니다. 차라리 디폴트 선언을 하겠습니다!"

미쓰비시 측은 놀라지 않을 수 없었다. 디폴트까지 각오하자는 것인가? 사실 나는 이미 최악의 사태를 생각하고 있었다. 여기서 실패하면 책임지고 사장직을 그만둘 각오였다.

단순 계산으로는 디폴트하면 계약금 1,000만 달러가 손해고, 리세일을 하면 700만 달러만 손실을 보게 되기 때문에 리세일이 300만 달러만큼 손해를 줄이는 길이었다. 300만 달러라면 적은 돈이 아니다. 그러나 그보다 더 큰 것은 회사의 장기 신용 아닌가. 리세일을 하면 회사 소문도 나쁘게 돌 것이다. 그런데 디폴트를 선언하면 계약금만 떼이고 계약을 취소하면 된다. 이런 일은 조선업과 해운업계에서 종종 일어난다. 시황이 나빠서 선박을 인도하는 것이 계약금 손실보다 크다고 추정되면 디폴트 선언이 더 나은 것이다. 1970년대 초 현대조선소에 대형 탱커선을 발주하고 취소한 그리스 선주의 행위도 이런 경우다.

돈보다 소중한 것이 회사의 얼굴이다. 나는 차라리 디폴트 선언을 하면 했지, 뒤로 조용히 해결하는 방식은 싫었다. 깨끗하게 디폴트 선언을 하고 나서, 이 사태에 책임을 지고 내가 물러나고 새로운 사장으로 하여금 이끌게 하겠다고 결심했다. 어차피 전문경영인 체제를 구축하기로 마음먹은 바엔 내가 실패했을 때 그 책임을 지고 물러나는 관행을 회사에 심어 주는 것이 회사의 장래를 위해 좋겠다고 결심한 것이다. 그러니까 오히려 마음이 편했다. 그러니까 배짱도 생겼다.

미쓰비시중공업으로서는 곤혹스러운 입장이 되었다. 300만 달러를 더 손해보면서 우리가 디폴트를 선언하면 그것으로 끝나지 않는다. 디폴트를 선언하는 회사와 거래했다는 것은 '고객 선별 능력이 없는' 영업을 한 셈이다. 이는 미쓰비시 체면에 금이 가는 일이다. 고객을 그렇게 어려운 처지에 놓이도록 했다는 비판도 받게 된다. 신용을 중시하는 미쓰비시다운 철학이었다. 결국 미쓰비시 측은 진수 대금의 지급 의무 기간을 6개월 연장해 주었다. 숨통이 트인 나는 다시 화주를 물색했는데, 여전히 화주들은 장기용선 계약에 망설일 뿐이었다.

선박 건조는 어느덧 선체에 선명(船名)을 새겨 넣는 공정에 이르러, 미쓰비시 측은 선명을 알려달라고 요청했다. 나는 선명을 '가스미라클'(기적)이라고 써서 주었다. 선명을 받아든 장두찬 부사장은 내 얼굴을 보면서 이름이 이상하지 않느냐고 물었다. 나는 "그대로 보냅시다. 기적이 일어날 거요"라고 대답했다.

그런데 정말 기적처럼 모든 어려움이 풀리기 시작했다. 그해 10월 유공가스(현 SK가스)와 3년간 장기용선 계약을 체결할 수 있었고, 이에 따라 일본의 오릭스리스(Orixリース)에서 자금을 지원받을 수 있었다. 1992년 12월 가스미라클호가 인도되었을 때, 우리 회사 직원들은 이 사실을 좀처럼 믿을 수 없었다고 했다.

그런데 이것이 우연한 기적의 산물이었을까? '우연'이 빚어낸 결과였다면, 과거의 실패를 반복했을 수도 있는 '위험한 오기'였을지도 모른다. 나는 결코 그런 것은 아니었다고 말한다. 배수진을 치고 임한 것은 사실이다. 그러나 우리는 그해 늦가을이면 LPG 시황이 다시 좋아질 거라고 확신했다. 그때까지만 버티면 성공한다고 본 것이다.

LPG는 주로 영업용 자동차나 난방용 연료로 사용되기 때문에 기

1992년 11월 23일 가스미라클호 건조자금 조달계약이 극적으로 체결되었다.

후나 계절적 요인에 따라 가격과 물동량이 변동한다. 나는 인도일이 12월이기 때문에 그 전에 다소 시황이 회복될 것이고, 그렇게 되면 화물 수송 계약을 성사시킬 수 있다고 믿고 있었다. 과연 기업 경영에 기적은 없는 법이다.

유요해운과의 묘한 인연

가스포임호, 가스로망호, 가스미라클호 등의 도입 과정에는 일본 유요해운(雄洋海運)과의 묘한 인연이 숨어 있다.

1986년 우리 회사는 가스글로리아호에 뒤이은 제2의 대형 가스 탱커 도입을 추진하고 있었다. 마침 일본 상사인 니쇼이와이(日商岩井)가 75,000입방미터짜리 대형 가스선인 가스라이징선호(Gas Rising Sun)를 매각하려 한다는 정보를 입수하게 되었고, 우리는 곧바로 구매 의사를 전달했다. 니쇼이와이가 이 배로 큰 손실을 보고 있던 터라 선가도 비교적 저렴했고 조건도 까다롭지 않았기 때문에 나는 도입을 낙관했다.

그러나 유요해운이라는 가스선 전문 회사가 구매에 뛰어들면서 치열한 입찰 경쟁이 시작되었다. 서로가 제시한 가격보다 조금씩 높게 부르는 일이 반복되면서 선가는 점점 비싸지고 해결의 기미도 쉽게 보이지 않았다. 최종적으로 우리가 더 높은 가격을 제시한 상태에서 니쇼이와이가 나에게 연락을 해왔다.

"아무래도 이번 선박은 유요해운에 넘겨야 할 것 같습니다. 박 사장이 양보하시죠."

"일본은 시장경제를 하는 나라가 아니구먼!" 하고 화를 냈으나 소용이 없었다.

본래 니쇼이와이는 유요해운과 긴밀한 관계를 맺고 있던 회사로, 선가가 다소 낮더라도 장기적인 거래 관계를 맺어온 유요해운을 배려하자는 뜻이었다. 이래서 배는 유요해운에 돌아갔고 우리는 맥 빠진 심정이지만 새로운 배를 알아보아야 했다.

다시 물망에 떠오른 중고선이 있었으니, 그것은 지금은 없어진 저팬라인(Japan Line)이 갖고 있던 블루오션(Blue Ocean)호로, 선령과 크기가 니쇼이와이로부터 구입하려던 당초의 배와 동일해서 우리로서는 안성맞춤의 배였다. 이번에는 놓칠 수 없다고 판단해서 재빨리 구매 오퍼를 전달했는데, 어떻게 된 악연인지 이 배도 유요해운에게 빼앗기게 되었다. 저팬라인의 주거래 은행은 배를 유요해운으로 팔라고 압력을 넣었고, 자금 압박에 시달리고 있던 저팬라인으로서는 이를 뿌리칠 수 없었던 것이다.

나는 어이가 없었다. 두 번이나 같은 회사에게, 그것도 높은 선가를 제시하고도 입찰에서 패배했으니 말이다. 나는 유요해운 사장 오카다(岡田) 씨를 찾아 '같은 해운업자끼리 두 번이나 방해를 할 수 있는가?' 하고 항의했다. 오카다 사장도 직접 찾아온 나에게 미안한 심경을 감추지 못했다.

"박 사장 기분 이해합니다. 이렇게 합시다."

오카다 사장이 내놓은 안은, 7년 후 블루오션호를 우리에게 넘겨주겠다는 것이었다. 대신 그 7년간 우리 선원을 이 배에 '송출'하는 형식으로 승선시키겠다는 조건이었다. 유요해운으로서는 적어도 7년간 배를 계속 운항하고, 우리로서는 7년을 기다리되 그동안 선원들을 승선시켜 경험을 쌓게 하면 되지 않느냐는 것이다. 나는 이 제안이 그나마 최선이라고 판단해 유요해운과 '7년간 선원 송출 및 7년 후 매매'를 약정하는 계약을 맺었고, 1987년부터 우리 선원들이 이 배에 승선해 중동과 일본을 오가게 된다. 이 배가 바로 가스포임호인데, 약정된 7년이 아니라 불과 1년 만에 우리가 도입하게 된다. 이란-이라크 전쟁 때문이다.

1987년 당시는 이란-이라크 전쟁이 막바지로 치닫던 때. 전황이 불리해진 이란이 페르시아만을 오가는 선박들에 포격을 가하면서 선박의 파손과 선원 사망 등 상상하지 못한 사고가 줄을 이었다. 발 빠른 일본은 이란과 교섭을 벌여 일장기를 단 선박만은 포격하지 않도록 했다. 그러나 블루오션호는 여전히 안전망 밖에 있었다. 유요해운은 이 배를 라이베리아에 치적(置籍)하고 있었던 것이다. 유요해운으로서는 이대로는 중동 항해가 불가능했기 때문에 차라리 애초에 약정을 맺은 우리에게 조기 매각하기로 한 것이다. 선명인 '가스포임'도 이때 붙여졌다.

초대형 가스선을 조기에, 그것도 상대적으로 저가에 넘겨받게 되었으니 우리로서는 사세를 신장시킬 수 있는 계기가 되었는데, 이 배가 바로 앞서 살펴본 바와 같이 김흥기 산업은행 총재의 결단에 힘입어 국내 금융으로 들여온 선박이다. 마침 선박 인도 직후부터 이란-이라크 전쟁이 끝나가 중동 항해의 위험도 점차 가시게 되었다.

유요해운과의 인연은 가스로망호와 가스미라클호 도입 때도 이어졌다. 가스로망호를 미쓰비시중공업에 발주한 1989년 당시 조선소의 작업 선대(船臺)가 모두 예약되어 있어서 인도 기일을 장담할 수 없던 상태였다. 이때 유요해운이 자신들 몫으로 계약해 놓은 선대를 양보해 주었기 때문에 가스로망호의 조기 건조가 가능했다. 선박을 인도해 투입하는 시기가 잘못되면 엄청난 손해를 볼 수 있는데, 유요해운의 양보로 가스로망호의 적기 투입을 실현할 수 있었다. 과거의 악연이 고마움으로 180도 뒤바뀌게 된 것이다.

미쓰비시조선의 장사철학

가스미라클호의 선가는 가스로망호보다 엔화로 무려 17억이나 비쌌다. 나의 평소 생각에 따르면 선가가 높을 때는 선박을 취득하지 않고 반대로 팔아야 하는 것인데 이 경우는 비싼 배를 신조하기로 한 것이다. 그런 결심을 한 이유는 자존심 때문이었다. 사실 오기 경영의 실패와 마찬가지로 실수를 한 것이다. 경영자는 그런 감정적인 자존심 따위를 넘어서서 판단해야 하는데 그만 그런 결정을 해버린 것이다.

내가 말하는 자존심의 내력은 이러하다.

당시 초대형 가스선(VLGC)은 전 세계를 합쳐 51척에 지나지 않았다. 중고선을 찾다가 앞서 언급한 유요해운과의 경쟁에서 두 번이나 실패한 뒤로는 더 이상 중고선을 파는 선주가 없었다. 그렇게 되니 신조할 수밖에 도리가 없었다. 그래서 1988년 11월 니쇼이와이의 다메가이(爲我井) 특수선 담당 차장으로 하여금 신조할 조선소를 소개해 달라고 했더니 미쓰비시조선소 영업부 오쿠마(大熊) 부장을 소개해 주어 만났다.

그런데 오쿠마 씨는 만나자마자 대뜸 "한국 선주로부터는 주문을 받을 수 없습니다"라고 하는 게 아닌가! 내가 "그게 무슨 말이오?" 하고 물으니, 한일 조선협회 사이에 '상대국 선주로부터 주문을 받으면 상대국 조선협회의 양해를 받도록' 신사협정이 맺어져 있기 때문에 곤란하다는 이야기였다. 자기 나라 배는 자기네 조선소에서 짓도록 하자는 조선업자들의 담합이요 횡포였다. 이런 이면 합의가 있는 줄은 꿈에도 몰랐다.

"당신네 일본 선주들은 한국 조선소에서 배를 많이 짓고 있다고 알고 있는데 한국 조선소가 일본 조선협회의 동의를 받고 있습니까?"

"그런 일은 없습니다."

"아니, 그러면 미쓰비시 측에서도 한국 조선협회의 동의를 받을 필요가 없지 않나요?"

"상대방이 어긴다고 해서 우리도 어길 수는 없지 않습니까?"

나는 할 말이 없었다. 난감했다. 그때까지만 해도 한국 조선소들은 초대형 가스 탱커를 건조한 경험이 없기 때문에 어차피 일본에서 지을 수밖에 없었다. 그래서 일본 금융 기관에서 돈을 빌려 역외치적(域外置籍)[24] 용선을 하는 방법은 어떠냐고 물었더니, 그러면 가능하다는 대답이었다.

24 파나마, 라이베이아, 온두라스 등의 국가는 무관세이며 등록세가 저렴하고 외국 선원을 승선시킬 수 있어 선진국 선박회사들이 이들 나라에 선박을 치적하고 운영한다. 한국의 경우는 선원 문제가 아니라 외국 은행에서 자금을 조달할 경우 담보 확보를 위하여 편의치적하도록 요구하기 때문에 이를 이용하게 된다. 선가가 완불되면 한국 국적으로 전환하게 된다.

오쿠마 씨에게 지금 발주하면 언제쯤 인도 가능하냐고 물었더니 1991년 말 정도라고 했다. 나는 3년 후라면 너무 늦다고 판단했다. 3년 후에 나올 선박이면 조선소 견적 가격도 높아질 것이 뻔하고, 용선 시장에서 좋은 기회를 놓칠 수도 있다. 그래서 1990년 중에 인도할 수는 없느냐고 물어보니, 유요해운이 한 척은 이미 건조하고 있고 또 한 척은 옵션[25]으로 잡고 있다는 대답이었다. 그래서 앞에서 말한 바와 같이, 유요해운의 양보로 옵션 분을 양도받아 싼값으로 가스로 망호를 90년 말에 건조하게 된 것이다.

그런데 그때 선가가 얼마냐고 물어보았더니 오쿠마 씨 대답이 의외였다.

"박 사장께서 얼마를 받아야 장사가 되겠습니까? 먼저 말씀하시면 되도록 맞춰 보겠습니다."

나는 의아스러웠다.

"아니, 조선소는 많이 받으면 받을수록 좋은 것 아닌가요?"

"물론 그렇습니다. 그러나 너무 잘 받겠다고 하다가는 한 척 장사밖에 안 됩니다. 박 사장께서 배를 지어 돈을 벌어야 또 한 척을 지을 것 아닙니까? 우리 회사 방침은 한 건으로 끝날 고객과는 거래를 안 하는 것입니다. 계속 우리 고객이 되실 수 있도록 만들어 드려야지요."

나는 '훌륭한 영업 철학을 가지고 있구나' 하고 감탄하면서도 한편

25 옵션권(option)이란, 선주가 조선소에 당장 필요한 동일형 선박을 두 척 주문하되, 만약을 위해 추가로 한 척을 더 짓는 경우를 대비해서, 선택권 행사의 유효 기간을 미리 정해 계약하는 것을 말한다. 그러므로 정해진 기간에 선택권을 행사하면 세 척이 되고, 포기하면 두 척으로 끝난다.

으로는 좀 별난 사람 아닌가 하는 생각이 들어 다시 물었다.

"선주 입장에서는 싸면 쌀수록 좋지요. 내가 아주 싸게 부르면 어떻게 하시렵니까?"

이렇게 짓궂은 질문에도 오쿠마 씨는 차분히 설명을 계속했다.

"선박을 건조해 선주에게 넘겨주는 것을 물건을 파는 것이라고만 보지 않습니다. 선주와 조선소가 하나가 되어 행하는 공동의 프로젝트라고 봅니다. 다시 말하면, 배를 건조할 때까지는 조선소가 프로젝트 관리 책임을 맡습니다만 인도 후에는 선주가 관리 책임을 지는 것입니다. 그렇게 생각하면 우리가 인도한 후 선주의 이익이 날 수 없는 선가를 제시할 수 없는 것 아니겠습니까? 최선을 다하는 선가를 만들어 보겠습니다. 다만, 여기에는 조건이 있습니다. 다른 조선소와 견적 비교는 하지 말아 주십시오."

나는 '과연 미쓰비시군!' 하고 감탄했다. 견적 비교를 하지 말아 달라는 것도 이해가 갔다. 한 프로젝트의 공동 파트너라는 의미로 봐달라는 것이다. 이렇게 하여 우리가 가스로망호의 선가로 72억 엔을 제시했고, 비쓰비시는 2억 엔만 더 올려 주면 좋겠다는 제안을 해와 당시 시세로는 적정한 선이었기에 그것을 받아들여 74억 엔에 합의했다. 그 후로는 선가가 올라 90억 엔대까지 갔다. 그리하여 오쿠마 씨가 제2차선인 가스미라클호의 선가로 91억 엔을 제시했을 때 나는 이렇게 생각했다. '용선료도 올라 있어 그 선가로도 상환이 가능하고, 제1차선을 싼 선가로 건조해 높은 용선 수입을 누리고 있기 때문에 설혹 용선 시황이 다소 나빠지더라도 두 척을 평균해 부담하면 충분히 채산점에 도달할 수 있다.' 무엇보다도 오쿠마 씨가 말한 대로 '한 척만 하는' 고객이 되어서는 안 되겠다는 자존심이 앞섰다. 이렇게 하여 가스미라클호를 건조하게 되었다.

그래도 나는 선가가 다소 비싼 것이 마음에 걸려 유요해운과 반반의 공유선 건조를 제안했고 유요해운도 그에 동의해 공동 발주를 하게 되었다.

그런데 공동 발주를 결정하기 전에 우리 회사는 계약금(10퍼센트)을 조선소에 먼저 지불했기 때문에 유요해운은 착공 자금(5퍼센트)만 지불하면 되었다. 또한 용선 계약 체결 등의 영업은 우리가 하고, 85퍼센트의 금융을 수배하는 일은 유요해운 측이 맡도록 업무 분담을 하기로 했다. 이에 따라 장두찬 부사장이 유럽과 미국 등지의 용선자를 찾아 헤매던 중 1992년 4월, 그리스의 나프토마(Naftomer)와 월 용선료 115만 달러에 5년간 용선한다는 좋은 조건으로 계약을 맺게 되었다. 나프토마사는 유럽, 특히 지중해 일대의 가스업계에서는 정평이 있는 회사였다.

그런데 유요해운이 금융 교섭을 하고 있던 상화(三和)은행에서 나프토마사가 어떤 회사인지 못 믿겠으니 용선료에 대해 은행 지급 보증을 하라고 요구하는 것이었다. 이러한 요구에 자존심이 상한 나프토마사는 가계약을 취소해 버렸다. 일본 은행의 무리한 요구 때문에 아까운 계약을 놓쳐 버린 것이다. 참으로 안타까웠다. 그 후 여름이 되면서 가스 수요가 떨어지고 운임도 하락하기 시작했다. 유요해운은 채산성 있는 화물 계약이 불가능해져 더 큰 손해를 보느니 차라리 공동 발주를 포기하는 길을 선택했다. 일은 뒤틀리기 시작했다.

화물 계약도, 금융 지원 방안도 마련하지 못한 채 배만 하루하루

지어지고 있었으니 당시 건조 작업을 맡았던 미쓰비시중공업으로서는 불안하기 짝이 없었고, 그래서 제안한 방안이 중도 매각이었던 것이다. 그러나 사태를 혼자 짊어진 나는 뚝심을 발휘해 디폴트라는 배수의 진을 택했고, 막판에 이루어진 '기적'으로 국내 화주인 유공가스와의 계약을 성사시켰다. 그 후 영업 노력이 주효해 선가를 순조롭게 상환했고 2011년도에 매각하였다.

새로운 환경, 환 리스크

1990년대 들어 기업 여건의 변화 요인으로 항상 꼽히는 것은 환율 문제다. 세계 곳곳을 휩쓸고 다니는 투기 자본의 위력이 강세를 보인 것도 이때부터였고, 한국 경제도 이즈음부터 세계 시장에 거의 제한 없이 편입되기 시작했다. 특히 해운업의 경우는 조선, 운항, 화물 확보 등 모든 것이 국경을 넘나들면서 진행되며, 거래되는 화폐도 달러와 엔화를 기본으로 하기 때문에 환 리스크를 방지하는 것이 무엇보다 중요한 과제가 되었다. 특히 막대한 자금이 일시에 오가는 선박 건조와 매매 때는 환 리스크가 무척 중요하다. 1년 동안 힘들여 벌어들인 영업 수익을 한순간에 날릴 수도 있기 때문이다. 내가 환율 문제에 본격적으로 대처한 것은 대형 가스선을 도입하기 시작하면서부터다.

초대형 가스 운반선인 가스로망호의 건조를 파나마 회사 이름으로 미쓰비시중공업에 발주하던 1990년 당시 나는 환 리스크 관리를 잘 해낸 덕분으로 적지 않은 선가를 절감할 수 있었다. 당시 선가는 74억 엔. 그런데 조선소에는 이를 엔화로 지급하기로 계약했기 때문에,

엔화가 약세일 때 선물(先物)로 매입해 두는 것이 유리했다.

이때 외환 시장에서는 엔화가 조금씩 강세를 보이고 있었다. 문제는 어느 시점이 정점인가였다. 나는 모든 신경을 엔화 변동에 쏟았다. 변동 추세를 주시한 끝에, 148대 1의 시점에서 5,000만 달러를 엔화로 선물 매입하기로 했다. 조선소 측에 마지막 선가를 지불할 당시 환율은 130대 1, 그러니까 달러당 18엔의 차익을 남긴 것이어서, 약 700만 달러의 선가를 절약했다. 5,700만 달러짜리 선박을 5,000만 달러에 산 셈이다. 따라서 전주(錢主)에게 상환할 용선료가 그만큼 싸진 것이다.

이것은 가스미라클호 등 다른 가스선을 도입할 때도 마찬가지였는데, 나는 경영 책임자로서 환율 문제에 각별히 신경을 썼다. 사실 환율 관리는 최고경영자가 직접 해야 한다. 성공보다는 손해 볼 가능성이 더 많은 것이 환율 관리기 때문에, 최선을 다한 결과라면 실패해도 위로하며 이해해 주어야 한다. 그래서 실무자만으로는 이런 결정이 쉽지 않다. 일선 직원이 결정했다가 손해를 보면 비난이 쏟아진다. 결국 책임자가 직접 결정하는 수밖에 없다. 특히 달러 금융을 조달하는 해운회사에서는 환율에 대한 국제적인 감각이 중요하다.

실제로 1995년 업무 일선에서 은퇴하기 이전에 내가 가장 많은 시간을 투자한 것도 환율 문제였다. 관련 자료를 섭렵하고 전문가들의 의견도 들어보면서 세계 경제의 동향을 추적하는 동안 나는 나름대로 환율에 일가견을 갖게 되었다. 환율이나 국제 경제 문제에 대해 경제학 교수들 못지않게 책도 보고 자료도 보았다. 그러나 그것만으로는 판단을 못한다. 결국 자기 나름의 철학과 확신이 중요하다.

1990년 당시 일본 경제가 급속히 성장하고 경기가 좋아져, 버블 경제 중에 있었다. 나는 환율이 국가 경제력의 총체적인 반영이라고 생각했다. 화학 실험 가운데 삼투 작용의 경우 농도가 낮은 것과 농도가 높은 것이 결국 평형을 이루듯이, 환율도 국가 간 경제력이 강한 나라와 약한 나라의 경제력을 조정하는 역할을 한다고 본 것이다.

나는 일본 경제가 강해지는 추세에 호응해 엔화가 점점 강해질 수밖에 없다고 결론을 내렸다(물론 이것은 단기 차익을 노리는 환 투기 자본이 세계 곳곳을 휩쓸고 다니는 현재의 상황과는 맞지 않을 수 있다). 미일 경제의 조정 역할을 하려면, 엔화가 강세가 되어 수출이 줄고 수입이 늘게 될 거라 보았다. 일본이 너무 수출을 많이 해서, 이를 상쇄시키기 위해 엔화 환율이 강해지리라고 본 것이다. 그래서 선물 예약을 하는 쪽으로 움직였다.

1991년 여름, 나는 환율 문제에 골몰해 있었다. 마침 가스미라클호 건조 계약을 한 후였다. 선가 지불 화폐의 옵션권을 언제 행사하는 것이 유리한가가 문제였다. 이때 나는 백두산에 오르게 되었는데, 여기서도 환율 문제가 머리를 떠나지 않았다. 연길을 통해 백두산에 올라갔는데, 천지의 경치를 보고 감탄하고 있었다. 문득 '오늘 환율은 어떨까, 오늘 예약을 하면 괜찮을 것 같은데' 하는 육감이 들었다. 신비로운 천지를 보고 있는데 왜 하필 환율 생각이 퍼뜩 스치는지 나 자신도 의아했다.

그러나 자금 조달이 안 된 상태에서는 선물 환 예약 자체가 불가능했다. 그 후 1992년 6월 말 파이낸싱이 안 된 상태에서도 미쓰비시의 신용을 담보로 130.83엔으로 선물환 6,000만 달러를 주문했다. 불과

6개월 후 선박 인수 시 환율이 125엔이었으니 약 300만 달러를 절약한 것이다. 당시 대부분의 전문가들은 엔 강세가 곧 끝날 거라고 예측했다. 그러나 결과론적인 평가일지도 모르겠지만, 환율을 삼투작용의 원리와 비교한 나의 판단이 맞아떨어졌다. 이것을 결코 우연이라고만 할 수 없다. 그렇다고 내가 환 전문가 수준까지 오른 것은 아니다. 사업을 책임지는 최일선 경영자로서의 집중력과 책임감의 소산이었다고 하는 것이 정확하겠다.

달러당 1,955원, 우국(憂國)의 보상일 뿐

대형 가스선을 도입하면서 얻어진 환율 관리 노하우는 1997년 12월, 원화 환율이 순식간에 상승했을 때도 발휘되었다.

11월 초, 해외에 잠시 투자했던 480만 달러를 회수하게 되었다. 이때는 외환 위기가 국가 경제 전체를 뒤흔들 지경인 시기였다. 도쿄에 있던 나는 서울의 장두찬 사장과 의논했다. '지금 달러가 모자라 나라가 망하게 생겼는데 이 돈으로 배 살 생각은 하지 말고 국내로 송금하자'고 두 사람은 뜻을 모았다.

당시 운임 수입 20만 달러가 더해져 500만 달러가 외환은행으로 예치되었다. 여기서부터는 어느 시점에 원화로 바꿀 것인가가 중요했다. 당시는 1,000원을 조금 넘고 있었다. 12월 중순이 되자 1,200원으로 올랐고, 은행 관계자들은 연말까지 계속 상승할 것이니 기다려 보라고 자문해 주었다.

그런데 대통령 당선자가 '국민과의 대화'를 하는 자리에서 '내가 정부를 인수받으려고 보고를 받았더니 나라가 오늘 망할지 내일 망할지 모르겠다'고 털어놓았다. 마침 이 프로를 보던 나는 '내일 아침이면 환율이 급상승하겠구나' 하는 생각이 들었다. 날이 밝자 과연 환율은 달러당 1,980원까지 치솟았다. 비록 경영 일선에서 물러났지만, 환율 문제에 대해서만큼은 본능적인 관심을 지속하고 있던 나는 즉각 원화로 환전하도록 일렀다.

그러나 은행의 전문가들은 '조금 있으면 2,000원을 훨씬 넘을 테니 그때 팔아야 한다'고 했다. 실무진들은 은행 측 자문에 따라 팔기를 주저하고 있었다.

나는 그래도 끝까지 팔라고 했다. 내일이면 또 오르고, 연말이면 더욱 오른다고들 했다. 우리 직원들 입장에선 1원이라도 유리하게 팔고 싶은 게 당연하다. 예를 들어 달러당 100원을 더 받고 판다면, 5억의 환차익을 얻는다. 정상적인 영업으로 5억을 벌려면 사실 죽을 고생을 해야 하는데, 환율 관리로 순식간에 5억을 벌 수 있으니 조금 더 기다리고 싶었던 것이다. 그런 심정을 모르는 바는 아니지만 '너무 욕심을 내지 말자. 팔 때는 좀 손해 보는 기분으로 팔아야 한다'며 독촉했다. 그래도 실무진들은 발이 떨어지지 않는 모양이었다. 그래서 난 기어이 화를 내며 "회장 명령이야!" 하고 다그쳤고 그제야 직원들이 움직여 팔았다.

이때 매매 가격은 달러당 1,955원. 본래는 1,980원대라는 공시를 보다가 2,000원까지 욕심을 내며 기다리지는 말자고 해서 은행으로 달려갔는데 그 사이에 다시 25원이 떨어진 것이다.

1,955원으로 매입하자마자 환 전문가들의 예측과는 달리 환율은

하락하기 시작했다. 이렇게 해서 결국 수십억 원의 환차익을 보게 되었다. 나는 이것이 환 투기의 결과라기보다는 국가 경제를 먼저 염려한 데서 나온 보상일 뿐이라 생각한다.

외환위기만 아니었다면 굳이 선박 건조를 미룰 필요가 없었다. 그러니까 사기업의 설비 투자를 위한 자금이라 할지라도, 나라 경제가 흔들릴 때는 외환 사정 개선에 나서야 한다는 생각이 발동한 것이다. 환차익은 어디까지나 그 부산물일 뿐이다. 설사 손해를 보았어도 우리나라의 외환 사정을 회복하는 데 도움이 되었다고 생각하면 그대로 만족했을 것이다.

누가 무어라 하더라도 역시 기업인의 기본 자세는 정상적인 영업을 충실히 하는 것이다. 정상적인 영업활동보다 환차익만 노린다면, 그것은 사업이 아니라 투기다.

그런데 앞으로 세계 경제의 통합은 더욱 고도로 진전될 것이고, 따라서 기업에서는 일상적인 영업활동 못지않게 환 리스크 관리가 절대적인 비중으로 등장하게 될 것이다. 환율이란 우연히 이익을 보기도 하고 손해를 볼 수도 있는 것이다. 문제는 환차익을 보겠다는 욕심보다는 환차손을 최대한 방지하겠다는 경영 마인드가 중요하다. 다음의 경영자들에게 다시금 꼭 강조하고 싶은 말이 있다.

"누가 경영자가 되든, 앞으로 환율 문제는 최고경영자가 결심해야 할 문제입니다. 심지어 다른 것은 다 일선에 위임하더라도, 환율만큼은 경영자가 직접 결단해야 할 때도 있는 법입니다. 뒤집어 말한다면, 환율 문제에 정통하면 곧 경영자 마인드를 갖게 된다는 뜻이기도 하지요."

드라이버샷인가, 퍼팅인가?

1990년 3월, 정부는 그때까지 외국 국적의 선박과 수송회사에 의존하고 있던 액화천연가스 즉 LNG를 국적 선박으로 수송할 계획을 세웠다. 이에 따라 LNG선을 수송할 회사를 컨소시엄 방식으로 선정했는데, 우리 회사도 현대상선, 한진해운, 대한해운 등과 함께 참여해 국내 도시가스의 원료를 안정적으로 공급하는 데 기여해 왔다.

우리 회사가 참여한 것은 한국가스공사(KOGAS)가 최초로 발주한 LNG선 7척 중 4척에 일정 부분씩 도합 6,641만 달러 상당의 지분 투자였다. 운항 선사는 아니나 중소 해운선사로서는 유일하게 컨소시엄에 참여했다는 사실은 우리 회사가 특수 화물 분야에서 상징적인 위치를 점하고 있음을 알게 해준다. LNG 사업은 이렇게 상징적인 의미 외에도 지속적인 수입이 보장된다는 점에서도 경영 안정성을 높이는 데 기여하고 있었다.

LNG 수송 사업은 그 후에도 계속되어 오고 있으나 우리는 5호선부터는 불참했다. 무엇보다 발주자인 대한가스공사가 대기업을 선호하는 탓에 중소 독립 선사인 우리로서는 불리한 점이 많았기 때문이다. 운항 능력과 인력 면에서는 국내 최고라고 자부하고 있었지만 회사 덩치가 작다는 이유로 운영 선사로 지정받지 못했고, 결국 1호선부터 4호선까지의 선박 대금 지분 참여로 그친 것이다.

다음으로는 부채 비율 문제가 있었다. LNG 선박은 고가인 데다가 100퍼센트 부채로 건조되기 때문에 부채가 엄청나게 늘어난다. 지금까지 우리가 참여한 몫만 하더라도 기업의 부채 비율을 높게 만든 원인이었는데 5호선 이후까지 참여하게 되면 부채 비율은 더욱 높아지므로 당시 상장(上場)을 추진하고 있는 우리 회사로서는 감당하기가 어려웠다.

그 밖에 LNG 수송 수입의 보전 방식이 5호선부터 변화하면서 생각보다 실속이 없는 사업이 된 것도 원인으로 작용했다. 4호 선박까지는 정부가 '총원가 + 5퍼센트 이익 보장'이라는 공식으로 선사의 수익을 확보해 주었으나, 5호선부터는 여러 기업이 뛰어들어 경쟁 입찰 방식으로 진행됐기 때문에 이윤이 거의 없거나 자칫 손실까지 볼 위험이 있었다. 매출액과 기업 이미지는 커질 수 있어도 실속이 없다는 판단을 내린 우리 회사는 5호선부터는 더 이상 참여하지 않기로 했다.

사실 기술이 있는 선사는 우리밖에 없었는데 덩치가 작다고 무시하니 화가 나지 않을 수 없었다. 거기다가 선원까지 빼앗기는 설움을 겪자 무슨 일이 있어도 운영 선사가 되어야겠다고 생각하고 가스공사 사장도 만나고 정부 당국자도 만나 설득했다. 그런데 가만히 생각하니 상장할 것을 염두에 두어야 했고, 실속도 별로 없다는 판단이 들어 과감히 포기했다. 골프에서 드라이버샷(외형)이 화려하긴 하지만 역시 퍼팅(실속)이 더 중요한 것과 마찬가지로, 오기만 갖고 사업을 해선 안 된다고 마음을 다스렸다.

그러나 그 후 시간이 지나고 우리 회사는 LNG 사업 진출에 대한 숙원을 이루고자 2014년과 2017년 두 차례에 걸쳐 다시 한국가스공사의 LNG 수송선사 선정을 위한 입찰에 참여하게 되었다.

2014년 10월 실시한 입찰 내용은 한국가스공사가 미국에서 생산되는 셰일 가스(Shale Gas)를 국내에 들여오기 위한 것이었다. 한국가스공사는 2012년 1월 미국 셰니에르 에너지 파트너스(Cheniere Energy Partners)와 LNG 구매 계약을 체결하고 사빈 패스(Sabine Pass)의 LNG 운송을 위한 신규 LNG 전용선 6척(174,000CBM)에 대한 운영 선사 입찰을 진행하였다. 구매계약 기간은 2017년부터 20년간 연간 350만톤 수입 물량에 대한 전용선을 확보하는 계획이었다. 당시 입찰은 2005년 4척의 LNG 전용선 입찰 이후 10여 년 만에 신규 LNG 전용선 도입 입찰로 국내외 시장에서 많은 관심이 집중되었다.

입찰 방식은 기존 멤브레인형(Membrane) 4척과 국내 자체 기술로 개발한 한국형 화물창 'KC-1' 2척 등 총 6척에 대하여 '최저가 입찰' 방식으로 수송 선사를 선정하는 사업이었다. 특히 'KC-1'에 대해서는 선박 건조와 운항이 증명되어 성공하면 그간 LNG 선박 건조 시 화물창의 원천 기술을 보유하고 있던 프랑스(GTT)에 로얄티(100억 원/척)를 지불하지 않을 수 있게 되었다. 또한 국내 조선산업의 일대 혁신을 기대할 수 있는 중차대한 순간이었다. 선사로서도 척당 연간 2,000만 달러 이상의 매출을 20년 넘게 보장받을 수 있게 되었다.

우리 회사는 LNG 수송선사로서 진출을 목표로 교두보를 확보하고자 G선사와 H조선사와 컨소시엄 형태로 한국형 화물창 'KC-1' (2척)에 입찰 참여하였다.

당시 투찰가는 LNG 운송선사로서의 면모를 갖추는 것이 목적이었으며, 따라서 거의 '실비'에 가까운 데일리(daily) 수송비를 산출하여 응찰에 임하였기 때문에 현장에서 개찰하여 발표하는 순간까지도 우리는 결과를 낙관하고 있었다. 그러나 결과는 예상과 달리 S조선사와 짝을 이룬 S선사가 낙찰받았다. S선사가 원가에도 못 미치는 전혀 예상 밖의 수치를 투찰한 결과였다.

과점 형태로 운영되던 한국 LNG 시장에 KSS해운과 G선사가 입찰 자격 심사에 통과되자 공격적으로 입찰할 것이라는 예상으로 통상 25년인 선박의 감가상각 기간을 35년으로 연장하여 원가를 낮게 산정하는 등 기존 선사들의 과잉 대응이 초래된 것이다. 가스공사 진행자가 응찰 수치를 공개하고 낙찰을 발표하자 참여했던 다른 모두는 믿을 수 없다며 의아해했으나 이미 결정은 되어 버렸다. 20년 동안 선가를 상환해야 하는 부채를 35년 감가상각으로 원가계산을 한 운임수입으로는 매년 선가상환에 생돈으로 틀어막아야 한다. 손익계산상의 적자는 물론 자금 악화를 각오한 덤핑 투찰임에 틀림없다. 선사의 재정 건정성을 무시한 입찰은 결국 고객의 부담으로 되돌아올 것이다. 적자를 각오하는 입찰은 선사뿐만 아니라 고객에게도 상처를 입힌다. 원가주의 입찰방식으로 돌아가야 할 것이다. 고객도 긴 눈으로 수송정책을 세워야 할 때다.

그런데 이러한 재정적 문제 이전에 기술적 문제가 먼저 발생하였다. 시간이 지나 선박 건조가 완료되고 프랑스에 이어 세계 두 번째로 LNG 화물창 개발 성공이라는 화려한 영광 속에 2척 모두 운송에 투입되었으나, 밝혀지지 않은 이유로 선박에 문제가 발생하여 2018년 현재 운항을 중단하고 있다. 아이러니하게도 낙찰받은 S선사는 그 후 영업수익성 악화로 주인이 바뀌는 운명까지 맞게 되었다. '남의 불행이 나의 행복'이라고는 할 수 없으나 결과적으로 우리 회사로서는 당시 입찰에 낙방한 것이 천만다행이라 하지 않을 수 없었다. 그나마 우리는 LNG 선박 및 운송에 대한 많은 공부를 하게 되었는데 이것이 자산으로 남았다.

2017년 4월은 경남 통영에서 제주 애월까지 LNG 화물을 수송하는 7,500CBM급 소형 LNG수송선 2척에 대한 입찰이 있었다. 이 선박 역시 국내 기술로 개발한 한국형 화물창(KC-1)을 장착한 LNG선으로 건조되는 사업이었다. 선사로서는 국내 최초 LNG 내항운송사업 참여이고, 조선소로서는 향후 시장 확대가 예상되는 소형 LNG선 분야 진출의 교두보를 마련한다는 의미가 있었다. 당시 중국과 동남아 지역 LNG 수요 증가에 따라 연안 운송에 필요한 소형 LNG선 수요도 증가가 예측되고 있었다.

당시 입찰도 세간의 이목이 집중되었고, 우리 회사를 비롯하여 대한해운, H-LINE해운, 현대LNG해운, SK해운 등 팬오션을 제외하고 가스공사와 장기운송계약을 체결한 선사가 모두 참여하였다. 이때도 삼성중공업과 컨소시엄을 이룬 대한해운의 저가 공세에는 이길 수가 없었다.

우리 회사는 LNG 수송 이력 없이 다년간 LNG 선단을 이루고 수송 실적도 쌓아온 선사들과 경쟁하여야 했으나 포기하지 않고 계속 도전했다. 도전이 있어야만 결과도 있다는 진실을 믿기 때문이다. 그 기나긴 과정을 통하여 우리는 대형 LNG와 소형 LNG 선박에 대한 정보를 얻게 되었고, 새로운 도전을 통하여 향후 수송 수요가 증가할 LNG 선박에 대한 운용 노하우도 얻게 되었다. 아울러, 신규 사업에 대한 분석 및 대응 능력을 개발하여 명분보다는 실리를 우선시하는 기업 정신을 강화하는 계기가 되었다.

골프와 마찬가지로 회사도 기술개발, 시장분석, 실리추구 등과 같은 '퍼팅'을 지속적으로 연마해야 하며, 이것은 명분이나 외형, 체면, 자존심 같은 화려한 '드라이버샷'보다도 앞날의 또 다른 기회를 준비하는 비책이 될 것으로 믿는다.

배 타는 사장

우리 회사가 LNG 사업에 기여한 것 중 하나는 LNG선의 선장과 해기사 등 상당한 운항 인력이 우리 회사에서 배출되었다는 점이다. 정부가 이 사업을 발주하고 대기업 해운선사들을 각 선박의 운영 선사로 지정했을 때 가장 큰 문제는, 아직까지 국내 업체 중 누구도 운항해 본 일이 없는 LNG 선박 운항 인력을 어떻게 확보할 것인가 하는 점이었다. '움직이는 냉장고'라고 일컬어지는 LNG 선박은 오늘날까

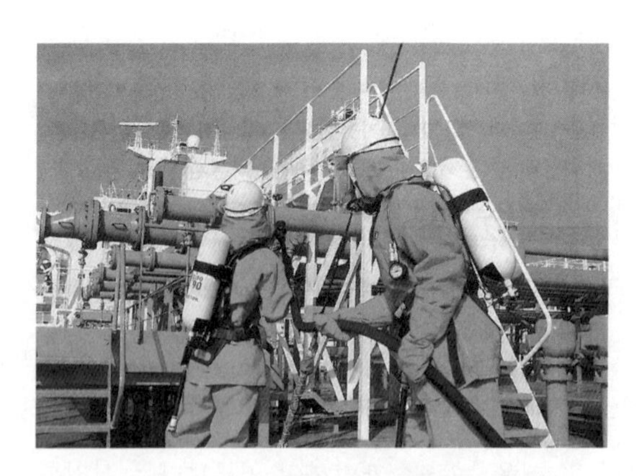

우리 회사는 LNG보다 더 까다로운 LPG를 오랫동안 다뤄 왔는데,
그 때문에 우수 선원들을 빼앗기는 서러움을 겪기도 했다.

지도 '바다 위를 떠다니는 위험물 덩어리'로 인식되고 있다. 영하 160도라는 극저온 화물을 어떻게 싣고 내리며 항해 중에는 어떻게 관리해야 할지 기술과 경험을 갖춘 인력이 거의 없었다. 운영 선사로 지정된 업체들도 컨테이너와 벌크 등 일반 화물만 취급해 왔기 때문에 막상 이 문제에는 뾰족한 대책이 있을 리 만무했다.

이때 주목받은 것이 우리 회사였다. 우리 회사는 그때까지 LPG와 암모니아 등 액화 가스 화물을 수송하는 데 선구적인 위치를 점하고 있었고, 특히 당시까지는 우리나라 유일의 초대형 LPG 수송 선사였다. 게다가 LPG 화물은 LNG보다 비중이 높고 액화 설비들을 항해 중에도 계속 가동해야 하기 때문에 LNG보다 더 까다로운 취급 기술이 요구된다. 운영 선사들이 취한 방도는 뻔했다. 우리 회사의 대형 LPG 수송선 선원들을 빼가는 것이었다. 자본력에 한계가 있던 우리로서는 임금 인상도 쉽지 않았고 선원들의 애사심에 호소하는 것도 한계가 있었다. 결국 1992년 한 해에만 사관만 19명을 빼앗겼다. 말이 19명이지 우리 회사 고급사관의 60퍼센트에 해당하는 숫자였다. 기업이 흔들릴 판이었고 몹시 분했다. 부당한 스카우트를 자제하라는 공문까지 작성해서 보낼 정도였다. 나는 중소 독립 선사의 설움을 톡톡히 경험했다.

해상 승무원들의 스카우트와 잦은 이동을 보고 나는 5년 동안 밟지 않았던 갑판에 다시 올랐다. 직접 배를 타고 해상 승무원들의 마음을 잡아두어야겠다는 생각에서였다.

1993년 한 해 동안, 회사가 운항하던 대형 선박에 승선해 선원들과 대화를 나누었다. 본래 사업 초창기부터 회사의 주요 항로와 선박은 가급적 직접 몸으로 확인하고자 노력했다. 해운회사 사장이 승선하는 경우는 흔치 않아서 화제가 되기도 했다.

그런데 내가 이 해에 특히 승선을 많이 한 이유는 따로 있었다. 첫째는 선원들의 사기를 높이기 위해서였고, 둘째는 선박 사고를 줄이기 위해서였고, 셋째로는 새로 생긴 LNG 운영 선사들에게 선원들을 빼앗기지 않도록 하기 위해서였다.

해운회사를 하면서 가장 두려운 것 중 하나는 사고다. 인명 사고를 비롯해 화물 오염 사고나 선체 손상 사고 등이 발생하면 엄청난 비용이 들 뿐 아니라 회사 이미지도 큰 타격을 입게 된다.

1980년대까지는 소형 선박들에 사고가 잦았는데, 1990년대 들어서는 회사의 주종이 대형선으로 바뀌면서 대형 가스선의 사고가 자주 일어났다. 가령 탱크에서 가스가 새거나 선체와 탱크 사이에 침수가 되면 간단한 수리로는 복구할 수 없기 때문에 회사로서는 피해가 컸다. 3년간 통계를 집계해 보니, 연평균 200만 달러의 사고비를 지출할 정도였다. 이대로 가다간 회사가 흔들리겠다고 판단한 나는 1993년 한 해 내내 '닥치는 대로' 승선했다. 새 배나 좋은 배보다는 사고가 자주 발생한 선박에 집중적으로 올랐다.

한 번 승선하면 1주일 가까이 선원과 생활을 같이했는데, 이 과정에서 선원들과 흉금을 터놓은 대화를 했다. 회사에서 생각하지 못한 점을 발견하기도 했고, 회사 방침을 선원들에게 알리고 협조를 구하는 일도 자연스레 이루어졌다.

효과는 1년 만에 나타나기 시작했다. 선원의 이직률이 감소했고,

해난 사고도 4분의 1로 줄었다. 말이 4분의 1이지 금액으로 따지면 200만 달러에서 50만 달러로 줄어든 것이다. 특히 보험료도 감면받았기 때문에 많은 비용을 절감할 수 있었다. 그러나 무엇보다도 큰 수확은 선원들의 고민과 불만을 속속들이 알게 된 것이며, 이를 회사 정책에 반영하려고 노력했다.

승선이 거듭되면서 회사 밖으로도 '저 회사는 사장이 직접 배를 탄다더라'는 소문이 나기 시작했다. 그리고 그해 말 KBS에서 '배 타는 사장'이라는 제목으로 다큐멘터리 프로그램을 방송하기도 했다.

선박 건조 자금이 일본 은행에서 조달되면 일본 회사에 선체보험 가입을 해야 한다. 그래서 미쓰비시에서 건조한 2척의 선박이 일본 야스다(安田)보험에 가입되어 있었다. 야스다 보험회사 직원이 KBS 다큐를 보고 영문으로 더빙하여 영국 로이드 보험조합에 보내 보험료 할인을 요청한 것이 먹혀들어 보험료 감면이 이루어졌다. 우리나라 보험업계의 서비스와 대비되는 일이었다.

KBS 다큐에 연관된 일화가 하나 더 있다. 1994년 1월, 평소 잘 아는 노동법학자 배무기 박사 주최로 노사정 토론회가 열렸다. 경영계에서는 나와 전경련이 나오고 노동계에서는 민노총과 한국노총 대표가 나오며, 몇 명의 노동법학자들이 참석하는 노동법 개정에 대한 토론회라고 했다. 그런데 막상 나가 보니 청중은 노동조합 간부들로 메워졌고, 전경련 대표는 불참한다는 것이었다. 경영계에서는 나 혼자가 되었다. 기왕 나온 것, 비겁하게 안 하겠다는 말도 하고 싶지 않아 자리에 앉았다. 토론회가 시작되고 내 차례가 되었다. 나의 첫마디는 이랬다.

"근로기준법 제2조의 '노사 평등 조항'은 허구입니다."

그랬더니 청중석의 노조 간부들이 벌떼같이 일어나 나를 향했 고함을 질렀다.

"전형적인 자본가의 오만한 발언이다. 당장 취소하라!"

장내가 시끄러워졌다. 배무기 선생도 '박 회장의 지금 발언은 나도 이해 못하겠다'며 내 편을 들어주지 않았다. 그래서 더 시끄러워졌다. 그런데 뜻하지 않게 한국노총 대표로 참석한 사무총장이 "며칠 전 KBS에서 박 회장이 나오는 '배 타는 사장'이라는 다큐를 보았는데 근로자를 배려하는 모습이 감동이더라! 이분 말을 끝까지 들어봅시다" 라고 하여 장내가 조용해졌고 내 발언을 이어갈 수 있었다.

"노동자가 외국에 가려면 여권과 비자를 받아야 합니다. 그리고 배나 비행기를 타야 합니다. 그런데 자본은 손가락으로 키보드 한 번에 금액의 크기와 관계없이 자유롭게 외국을 들락거립니다. 여권도 비자도 필요없습니다. 이러한데 노동과 자본의 힘이 같다고 할 수 있습니까? 그래서 노사가 평등하다는 근로기준법 제2조는 가설에 지나지 않다는 말씀입니다."

청중이 내 말을 경청하게 되었다. 그래서 더 나갔다.

"여러분이 자본을 귀찮게 하면 할수록 외국으로 도망갑니다. 그래서 일자리가 감소합니다. 너무 자본을 밀어붙이지 마세요. 손해는 여러분이 봅니다. 이런 상태가 지속되면 이 자리에 계시는 노동조합 간부님들은 5년 후에 30퍼센트도 안 남아 계실 겁니다. 과격한 운동은 자기 살을 도려내게 됩니다. 천천히 합리적인 투쟁이 필요할 때입니다. 제가 하고 싶은 말은 이겁니다."

말을 마치고 박수는 받지 못했으나 할 말을 다 할 수 있었다. KBS 다큐가 나를 살린 것이다. 하지만 오늘날 불행히도 내 말대로 되고 말았다.

6 장

집념으로 연 남북 직항로

오리무중의 시험 운항

평소 나는 남북이 정치적으로 분단되어 있다 하더라도 좋은 항구와 깊은 바다가 양쪽에 있는데 배를 띄우지 못한다는 것은 해운인의 수치라고 생각하고 있었다. 이러한 나의 생각이 결국 현실로 나타나게 되었는데, 남북 컨테이너 직항로 사업이 바로 그것이다. 1995년부터 KSS해운은 자회사인 ㈜동용해운(東龍海運)을 통해 새로운 부문에 진출한다. 북한 나진항을 이용해 중국 동북 3성과 부산항을 연결하는 이 수송 노선은 부산에서 서해를 거쳐 중국 대련(大連)을 경유하는 종래 노선에 비해 물류 비용과 시간을 절반 이상 절약해 준다. 아직은 화물량이 연간 4,000TEU 정도에 불과하고 사업 수익도 크지는 않지만, 1984년 합영법을 발표한 후에도 아직까지 폐쇄 경제를 고집하고 있는 북한이 유일하게나마 인정하고 있는 대외 정기 항로라는 점에서 남북 관계보다도 동북아 연길 지역과의 교역 개선에 기여하는 바가 적지 않았다. 그러나 15년간 지속하던 항로가 2010년 문을 닫았다.

우리 회사에 이 사업의 의미는 또 달랐다. 즉 지금까지 가스 및 액체 케미컬 화물만 주종으로 다뤄온 경험에서 벗어나 컨테이너 수송업에도 진출한 것이다. 광석, 원유, 목재 등 벌크선이 주종이 되어 오던 해운업은 컨테이너가 개발되면서 컨테이너 수송업이 오늘날 주류(主流)를 이루고 있다. 케미컬 수송업은 고도의 기술과 장치를 요하는 점에서는 기술적으로 상위에 속하는 부문이긴 하지만, 물량이나 항만, 도로 등 연계 부문에 미치는 영향을 고려하면 컨테이너 수송업에 미치지는 못한다. 우리가 비록 해운업의 한 부문인 케미컬 수송업을 전문적으로 하고 있다 해도, 이는 어디까지나 아류(亞流)에 지나지 않는다. 주류가 되는 컨테이너업계의 동향을 잘 파악하고 있어야 한다.

또한 우리가 케미컬 수송업만 오래 하다 보니 사원들의 시야가 좁아지는 것 같아 우려되었다. 그러니까 남북 컨테이너 직항로 사업은 우리가 대대적으로 컨테이너 사업에 투자하고 진출하겠다는 뜻이라기보다는, 해운업의 전반적인 부문에도 시야를 넓히도록 하겠다는 내부적인 사업 전략과, 남북 경제 교류에 기여함은 물론 동포들이 살고 있는 연길 경제발전의 소명감이 결합되어 성사된 것이라 보면 된다.

내가 이런 생각을 하게 된 것은 냉동선 사업의 경험을 반추하면서였다. 냉동 컨테이너의 출현을 내다보지 못하고 재래식 냉동 선박만 믿고 있다가 당한 뼈아픈 손실은 해운업의 주력인 컨테이너 부문에도 시야를 넓히도록 해야 한다는 결심을 재촉했다. 한때의 아픔이 새로

북한과 중국의 국경인 원정교를 넘어 연변을 향해 달리는 '잠함' 차량.

운 도전의 계기가 된 것이다.

모든 일은 작은 실마리로부터 시작되는 법. KSS해운이 남북 직항로 사업을 구상한 계기는 1991년부터 시작된 연변 조선족 선원 수입에서 비롯되었다. 나와 연길시 조선족 사업가인 전용만 동사장(董社長)[26]은 연길시에 선원학교를 설립하고 선원들을 훈련, 국내에 취업시키는 사업을 추진하고 있었다.

컨테이너 사업에 관여할 방안을 연구하던 나는 전 씨와 손 잡고 남북 직항로를 추진해 보겠다는 의욕이 생겼다. 전용만 동사장 입장에서도 남북 직항로가 갖는 의미는 매우 컸다. 1993년 당시 중국 길림성 연길시에는 한국 중소기업들이 많이 투자하고 있었다. 그러나 물류비용이 지나치게 소요되는 것이 늘 골칫거리였다. 부산-대련 간 항로 1,020킬로미터, 그리고 대련-연길 간의 철도 1,300킬로미터라는

26 중국의 동사장이란 호칭은 우리의 회장에 해당함.

거리는 너무나 멀어서 수송비용과 시간이 엄청나게 들었다. 이 수송로와 비교가 안 될 정도로 짧은 노선이 있었으니, 그것은 북한 나진항을 통해 한국과 길림성을 연결하는 것이었다.

전용만 동사장이 우리의 사업 구상을 평양에 타진하자, 의외로 그쪽 반응은 호의적이었다. 처음에 평양 측이 제안한 수송로는 부산에서 청진항까지 뱃길로 연결하고, 이어서 청진에서 연길까지 철도로 수송하는 것이었다. 일단 이 노선을 시험 운행해 보기로 하고, 화물이 없는 빈 컨테이너 30개를 보내 보기로 했다. 정부에 허가 신청을 했으나 결론이 나지 않고 시일만 끌었다. 하는 수 없이 허가 없이 배를 북한 청진을 향해 출항시켰다.

그런데 과감한 결단으로 출발한 시험 운항의 결과는 뜻밖에도 실패였다. 청진항까지 이틀 만에 도착한 컨테이너는, 연길시로 출발한 지 1주일이 지나도 함흥차사 격으로 감감무소식이었다. 첫 '집함'[27]은 2주일이 지나서야 도착했다. 그리고 마지막 집함이 연길시에 도착한 것은 부산항을 출발한 지 꼭 50일 하고 하루 만이었다. 동용해운 관계자는 이것이 북한 특유의 폐쇄적이고 관료적인 시스템 때문이라고 말한다. 청진에서 연길로 넘어가는 과정에서 매 행정구역마다 기관차를 다른 것으로 교체해야 하고, 일일이 검사증을 수령해야 했으며, 행정구역마다 화물 운송 관리 시스템이 달랐기 때문에, 기차는 달리는 시간보다 서 있는 시간이 더 많았던 것이다.

어쨌든 북한(청진)을 향한 첫 방북 항로는 이렇게 시작되었다. 하지

27 북한에서 컨테이너를 이르는 말.

만 정부 허가 없이 감행한 이 출항은, 남북 교류 협력에 관한 법률 제20조에 위반이 되어 3년 이하의 징역을 받아야 하나 배가 무사히 돌아왔고 남북 항로 개척에 공헌한 점을 고려해 불문에 부치기로 결정이 났다. '무릇 처음 하는 일들이 그렇듯이 때로는 법을 초월한 용기 있는 행위가 역사를 만들어 가는 법'이라는 것이 당시 나의 각오였다.

그러나 나는 크게 낙담했다. 빈 컨테이너선을 마련해 시험 운항을 한 비용이 아까워서가 아니라, 손에 잡힐 듯 보이던 남북 직항로가 다시 멀어질 위기였기 때문이다. 이런 식이면 대련을 이용한 종래 수송로보다 두 배 이상 시간과 비용이 소요될 것이 뻔했다. 북한 측도 계면쩍었는지 사과를 표명하면서 다른 노선을 제안해 왔다.

"청진항은 좀 문제가 있습니다. 그런데 나진을 이용하면 그렇게 오래 걸리지 않으니 나진을 이용해 주시오. 나진 · 선봉은 대외경제무역자유지대에 있으니 이용하기가 좀더 자유로울 것입니다."

제안을 면밀히 검토한 결과 나진이 확실히 유리하다는 결론을 내리게 되었다. 나진항은 육로로 중국 국경에 더 가깝기 때문에 수송 거리가 짧은 것이 사실이다. 이번에는 시험 운항 없이 바로 사업을 추진하기로 하고 북한과 회담을 했다.

정치적 긴장 속에 열린 북경회담

1994년 5월 말 북경에서 회담이 열렸다. KSS해운의 나, 연변항운공사(延邊港運公司)의 전용만 동사장이 사업 추진자 자격으로 참석했고, 북한 측은 임태덕 대외경제협력추진위 부위원장(전 무역부 부부장)이 참석했다. 회담 중에 북한이 동해에 미사일을 발사해 북미, 남북 간 정치적 긴장이 다시 높아지고 있었기 때문에 혹시 회담이 중지될지 모른다는 우려도 있었다. 그러나 다행히도 회담은 예정대로 계속되었다.

이 항로의 경제성이나 의의 면에서는 양 당사자가 거의 일치를 보았다. 제한적인 경제 개방이지만 나진 · 선봉항을 키워 보겠다는 북측 의지도 비교적 확고해 보였다.

회담의 첫 고비는 사용 선박의 국적을 어떻게 표시할 것인가 하는 문제였다. 내가 제안한 것은 취항시킬 선박을 '대한민국 선박'으로 분명히 표시하자는 것이었다. 그 이유를 나는 이렇게 설명했다.

"엄격히 말하면 이 항로는 우리 헌법상 내항에 해당하므로 당연히 태극기를 달아야 합니다. 내항에는 외국 선박이 취항할 수 없다는 점은 세계적인 원칙이니까요. 그리고 '내항 항로'임을 인정하지 않으면 남북 간의 무역 거래에서 외국과 동일하게 관세를 물게 됩니다. 모든 남북 무역에 관세를 물든지, 내항 항로를 인정하든지 둘 중 하나를 선택하십시오."

북한 측도 이것이 중요한 문제라고 생각했는지 평양과 협의를 위하여 하루 휴회하자고 해서 호텔에서 쉬고 있었다. 마침 그때 TV에서는 북한이 평북 영변의 핵 연료봉 교체를 강행하겠다고 하고, 이에 대응하여 UN안보이사회가 소집되고, 미국에서는 북한의 핵시설을 폭격할 수도 있다는 등의 뉴스를 전하고 있었다. 남북한 사이에는 전쟁 전야 같은 긴박함이 흐르고 있었다. 이런 환경에서는 당연히 북한 측이 다음 회의를 취소할 것으로 생각되었다. 그날 저녁, 통일원 교류

협력국장으로부터 전화가 왔다.

"박 사장님, 정세가 험악한데 회담 중단하고 빨리 귀국하십시오." 회담 진행 중에 담당 국장이 직접 귀국을 종용하는 것은 명령이나 다름없다. 이런 상황이니 그냥 돌아갈 수밖에 없겠다고 생각하고 있었다. 그런데 다음 날 뜻밖에도 북한 측이 회의를 계속하자는 것이다. 그리고 다시 열린 회의에서 전혀 기대하지 않았던 '대한민국 선박'이라는 문구를 계약서에 넣는 것에 동의하겠다고 했다. 나는 날아갈 듯 기뻤다. 지금까지 북한은 민간 계약이라 하더라도 '대한민국'이라는 표현은 절대 허용하지 않았다. 그런데 이번에 북한의 동의를 받아낸 것이다. 남북 역사상 처음 있는 일이므로 그 의의는 대단히 크다. 북한은 우리가 만든 초안을 거의 다 받아들이는 것처럼 보였다. 그러므로 긴박한 정세와 관계없이 우리 일이 척척 잘 되어 가고 있다고 좋아하고 있었다.

그런데 저녁에 북한 측과 한 핏줄임을 확인하는 술과 노래 행사를 마치고 늦게 호텔에 돌아와 TV를 틀었더니, 정세는 더욱 나빠지고 있었다. UN안보위 의장 성명이 발표되고, 클린턴 대통령은 긴급안보회의를 소집하여 모종의 군사조치를 취한다고 하고, 일본은 조총련의 엔화 송금을 금지시키는 등 그야말로 북한의 태도 여하에 따라서는 전쟁이 일촉즉발의 상황에 있음을 알 수 있었다. 나는 긴박해져 가는 뉴스를 들으며, 낮잠에서 깨어난 것처럼 정신이 맑아지는 것을 느꼈다. 문득 생각이 들었다.

'북한이 왜 우리 조건을 받아들였을까? 그렇게 반대하던 '대한민국'이라는 표현 아닌가! 이번에 너무 쉽게 응낙해 왔다. 여기에 무슨

다른 함정이 있는 건 아닐까? 그게 뭘까?'

의문은 꼬리에 꼬리를 물었고, 나는 생각에 잠기기 시작했다.

'만약 우리가 내일이라도 계약을 체결하면, 잘 모르긴 해도, 어쩌면?? 아! 그렇다.'

잠이 확 달아났다.

나의 추론은 이런 것이었다. 지금 미국은 북한에 대한 강력한 군사행위까지 불사하겠다 하고, 일본도 대 북한 송금 금지로 미국에 동조하고 있다. 그렇다면, 대한민국도 당연히 임전 태세에 있다고 보아야 한다. 이런 때 남북 간 정기항로를 개설하기로 합의하였다는 뉴스가 CNN 방송에 나온다면? 미국과 일본은 우리 정부를 무엇으로 알 것인가? 한국 정부의 행동이 모순되는 것은 물론, 이 중대한 시점에 국제적으로 엄청난 비웃음거리가 될 것이 뻔하다.

이런 생각에 미치자, 나의 이러한 가정은 충분히 현실성이 있다고 느껴졌다. 이곳에 나온 북한 대표들이야 알 수 없을지 모르나, 적어도 평양이라면 그럴 수 있다. '대한민국 선박' 표기 문제도 평양 측에서 이틀이나 검토한 후 오케이한 것 아닌가! 그런 목적이 아니라면, 나의 나이브(naive)한 논리에 맞장구칠 만큼 순진한 평양 당국이 아닐 것이다. 이런 추론에 이르니 두 시간 전까지만 해도 성사시키려 했던 계약이 이제는 '먹어서는 안 될 독약'이 되었다.

그러나 나의 이러한 추론은 하나의 가설일 뿐, 이런 가설을 누구에게도 상의할 수 없었다. 그러나 가설이 사실이 되는 날에는 국가에 돌이킬 수 없는 큰 재해를 입히는 꼴이 된다. 자! 어떻게 하면 좋은가? 그냥 합의문에 서명할 것인가? 아니면, 이쯤에서 포기하고 다음 기회를 볼 것인가? 잘된 회담을 고의로 깰 수도 없지 않은가? 밤잠을 설치면서 고민 끝에 생각해 낸 방안은, 합리적이면서도 저쪽에서 받아들이기 어려운 문제를 강하게 주장하는 것이었다.

그런데 고려할 점이 또 있었다. 회담이 결렬되더라도 우리 측 사람들을 포함해서 아무도 의도적으로 결렬시키지 않은 것으로 느끼게끔 끝내야 하는 것이었다. 중국 연변에서는 이 회담이 성사되기를 학수고대하고 있었기 때문에 고의적 결렬은 그들의 기대를 저버리는 것이 된다.

결론부터 말하면 이 회담은 결렬되었다. 계약 말미에 '정부 승인' 조항을 넣는 문제를 내가 끝까지 주장했기 때문이다.

해운업은 본래 국제적인 성격의 사업이기 때문에, 기업 간 계약이라 하더라도 항만, 관세 및 선원 신상 문제 등 출입국의 법적인 협조가 없다면 정상적인 사업이 불가능하다. '양국 정부의 승인을 받을 때 비로소 계약이 유효하다'는 조항을 삽입하는 것이 국제적인 관례다. 나는 이런 관례를 적용하기를 희망했지만 북한 측은 이를 완강하게 거부했다.

회담이 결렬되어 우리는 서울로 철수했다. 북한 측은 전용만 씨를 통해 '표현을 좀더 바꾸자' 혹은 '그 조항 없이도 사업을 할 수 있지 않은가' 하고 몇 차례 타진해 오기도 했다. 그러나 그 후 10월 말까지, 즉 북미 핵 회담이 이루어지기 전까지는 아무런 진전이 없었다.

나진·선봉 회담에서 타결

1994년 추운 겨울이 지나고 이듬해 봄이 되자 북한 측은 나진 · 선봉지구 현지에서 회담을 개최할 것을 제안했다.

"여하튼 나진에 한번 들어와 보시오. 나진항도 와서 보실 겸 들어와서 회담 합쇠다."

나진 · 선봉지구의 실태를 살펴보고, 북한의 진의를 현지에서 직접 파악하기 위해 나는 회담을 수락했다. 이에 따라 1995년 6월 14일 수요일 오후 3시 12분, 나와 유승근 기획실장, 이덕헌 안전품질관리실장, 그리고 전용만 동사장 등은 중국 도문(圖們) 세관에서 간단한 수속을 끝낸 후 승용차 편으로 북한과 중국의 국경인 남양교를 유기획실장의 표현대로 '두려움과 호기심으로 흥분되어, 두근대는 가슴

회담을 앞두고 중국 도문시에서.
왼쪽 두 번째부터 유승근 기획실장, 나, 전용만 회장.

을 안고' 넘게 되었다. 국내 해운인으로서는 최초로 도문을 경유해 북한에 간 것이다.

회담은 다음 날 오전 9시에 열기로 했다. 북측은 평양에서 온 김응렬 대외경제협력추진위원회 부위원장을 대표로 배홍철 나진항 기사장, 강대규 해양무역(수송) 부사장, 유순남 해양무역(투자) 부사장, 유철 조선외운 과장을 비롯해 모두 8명이 참석했다.

회담은 시작되자마자 난관에 봉착했다. 서로 대표단을 소개하고 북한 측 대표 인사와 우리 측 대표 인사가 끝났다. 그런데 본 안건으로 들어가기 전 북측 대표가 연변현통집단의 전용만 회장에게 종이 쪽지를 건네는데, 이를 펼쳐본 전용만 회장의 얼굴이 순간 하얗게 변하는 것이 아닌가! 옆에 앉아 있던 내가 어깨 너머로 읽어 보았다.

'공작(사업) 추진 담보금으로 20만 달러를 선불할 것을 요구한다.'

북한을 방문하거나 사업을 추진하고 있는 기업들이 상당한 뒷돈을 바치고 있다는 소문은 들어 알고 있었으나 막상 이런 정식 회의에서 뒷돈을 요구해 올 줄은 생각지도 못했다. 비공식이라도 사전에 그런 요구가 있었다면 오지도 않았을 것이다. 국내에서도 뒷거래를 배격하고 있는 기업이 북한이라고 해서 응할 수는 없었다. 쪽지를 보는 순간 속으로 '이럴 수가 있나' 하는 생각이 울컥 들었다. 처음 만나는 북한 대표에게 대놓고 화를 낼 수도 없는 노릇이었다. 그래서 전 회장에게 화살을 돌렸다.

"전 회장이 얼마나 신용이 없으면 보증금을 내놓으라고 하겠소. 아마 전 회장이 북한에서 신용 없는 짓을 많이 한 모양이구먼!"

나는 자리를 박차고 숙소로 돌아와 버렸다. 내가 떠나 버렸으니 분위기도 썰렁해졌을 것이다. 나는 이런 식이라면 회담이고 뭐고 다 집어치우고 돌아가야겠다고 생각하고 누워 있었다. 그런데 한 30분이 지나자 북한 측이 나를 다시 부르는 것이다. 회의장에 다시 들어간 나에게 북한 대표는 미안한 표정을 지었다.

"우리가 좀 착각이 있었습니다. 박 회장께서 불쾌하신 모양인데 없던 것으로 철회하겠으니 오해하지 마시기 바랍니다."

이렇게 정중한 사과와 함께 첫 해프닝은 끝났다. 물론 그 30분 사이에 전용만 회장의 거센 항의가 있었음은 두말할 필요도 없다. 그리하여 회담은 겨우 본론으로 들어갈 수 있었다.

본 회담은 초반부터 쉽지 않았다. 북한 측이 북경에서의 합의 내용을 번복하고 나온 것이다. 그들은 '대한민국 선박'이라는 용어를 받아들일 수 없다고 했고, 이로써 문제는 다시 원점으로 돌아가 버렸다.

나진 현지 회담 광경. 오른쪽이 북한 대표, 왼쪽이 한국과 중국 대표.

우리는 '법 조항을 볼 때 이 거래는 내항 항로를 기반으로 한다. 따라서 국호를 명기하지 않으면 사업을 할 수 없다'며 설득했지만 북측 태도는 완강했다. 계속된 논란 끝에 우리는 국호를 간접적으로라도 나타내자는 취지에서 '부산항과 나진항에 치적된 선박'이라는 용어를 제안했다. 그러나 그들은 이 방안도 수락할 수 없다고 했다. 나는 더 이상의 제안을 낼 수 없다고 밝히고, 북한 측 안을 촉구했다. 북측이 제시한 안은 '주식회사KSS해운이 운영하는 선박'이었다. 나는 즉각 거부했다. 이것은 외국 선적의 선박을 용선하는 경우를 포함시키는 것으로, '대한민국 선박'이라는 의미는 퇴색된다. 게다가 이것은 곧 내항 항로가 아니게 된다. 정부 승인을 받을 수 없을 뿐만 아니라 관세 문제도 복잡해진다.

6월 16일 금요일. 나는 역제안을 내놓았다.

"마지막 제안입니다. '주식회사KSS해운이 소유한 선박'으로 합시다. 이것도 거절하면 그냥 돌아가는 수밖에 없습니다."

북측은 분주히 평양과 전통을 주고받더니, 이 안을 받아들였다. 마지막 고비를 넘긴 양측은 토요일인 17일 계약서 문안 작성에 들어갔다. 여기서 또다시 걸림돌이 나타났다. 마지막 조항에서 계약을 작성하는 언어를 어떤 것으로 할 것인가 하는 점이었다. 우리 측은 "계약서는 각각 '한글'로 1부씩 작성한다"라고 쓸 것을 주장했고, 북측에서는 "계약서는 각각 '조선말'로 1부씩 작성한다"라고 주장했다. 한나절이 걸린 입씨름 끝에 "계약서는 각각 '우리말'로 1부씩 작성한다"라는 문구로 합의했다.

마침내 1995년 6월 18일, 나진·선봉을 중개로 부산과 길림성을 잇는 직항로 개설 계약이 성사되었다. 우리 회사와 연변 현통집단이 55 대 45로 출자해 설립한 동용해운과 북한 대외무역공사가 계약 당사자가 되었다. 이에 따라 그해 10월 6일, 부산에서 연변 현통집단 소유의 연룡4호(1,500톤급)가 첫 취항하면서 남북 직항로가 열리게 되었다.

울고 싶은데 뺨 맞은 격

계약은 우여곡절 끝에 한국 선박을 사용하는 조항에 합의는 했다. 이 조항이 합의된 것의 의미는, 대한민국 선박 취항을 북한이 인정한 것이고, 또한 부산과 나진 간의 항로가 대한민국 헌법상 내항이라는 점을 확실히 한 것이다. 나중에 안 일이지만, 동시에 진행된 정부 간 쌀 지원 북경회담에서 수송 선박을 대한민국 국적선으로 표기하지 못하고 '우리 선박'이라는 막연한 표현으로 나타내기로 합의했다. 이러한 표현이 청진항에서 '태극기 강하 사건'이 일어난 원인이기도 한 것이다. 김영삼 정부가 나보다도 못한 협상을 한 셈이다. '태극기 강하 사건'이란, 쌀을 실은 우리 배가 청진항에 입항하기 전에 태극기를 내리라는 북한의 억지 주장에 선장이 따르고 만 사건이다. 나는 전날 밤 쌀을 선적한 배가 속초를 떠났다는 TV 뉴스를 보고 바로 항만청 고위 당국자에게 전화를 걸었다.

"아무래도 예감이 이상합니다. 지금 선장에게 연락해서 만약 북한이 태극기를 내리라고 하면 입항하지 말고 돌아오라고 하세요. 그렇게 하면 북한이 꼬리를 내릴 것입니다."

"설마 그럴 리가 있을까요? 박 회장이 너무 민감한 것 아닌가요?"

그가 내 말을 무시하는 것이었다. 북한 영해에 들어가면 통신을 할 수 없다. 저쪽에서 사건이 터지면 이쪽에서는 대응할 방법이 없다. 결국 고립무원 상태의 선장이 굴복하고 말았다. 두고두고 해운사(海運史)에 오점으로 남을 사건이다.

각고 끝에 '대한민국 국적선박 사용'을 하는 데는 합의하였으나, 북한 측은 "다만, 초기 일정한 기간은 제3국 국적 선박을 리용한다"는 단서조항의 삽입을 요구했다. 북한 인민에게 태극기를 보이고 싶지 않다는 뜻이다. 북한이 대한민국 국기를 얼마나 두려워하는가 하는 증좌이다. 그때 느낀 경험을 토대로 정부에 예고했는데도 우리 정부가 활용하지 못했다. 북한의 단서조항 삽입을 내가 마지못한 척하면서 받아들였지만, 나는 애초부터 한국 국적선을 사용할 생각이 없었다.

1983년 11월, 북한 남포-일본 간의 북한산 냉동조개 운반선 제

용선 운항한 중국 선박 추싱호. 부산항에서 나진항으로 출발하고 있다.

18후지마루(富士丸)에 잠입한 북한 병사 한 명을 모지(門司) 해상보안청에 인계한 사건이 벌어졌다. 남은 화물을 싣기 위하여 다시 남포항으로 갔는데, 북한은 선장과 기관장을 북한 병사 납치범으로 체포했고 재판을 받아 15년형을 살게 되었다. 아무 죄 없는 선장과 기관장이 저항했으나 감금된 지 5년째 되는 해에 납치를 인정하면 돌아가게 하겠다는 감언이설(甘言利說)에 속아 그들이 써준 대로 서명한 결과, 석방은커녕 도리어 15년형을 때린 것이다.

그런데 1990년 10월 일본의 거물 정치가 가네마루(金丸 信) 씨가 방북하여 그들을 데리고 나왔다. 풀려나온 선장이 쓴 책을 읽어 보았다. 그 후 나는 어떤 일이 있어도 북한에 우리 회사 배는 보내지 않기로 하였고, 외국 용선선박 사용을 마음먹고 있었다. 그러므로 북한의 그런 단서조항 삽입 요구는 '울고 싶은데 뺨 맞은 격'이었다. 그리고 실제로 중국 선박을 용선하여 투입했다. 남북항로의 위험성은 북한에서 배에 숨어 들어오는 망명자를 인권보호 명분상 석방하지 않을 수 없는 데 있다. 그렇게 되면 남북항로는 깨진다. 단, 그 배가 중국선박이라면 북한도 함부로 다룰 수 없을 거라 판단했다.

조용한 항로

계약이 성사될 당시 남북 간 정치·군사적 긴장은 매우 높았다. 이러한 상황에서 남북을 오가는 정기 항로가 트인다는 것은 획기적인 일이었다. 일본 언론에서는 이를 대서특필했고, 특히 중국 연길에서는 전용만 동사장이 회담 성사 과정에서 중요한 역할을 했다 하여

'동북아의 해운왕'으로까지 일컬어졌다.

그러나 국내에서는 오히려 이 사실이 크게 취급받지 못했다. 당시 남북 간 긴장이 높아지기도 했고, 마침 북경에서 남북 쌀 회담이 성사되어 상대적으로 관심의 초점에서 벗어난 탓이기도 했다. 남북 간 직항로가 개설되어 있다는 사실을 아직도 모르는 일반인이 대부분이었다. 첫 항차가 부산에서 출항할 때도 북한의 태극기 강하 사건으로 대북 강경 분위기가 압도적인 상태였기 때문에 정부는 국민 정서를 우려해 신문, 방송 등 홍보 금지는 물론 부산항에서 취항식도 하지 못하게 할 정도였다. 특히 언론에 부각되는 것을 정부 측에서는 달갑게 여기지 않았다. 내가 나진에서 계약을 맺고 북경에 돌아오니 황병태 주중대사가 나를 대사관으로 불렀다. 황 대사에게 경위를 설명했는데 '수고했다'는 말 대신 "한국에 가면 당분간 비밀로 해주세요"라고 내 입을 봉하는 것이었다. 돌아오면서도 그 이유를 몰랐다.

그러나 서울에 도착하여 그날 신문을 보니 전날 북경에서 정부 대표 간의 소위 '쌀 회담'이 성공했다고 대서특필로 보도되고 있었다. 그러므로 내가 성취한 남북 정기항로 개설 소식이 동시에 알려지면 정부가 성공했다고 자만하는 쌀 회담의 성과가 반감된다. 나는 신문을 보고 부아가 치밀었다. 아무리 정부 간 회담 성과가 중요하다 하더라도 남북 정기항로 개설도 숨길 수 없는 일이다. 그래서 나는 대학 후배인 중앙일보 전영기 기자를 만나자고 해서 특종거리를 주었다. 그가 나를 걱정하면서 말했다.

"기사 소스를 어디라 할까요?"

"연길 소식통라고 하면 어떨까? 연길에서는 어제 저녁방송에 나갔어."

그렇게 해서 다음 날 중앙일보 조간 1면에 실렸다. 중앙일보를 본 항만청 기자들이 난리가 났다. 항만청장에게 경위를 설명하라고 해서 내가 대신 기자회견을 했다. 황 대사가 비밀로 하라는 요청을 이런 식으로 거역한 것이다.

그러나 이처럼 여론의 뒤편에서 조용히 사업이 진행되는 것이 오히려 도움을 준 면도 있다. 정치적 이슈와 결합되면 사업을 안정적으로 진행하는 것이 더욱 어려워질 수 있기 때문이다.

양 당국 간 해운 협정도 없이 남북 간 항로를 운영하는 일은 어렵기만 하다. 실질적으로 정기선을 운영하고 있음에도 양 당국은 '정기 항로'라는 용어를 굳이 피하고 있다. 이런 상황에서 어떤 문제나 클레임이 발생한다면 피해를 입는 것은 민간 기업이다. 나 자신도 해운 협정 없는 정기 항로는 위험하다고 생각한다. 남이 안 하는 일을 한다는 자부심, 그리고 남북 관계 개선을 위해 밑거름이 되겠다는 장기적인 안목이 없으면 안 되는 일이다.

남북항로의 종말

막상 시작해 보니 애로 사항이 많았다. 나진항에서 선봉을 거쳐 두만강변의 남양까지의 철도가 낡아서 도저히 짐함을 운송할 수 없었다. 중국 훈춘과 나진 사이의 흙 도로가 좁고, 굴곡과 경사가 심한 산길이라 운송하던 트럭이 넘어져 운전사가 사망하는 일도 있었다. 이런 악조건에서 운송을 시작한 지 1년이 조금 지난 어느 날, 길림성에서 훈춘과 나진 간의 도로와 철로 상태를 조사한 결과 아스팔트로 모두 포장하고 보수하는 총 비용이 3,000만 달러(약 300억 원)가 드는데 중국 측에서 해주기로 했다는 소식이 들어왔다.

육로 수송은 연길 측이 맡고 있으니까 당연하다며 환영하고 있었다. 그런데 연길에서 나에게 한국 정부에서 자금을 대여해 줄 수 있는지 타진해 달라고 부탁했다. 당시만 하더라도 중국의 외화 사정이 여의치 않았는데도 자진하여 한다니 '가상하다'고 생각했는데 이런 부탁을 받고 보니, '그럼 그렇지, 결국 우리에게 손을 내미는구나!' 하면서 당시 통일부 강인덕 장관을 찾아갔다. 자초지종을 설명하고는 우리 정기선 사업에도 필요한 일이고 연길 동포사회에도 도움이 되며 결국 우리나라(북한) 땅에 하는 공사이니 대북정책에도 도움이 될 것이 아니냐고 설득하면서 중국 측에 차관을 제공할 방안을 강구해 달라고 부탁했다. 그랬더니 강 장관이 말했다.

"차관 목적은 이해하는데, 절차상 중국 정부의 정식 요청이 있으면 좋겠습니다."

나는 이 말을 연길에 전하였으나 중국 정부가 길림성 차원에서 요청하라고 하여 성사되지 못하고 세월만 흘러갔다.

그 후, 매년 일본 니이가타 지사가 주관하는 동북아시아경제회의에 초청되어 참석했는데, 거기서 북경회담 때의 북한 대표였던 임태덕 무역부 부장을 만났다. 나는 그에게 '중국 길림성 측에서 우리에게 3,000만 달러를 지원해 달라고 하더라'고 했더니 벌컥 화를 내면서 "아니, 자기들이 한다고 하면서 남조선에 부탁해요? 여하튼 사업을 하려면 누구 돈이 됐든 공사를 하셔야지요?"라고 북한 도로공사를 우리 측에서 하는 것이 당연한 것처럼 말하는 것이었다. 나는 기가 막혔으나 한마디 던져 보았다.

"좋소. 그러면, 완공 후 통행료를 우리가 징수할 수 있도록 해주시겠습니까?"

그러자 "국가 주권을 내놓으라는 소리구만!" 하고 그가 소리를 질렀다. 나는 속으로는 '주권 좋아하네'라고 막말을 하고 싶었으나 "그럼 못하는 거지요. 그만둡시다" 하고 헤어졌다. 왼손잡이가 오른손잡이가 되려면 아직 멀었음을 알 수 있었다.

순조롭게 나가던 항로에 문제가 생겼다. 2007년 5월 북한 선박 '강성호'를 새로 투입한다는 소식이 전해졌다. 다시 말하면, 북한에 경쟁업체가 생긴 것이다. 런던의 선체보험조합에 가입할 수 없는 30년 넘은 낡은 선박으로 뛰어든 것이다. 우리에게 대리점을 부탁한다고 한다. 일단 대리점 면허가 없어 못한다고 거절하였다. 대리점을 해달라는 부탁은 부산항에서 발생하는 항비를 포함한 모든 경비를 대불해 달라는 말이나 진배없다. 유류공급 대금이 가장 클 것이다. 대리점을 인수하면 대불 액수가 증가할 것이 뻔하다. 언제 회수되는지도 모르는 부실채권만 증가할 것이다. 우리가 거절했더니 다른 업체를 대리점으로 지정하여 북한 선박이 나진에서 짐을 싣고 입항했다.

그런데 문제가 생겼다. 우리 고객들이 하나같이 북한 선박에 짐을 싣는 것이다. 우리 고객의 화물은 대부분 연길의 컨테이너 화물인데, 연길에서 컨테이너째로 나진항에 오면 곧바로 선적하는 것이 아니라 일반 트럭으로 화물을 싣고 와서 나진항에서 컨테이너에 넣는다. 그렇게 하는 이유는 실제는 연길 화물인데 북한 원산지증명서를 가짜로 만들어 관세를 면제받기 위해서다. 나진 당국은 당연히 돈을 받고 원산지 증명서를 해준다. 북한 측에서 북한 선박에 싣지 않으면 원산지 증명을 해주지 않겠다니 별수 없이 연길 하주들은 북한 선박을 이용하지 않을 수 없는 것이다. 이런 연유로 지금까지 조금씩이나마 증가하던 연길 화물이 급감하기 시작했다.

이후 3년간을 더 버티다가 2010년 드디어 우리가 손들고 말았다. 연길 측과의 합자회사인 ㈜동룡해운도 청산했다. 1996년부터 15년간을 버틴 나진-부산 간의 정기선은 역사의 뒤안길로 사라졌다. 우리 회사가 자랑으로 여기는 것은 흔한 남북협력자금을 한 푼도 안 쓰고 처음부터 끝까지 정부 지원 없이 이 항로를 유지한 일이다. 우리가 배운 것은, 북한과의 사업은 모든 면에서 비정상이 정상이라는 것이다. 한때는 흑자를 내기도 했으나 전 기간을 통하여 다소의 손실은 불가피했다.

한국의 북한정책에는 문제가 있다. 그간 우리는 대기업 위주로 북한에 보냈다. 현대가 대표적인 예이고, 과거 대우 봉재 사업이 그렇다. 북한이 대기업을 원하니 그럴 수밖에 없다고 하나, 이는 북한의 정책이지 한국의 독자적인 정책이 있어야 했다. 북한은 재벌기업을 통하여 큰돈 투자만을 원한다. 기업경영에는 관심이 없다. 즉 물고기만 먹으려고 하지 낚시할 줄은 모른다. 우리가 대기업보다 중소기업을 북한에 보내어 공장을 돌리고 경영하면 북한이 기업경영을 배우게 된다. 그렇게 해야 개혁개방이 밑에서부터 이루어져 그것이 대세가 될 수 있다.

현대가 개성공단을 조성해서 소기업을 입주시키는 것을 소기의 목적인 것으로 착각하고 있다. 개성공단이 없으면 북한 남포나 신의주 원산 등 내륙 현지에 수출제품 공장을 짓고 고기 낚는 법을 익히게끔 할 수도 있었을 것이다. 사람의 왕래도 많아질 수밖에 없다. 북한이 응하지 않을 수도 있다. 그러면 응할 때까지 참고 기다리는 것이다. 금강산 개발 같은 큰 것을 하면 정치적으로는 큰 성과를 올린 것으로 선전되지만 북한에 실질적 변화를 가져오지 못한다. 중소기업 위주의 북한 진출을 했어야 했다. 그랬으면 지금쯤 개혁개방이 자연스럽게 이루어질 수도 있었을 것이다.

3부

주식회사
모델 만들기

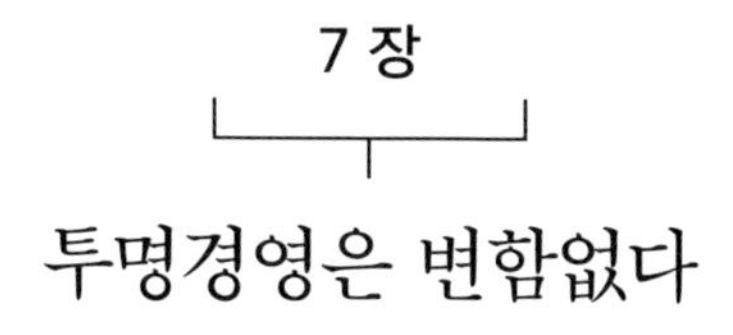

7 장

투명경영은 변함없다

KSS해운의 5무(無)

30년 동안 온갖 신고를 겪은 회사라면 무언가 사시(社是)나 사훈 같은 것이 있지 않을까? 그러나 우리 회사에는 사시는커녕 그럴듯한 표어도 없다. 도대체 형식적인 표어가 무슨 필요가 있는가? 어떤 지표가 있으면 그냥 실천하면 되는 것이다. 이것이 나의 기본 생각이다. 거창한 어구를 동원해 기업 이미지를 창출하려고 애쓰는 경우도 흔히 볼 수 있으나 대부분의 경우, 기업의 실상과 어긋날 때가 많다. 심지어 자기 회사의 사시에 냉소적인 시선을 보내는 사원도 적지 않은 것이 우리 기업 문화의 현주소다. 그런 점에서 우리 회사는 매우 실제적이고 실용적이라고 자부한다.

그런 만큼 우리 회사 분위기는 독특한 점이 있다. 매출 2,000억 원을 넘는 기업치고는 상근 이사가 3명뿐이고, 이사들은 별도 집무실 없이 평사원들과 나란히 근무한다. 업무도 현장 사원들에게 대폭 위임되어 회계 결산은 임원이 아닌 총무부장(회계겸임)이 확정하도록 아예 회사 규정에 못박아 놓았다.

영업 업무도 마찬가지여서, 화물을 확보하고 운임을 책정하는 일은 일선 영업사원들이 고객과 상담 현장에서 바로 결정한다. 우리 직원이 대외적으로 나가서 결정하면 내부의 상사가 이를 번복하지 않는다. 설령 직원이 실수를 저질렀다 해도 한번 공식적으로 한 약속은 회사 전체의 약속인 만큼 손해를 보더라도 이행한다.

우리 회사 내에서는 이와 관련된 일화가 많다. 예를 들면 이런 일도 있다. 영업부 사원 한 사람이 거래처와 상담하고 왔는데, 거래처에서 연락이 왔다. 우리 직원이 자기들에게 운임을 더 낮춰 줄 수 있다고 약속했다는 것이다. 확인해 보니, 그 사원은 절대 그런 말을 한 적이 없다며 펄쩍 뛰었다. 하지만 거래처 쪽은 계속 약속을 받았다고 주장했다. 자세한 내역을 물으니, 술자리에서 그런 말을 했다는 것이었다. 회사에서는 두말 않고 거래처 요구대로 운임을 인하해 주었다.

1978년의 일인데, 백지계약을 한 일도 있다. 한번은 K산업이라는 곳과 거래가 있었는데, 일본에서 200톤 규모인 적은 양의 화물을 수입하는 일이었다. 물량이 적으면 톤당으로는 비쌀 수밖에 없는데 그쪽에서 자꾸 운임이 비싸다고 하는 것이다. 우리로서는 적정 운임이어서 무턱대고 깎아 줄 수는 없었다. 그래서 생각다 못해 그 자리에서 운임이 빈칸으로 된 백지계약서를 내밀었다. "얼마든지 당신네 회사가 내고 싶은 액수를 써넣으십시오" 했더니 3,500달러를 써냈다.

턱없이 낮은 운임이지만, 그대로 결정해 주었다. 이후 그 거래처와는 운임을 둘러싼 문제는 일절 발생하지 않았다.

나는 평소 직원들에게 일을 대폭 위임해 주고 있지만 위임제도가 잘 되어가고 있는지 가끔 점검할 필요가 있었다. 시간이 지나면 중간 관리자가 밑에 있는 사람들의 일을 거두어 가는 경우가 생기기 때문이다. 그렇게 안 하면 위임규정만 있고 위임제도는 없어진다. 맨 아래 사람들이 스스로 일할 기회를 주고 능력을 기르기 위해 반드시 필요하다.

위임제도의 점검은 말단 직원의 반응을 보면 안다. 1980년대 일이다. 한번은 배영록 영업부 대리에게 최근 영업은 어느 회사와 해 보았느냐고 말문을 열었더니 우리나라 굴지의 S상사라고 했다. 운임 네고는 어떻게 하는지 물으니, 최근 일을 이렇게 보고하는 것이다. S상사와 운임에 합의하고 일어서는데, S상사의 부장이 '합의된 운임에 대하여 내일까지 상사의 결재를 받아 확정 통보해 주겠으니 너희 회사가 먼저 확정지어 주어야겠다. 빨리 회사에 들어가 윗분의 승인을 받아서 알려 달라'고 하기에, "제가 결정한 것이 곧 회사의 결정이니 그냥 결재를 올려도 됩니다"라고 했다고 한다. S상사의 부장은 '우리 회사 부장급이 조그만한 해운회사의 대리급보다 못하다'고 탄식하더란다.

고객이 부르면 그쪽 직급보다 하나 위의 사람이 가야 하는데 우리 회사는 워낙 인원이 적어 그렇게 못하는 일이 비일비재하다. 그래서 나는 "만일 자네 상사가 자네가 결정한 운임에 이견이 있으면 어떻게 하려고 했나?" 하고 물었다. 그랬더니 배 대리의 대답은 나를 만족시키기에 충분하였다.

"그런 걱정은 없습니다. 팀장이나 부장이나 저나 생각이 다 같은 걸요. 몇 센트 정도의 차이는 협상 시점에서 담당자의 생각에 따라 다르지만, 상사와 의견이 달라 본 적은 한 번도 없습니다. 누가 나가도 거의 비슷한 운임을 제시하게 되니까요. 사내에서 공유하고 있는 선이 있기 때문입니다."

위임제도가 성공하고 있다는 증거다. 기껏 유능한 직원을 뽑아놓고서 소위 '머슴'으로 만든다면 경영자의 자격이 없다는 것이 나의 소신이다. 지연, 혈연, 학연 등 한국 사회 특유의 인맥 문화도 우리 회사에는 전혀 없다. 그래서 우리 회사를 아는 사람은 '5무(無)'를 발한다. 사시, 인맥, 리베이트, 밀수, 회계 장부 조작 등은 KSS해운에 없다.

국제화로 이끈 거북선

우리 회사는 1970년 1월 창업 이후 지금까지 뒷거래를 하지 않고 사업을 해온 업체다. 나는 50년간 줄곧 리베이트를 주지도 받지도 않겠다는 원칙을 지켜 왔다. 리베이트를 주려면 비자금을 조성해야 하고, 그러려면 이중장부를 만들어야 한다. 바로 거기서 비리와 부정이 싹트고 직원들을 타락시켜 결국 회사를 갉아먹게 된다. 로비나 뒷거래가 아니라 기술과 실력으로 경쟁해야 발전한다는 것을 입증해 보자고 마음먹었기 때문이다.

차라리 손해를 볼지언정 원칙을 벗어난 거래는 하지 않겠다는 것이다. 그러나 우리 기업 풍토에서 우리 회사의 원칙은 오해나 불이익으로 돌아오는 경우가 많았다. 운송 계약이 취소되는 경우도 적지 않았다. 하지만 손해를 감수한다는 독한 마음으로 3년가량 그 원칙을 고수했다. 그러자 우리의 뜻을 알아주는 고객들이 하나둘 늘었고 이제는 리베이트라는 말 자체를 잊은 지 오래되었다.

사실 리베이트가 없는 영업이 쉽지는 않았다. 최초 도입한 700톤 선박의 60퍼센트를 차지하는 장기 계약을 리베이트 없이 체결해 준 한일합섬 김한수 회장님의 은덕이 컸다. 그 후 영업부 임직원들과 나 사이에 리베이트 싸움이 전개된다. 임직원들도 처음에는 '리베이트 없이 어떻게 영업하라는 것이냐? 이대로 가다가는 우리 회사 망한다'라며 나의 방침에 맞섰지만, 리베이트 없이 한일합섬과의 큰 계약에 성공한 내 실적에 눌려 극력 반대하지는 못했다. 직원들은 고객이 요구하는 리베이트를 거절하지 못하고 어떻게든 회사에서 현금을 타 내려고 한다. 나는 영수증만 있으면 지급한다고 약속했다. 그랬더니 술값이 부풀어져 들어온다. 30만 원어치 술을 먹고 300만 원짜리 영수증을 만들어 오는 것이다. 당시에는 부가가치세가 없어 먹종이를 대고 끊어 주는 간이영수증이었다. 처음에는 약속대로 지급해 주었다. 그러나 계속 가짜 영수증을 인정할 수 없었다. 그래서 "술값을 내가 모르는 줄 아느냐? 나를 속일 생각 하지 마라"라고 일갈하고 부풀어진 가짜 영수증을 결제하지 않았다.

그랬더니 이번에는 반도호텔 금은방의 금 거북선 영수증이 들어오기 시작했다. 이것도 처음에는 약속대로 결제해 주었다. 세월이 가면서 반도호텔 거북선을 우리 회사가 다 사는 꼴이 될 것 같았다. 리베이트로 현금 대신 금을 갖다 준 것이다. 나도 이 이상 참을 수 없었다.

"영수증을 가져오면 결제한다는 약속은 했지만, 리베이트 영업 금지 방침을 위반하는 행위다. 정신자세가 틀려먹은 게 아니냐!"

임원회의에서 이렇게 야단을 치고 결제하지 않고 버텼다. 그랬더니 영업부 임직원들이 고민에 빠졌다. 고객은 리베이트를 요구하고 회사는 현금을 지급하지 않으니 방법이 없어졌다. 궁하면 통한다고 직원들이 리베이트를 요구하지 않는 고객만을 찾게 된 것이다. 마침 일본 고객들은 우리에게 리베이트를 요구하지 않았다. 그래서 일본 상사와의 거래가 점차 증가하고, 국내는 여천, 울산에 산재한 대기업 그룹 계열사가 따라 주었다. 50년이 다 된 오늘날 매출액의 70퍼센트가 해외 거래에서 나온다. 리베이트 없는 영업방침이 자연스럽게 우리 회사를 국제화로 이끌게 된 것이다.

새는 구멍 틀어막기

비자금을 안 만들고 투명한 회계처리를 하려면 고객에게 리베이트를 안 주는 것만으로는 해결되지 않는다. 영수증 없이 나가는 구멍을 하나하나 막아 가야 한다. 작은 구멍이지만 그중 하나가 교통순경에게 봉투를 주지 않는 것이다. 회사 승용차를 타고 큰길로 나가면 교통순경이 영락없이 휘슬을 분다. 무조건 교통위반이라고 한다. 회사 차라는 것을 알고서 그랬다. 1970년대는 그런 시대였다. 통행세를 좀 내고 다니라는 뜻이다. 몇 푼 집어주면 되는 것이지만 영수증이 없는 돈의 지출을 금지하는 회사 방침에 어긋난다. 하는 수 없이 넥타이 등을 만들어 선물로 대신했다. 두세 번 넥타이만 받고 현금이 안 나오니 순경도 포기했다.

1970년대 초, 한적한 경부고속도로에서 속도위반으로 걸린 일이 많았다. 그때마다 기사가 나가서 교통순경 귀에 대고 몇 마디 하니 그냥 가라고 했다. 나는 돈으로 무마하는 줄 알았다. 기사에게 "무슨 말을 했는데 가라고 하나?" 했더니 대답이 걸작이다.

"우리 사장님 성함이 '박종규'라고 하면 그냥 가라고 해요. 거짓말은 안 했습니다."

당시 청와대 경호실장과 내가 동명이인이었던 덕을 본 것이다. 회사에서 교통위반 벌금은 운전자 책임이라는 규정 때문에 임기응변의 대처로 벌금을 면한 것이다.

경찰서 정보과 형사들이 가끔 중소기업 사장실을 들른다. 정보비 조달이 목적이다. 한참 소파에 앉아 신문이나 보다가 가는데 이 경우도 하는 수 없이 선물을 사두었다가 현금 대신 드리면 투덜거리면서 나간다. 당시 사회상의 하나다. 나라가 가난하니 어쩔 수 없었다. 세 번은 오지 않는다. 이렇게 하여 작은 구멍을 막곤 했다.

조금 큰 구멍은 은행과 세무서다. 당시 융자액의 3퍼센트가 상식이었다. 비자금을 만들 수 없으니 3퍼센트를 낼 수는 없고 은행융자 자체를 포기했다. 선박 건조 자금이 필요할 때면 외국은행에서 빌렸다. 운영자금은 항상 모자라지 않도록 주의했으나 2차 오일쇼크 이후 경영이 어려워, 할 수 없이 사채를 썼다고 앞서 고백했다. 자금이 모자라 힘든 나날을 보내야 했다. 마지막으로 세무서 사건을 이야기해야겠다.

사업을 시작한 지 꼭 5년 만인 1975년에 세무조사가 나왔다. 담당

조사원이 내 방으로 바로 들어와 한다는 말이, 이 회사 매출을 보니 세금이 약 5천만 원 되겠다고 하면서 "나한테 2천만 원만 주시오. 그러면 세금을 천만 원으로 줄여 드리지요. 그래도 회사는 2천만 원 아끼는 것이니 서로 좋은 것 아니겠습니까?"라고 노골적으로 제안했다.

내가 기가 막혀서 "장부를 보고 말씀하시지요"라고 했더니 자기 제안을 거절한다고 생각했는지 "알아서 하세요" 한마디 내뱉고 횅하니 나가 버렸다. 회사 장부와 증빙서를 자기 사무실로 다 가져오라고 해서 그렇게 했다. 일주일 뒤, 그 조사원이 말한 대로 정확히 법인세 추징금 5천만 원이 고지되었다. 대부분의 선박 수리비를 무조건 손비부인한 것이었다. 내 딴에는 투명경영을 한답시고 깨끗한 회계처리를 했는데, 화가 머리끝까지 치밀었다.

'세무조사원이 장부도 보지 않고 자기 말 안 듣는다고 세금을 주먹구구식으로 때려! 이럴 죽일 놈! 어디 두고 보자!'

그래서 수리조선소가 세무 신고한 자료를 복사해 보자기에 가득 싸서 세무서장실로 쳐들어갔다. 자료 보따리를 서장 책상 위에 내던지면서 "이게 대한민국 세무서요?! 말도 안 돼요. 똑똑히 검토해 보세요"라고 소리를 질러대니 서장이 검토해 볼 테니 회사에 가서 기다리라며 달랬다.

일주일이 다 된 시점에서 서장실에서 들어오라는 연락이 왔다. 서장님 말씀이 "우리 직원이 잘못했어요. 이번만큼은 세금이 없도록 하겠습니다"라고 사과하면서 무세로 인심을 썼다. 보통 같으면 "고맙습니다" 하고 인사하고 나와야 하는데 "그게 답니까?" 하고 대들었다.

"더 어떻게 해달라는 말입니까?"

나는 발끈해서 그 세무원이 '2천만 원 제안'한 일을 이실직고했다.

"그놈을 파면해서 내 눈에서 안 보이게 해 주시오."

일개 업자가 국세청 인사권에 관여하는 발언이었다. 세무서장도 기가 막혔는지 대답을 못하고 가만히 있었다.

"서장님이 못하시면 제가 국세청장한테 쫓아가겠소."

서장을 협박까지 한 것이다. 세무서라고 하면 지금도 그렇지만 업자들은 벌벌 떤다. 무세만으로도 고맙다고 하고 나와야 하는데 국세청 인사권을 들먹거렸다. 그때만 하더라도 젊어서 불의에 못 참았다. 열흘쯤 지나 "그자가 강원도로 쫓겨갔다고 합디다"라는 우리 직원의 보고를 받고 한숨을 쉬었다. 한바탕 세무서하고 싸우고 나니 제정신이 들었다. '세무서가 다음번에 보복하지 않을까?' 하는 걱정이 들었다. 그러나 투명회계를 하는 한, 세무서 걱정은 없다고 자답하며 잊고 지냈다.

그 후 15년간 세무조사를 받은 일이 한 번도 없다. 1990년도가 되어 '이상하다. 왜 안 나올까?' 하는 의문이 들었다. 세무서에 직원을 보내 알아보았다.

"우리 회사에는 나올 사람이 없었다고 합니다."

강원도로 내쫓긴 일이 있으니 아무도 안 가려고 해서 조사할 수 없었다는 것이다. 그 말에 가슴을 쓸어내렸다. 1980년대에 세무조사가 나왔다면 우리 회사는 망했을 것이다. 앞에서 말한 사채 때문에 장부가 엉망이 되었기 때문이다. 사채업자들은 이름을 밝히지 않는다. 그래서 사장인 내 이름으로 가수금/가수반제로 회계처리를 한다. 이자를 갚은 만큼 가수금보다 가수반제 금액이 더 크다. 결국 내가 회삿

돈을 사용(私用)으로 가져가는 셈이 되는 것이다. 세무서 조사가 나와 알게 되면 특수관계자의 상여로 엄청난 세금추징이 이루어진다. 최종 사채 22억 원의 대부분이 이자 지급 때문이다.

그렇지 않아도 해운 불경기라 자금이 어려워 사채를 쓰는 지경인데 큰 세금까지 덮치면 기업은 끝장이다. 그런데 15년 전 일로 세무조사를 면했기 때문에 회사가 산 것이다. 하늘이 도왔다는 말 외에 달리 할 말이 없다. 사채도 다 정리되었고 해운통폐합으로 완전히 다른 회사인 ㈜KSS해운으로 다시 태어났다. 그 전 회사 ㈜KCC해운은 세상에서 사라졌다. 다 정리된 후였다. 사람을 보내 세무조사를 나와 달라고 간청해서 조사를 받았다. 성당에서 고해성사를 하고 세례도 받은 듯한 기분이었다.

아들의 편지

1987년 1월. 내가 도쿄에 출장 가 있을 때, 마침 아내도 라이온스클럽에서 6·25 참전용사를 위로하는 행사 때문에 영국 방문 중이라 서울 집에는 큰아들만 남아 있었다. 둘째, 셋째도 미국 유학 때문에 집에 없던 상태였다.

호텔에서 막 나서려던 아침 8시쯤, 장남에게서 전화를 받았다.

"아버지, 지금 국세청에서 나오셨는데 집을 수색하겠답니다."

느닷없는 전화에 적잖이 놀랐으나 아무 거리낌이 없었기에 즉시 대답해 주었다.

"글쎄. 아무 잘못이 없는데 왜들 오셨는지 모르겠구나. 수색을 하시라고 말씀드려라."

전화를 끊고 생각해 보아도 영문을 알 길이 없었다. '기업 부정에 대한 수사를 광범위하게 하는 모양이군' 하고 생각하며 남의 일처럼 넘어갔다. 그 후에도 나 개인이나 회사 쪽으로 특별히 세무조사라든가 무슨 통지가 온 일도 없었으니 정말 모를 일이었다.

나중에 장남이 하는 말로는, 이날 아침 수색을 나온 국세청 직원들의 솜씨가 보통 베테랑이 아니었단다. 양탄자 밑이며 문틈 등 '저런 곳까지 조사하나?' 할 정도로 집안 곳곳을 한 뼘도 남기지 않고 샅샅이 뒤졌다는 것이다. 그런데 시간이 지나도 아무것도 나오지 않자 처음에는 득의만만한 표정이던 국세청 직원들은 지친 기색이 역력했다고 한다.

그러다가 직원 한 사람이 장롱에서 무언가를 발견하고는 지휘 책임자에게 보여 주며 "이걸 보니 우리가 잘못 짚은 것 같습니다. 이제 돌아갑시다" 하더라는 것이다. 그가 찾은 건 편지였다. 미국에서 공부하던 둘째아들이 마침 절절한 편지를 보낸 일이 있었다. 편지 내용은 낯 뜨겁지만 이렇다.

"아버님, 이곳에서 생활하려면 방값이 400달러, 식대가 100달러, 자동차 기름값, 보험료 등 한 달에 750달러는 있어야 밥이라도 먹을 수 있습니다. 그런데 제일 낫다는 피자집 아르바이트로 벌 수 있는 돈은 아무리 해도 한 달 600달러 이상은 힘듭니다. 그러니 제발 부탁드립니다만, 한 달에 150달러 정도만 보내 주시면 안 되겠습니까?"

나는 당시 아들에게 단 1달러도 보내주지 않고 있었다. 나는 이 편지를 보고 눈시울이 뜨거워져 '독립심을 길러 주겠다고 하면서 너무

가혹하게 한 것이 아닌가. 200달러 정도 송금해 주어야겠다'고 생각하던 참이었다. 이 편지를 본 국세청 직원도 내가 외화 도피나 할 사람이 아니라고 믿게 되었을 것이다.

얼마 후 국세청의 한 간부가 나를 찾아와 무리한 가택 수색과 근거 없는 의심에 대해 정중히 사과했다. 기업을 운영하면 한두 번은 받게 된다는 가혹한 세무 사찰을 면하게 해주고 오히려 결백을 증명해 준 것은 이 편지 덕택이었다 해도 좋으리라. 뒷날 어떤 직원이 귀띔해 준 바로는, 수색 요원들이 이 편지를 국세청장에게 보여 주며 '청장님, 우리가 KSS해운만은 잘못 짚은 것 같습니다'라고 했단다. 그런데 국세청장은 처음엔 '그 편지, 가짜 아닌가?' 할 정도로 반신반의했다고 하니 당시 기업인 하면 곧 탈세자, 외화 도피자로 치부되는 일이 비일비재했다는 사실을 반증해 준다.

그때까지만 해도 나는 하나의 해프닝으로 알고 있었는데 같은 해인 1987년 4월 범양상선 사건이 터지면서 그 이유를 알게 되었다. 그러니까 이미 국세청에서는 범양상선을 비롯한 해운회사에 대해 은밀한 내사를 벌이고 있었던 것이다. 특히 사주의 아이들을 미국에 보내고 있는 기업이라면 범양의 경우와 유사하기 때문에 내가 관역에 들어 있다고 보아야 할 것이다.

서울로 돌아온 나에게 장남이 알려준 바로는, 도쿄에 전화한 장남의 전화를 국세청에서 도청하고 있었다고 한다. 비밀 장부나 통장을 어디다 숨기라는 등 하는 말이 나올 줄로 알고 있었던 모양이다. 무정한(?) 아버지가 된 덕에 결백함이 입증되었고, 억울한 세무 사찰도 면하게 되었다. 만일 그때 세무 사찰을 받았다면, 우리 회사는 없어졌을 것이다. 사채는 정리되었으나 장부가 엉망인 상태였기 때문이다. 지금 생각하면 아찔한 일이다.

회사가 잘나갈 때는 투명경영도 할 수 있으나, 어려워지면 불투명 경영이 되기 쉽다. 그런데 투명경영을 지속하는 데는 무엇보다도 자기 관리가 우선이다. 사장은 동창회, 향우회, 종친회, 업자친목회 등에 많은 지출이 있다. 이를 게을리하면 언제 어디서 불이익이 올지 모른다. 오너 경영자는 특히 더하다. 소위 고용 사장은 오너 핑계라도 댈 수 있으나 오너는 핑계 댈 곳도 없다. 사장뿐만 아니라 사모님도 마찬가지다. 어느 모임에서든 사모님이 뒤치다꺼리를 하게 된다. 집안 대소사에도 소홀히 할 수 없다. 월급으로는 턱없이 모자랄 때가 많다. 그래서 남편에게 바가지 긁는 소리가 요란하다. 그러다 사장이 회삿돈에 손을 대게 된다.

우선 가불로 시작한다. 가불이 늘어 가다 비자금을 만들게 된다. 고인이 된 내 아내도 몹시 어렵게 살았다. 다른 사업가의 아내는 남편이 주는 비자금으로 넉넉한 살림을 하는데 왜 당신은 그렇게 못하냐고 불평한다. 내 생각을 잘 알면서 짜증이 나니까 하는 소리다. 귀를 막고 못 들은 체하는 수밖에 없다. 한번 수긍하면 투명경영이 무너진다. 나는 월급 외에 한 푼도 갖다준 일이 없다. 답답해진 아내가 자기가 벌어서 써야겠다고 해서 나 몰래 자기 사업을 시작했다. 그것이 후에 자회사가 된 ㈜한국시바우라전자다.

자회사의 시작과 끝

동해조선 실패로 모르는 사업에는 한눈을 안 팔기로 결심했는데 생각지도 않은 곳에서 ㈜한국시바우라전자라는 영등포의 공장을 자회사로 인수하게 된다. 아내가 어렵게 저축한 돈을 차용한 사람의 오퍼상이 망하는 바람에, 그 회사 경리장부를 보려고 며칠 출근한 일 때문에 얽혀들어 회사를 만들게 된다.

일본 시바우라전자(芝浦電子)는 열 센서(Temperature Sensor)의 소자(素子)를 만드는 회사인데, 대우전자에 납품하기 위해 서울에 온 그 회사 직원이 망해 버린 오퍼상 사장을 찾는 전화를 했다. 전화를 받은 아내가 회사를 그만두었다고 했더니 일본 직원들이 난감해하면서, 대우전자를 방문하고 싶어서 왔는데 소개해 줄 사람이 없는지 물어 왔다. 마침 아내가 대우전자 사장 부인과 잘 아는 사이라 담당자를 만나게 해주었다. 아내는 인천에 있는 대우전자 공장까지 그들을 안내했는데, 오는 길에 고속도로에서 차가 고장나고 장대비 속에 갇혀 같이 고생한 인연으로 한국에 열 감지기를 조립하는 작은 공장을 만들고 기술전수도 받게 되었다고 한다. 한국에서는 처음 하는 일들이라 앞으로 승산이 있어 보였다. 소자는 냉장고, 밥통, 전자레인지 등 전기제품에 안 들어가는 곳이 없을 정도로 시장이 넓어 보였다.

그런데 아무리 작은 공장이라 하더라도 공장 임대료나 최소한의 시설투자를 위한 은행 융자가 필요하다. 나에게 보증을 서달라는 아내의 부탁을 듣고 사업 전망에 대하여도 설명을 들었다. 일본 시바우라도 방문하여 공장을 보니 현대적 시설에 첨단 사업인 것 같았다.

내 월급이 너무 적어 직접 벌어야겠다는 아내의 부탁과 압력을 거절할 수 없었다. 내 회사는 안정을 찾았고 여유도 생겼다. 전망이 있을 것 같아 내 개인보증을 서기로 했다. 이렇게 하여 아내 사업이 1987년 7월 시작되었다.

그러나 곧 경쟁업자가 두세 개 나타났고, 공장 관리가 여자가 할 만큼 쉽지 않다는 것을 느낀 아내는 두 손 들고 회사를 KSS해운에서 인수하여 달라고 했다. 임원들과 상의하니 인수하자는 데 찬동하여 주었다. 그런데 자회사가 되니 다른 문제가 생겼다. 임금이 점점 모회사 수준으로 높아졌던 것이다. 경쟁력이 떨어지고 적자가 나기 시작했다. 우리 회사 임직원들은 공장 경험이 없기 때문이기도 하지만 적자 나는 회사를 맡으려고 하지 않았다. 할 수 없이 다시 아내가 임시로 자회사를 맡게 되었다.

1995년 나는 만 60세가 넘어 KSS해운 사장을 사퇴하고 회장이 되었다. 그해 12월 아내가 위암 4기 판정을 받고 3개월 시한부 인생이 되었다. 자회사 경영에 위기가 닥친 것이다. 적자가 누적되니 우리 회사 보증으로 은행 부채만 늘어갔다. 아내가 시작한 회사이니 나에게 도덕적 책임이 있었다. 하는 수 없이 다른 회사에 근무하는 둘째 아들 지홍이에게 어머니 대신 너라도 나가 관리를 해봐 달라고 부탁하면서 경영진단을 해보라고 했다.

다음 해 3월 아내가 세상을 떠났는데, 장례를 치른 3일 후 아들로부터 희망이 없다는 보고를 받았다. 우선 인건비가 다른 공장에 비해 30퍼센트나 비싸니 노동집약적인 공장에서 흑자를 내기 어렵고, 국내 대기업에 납품만 하는 회사인데 납품 단가가 싸서 전망이 어두우며, 책임지는 경영진이 없으니 경쟁업체에 일을 뺏기고 있다고 했다. 더구나 3년간 적자가 계속되었는데 1995년도는 60억 매출에 3억(5퍼센트) 적자이고 부채가 14억이 넘는다고 했다. 시간이 가면 갈수록 부채만 증가할 것이니 하루속히 매각하든지 접든지 둘 중에 택해야 하는 것이 현명하다는 결론이다.

그런데 그 시점에서 접으면 종업원 퇴직금과 부채를 모회사가 떠안아야 한다. 그렇게 되면 내 체면이 말이 아니다. 헐값으로라도 팔아야 한다는 생각밖에 없었다. 그래서 매입할 사람이 나타날 때까지 지홍이에게 관리를 맡아 조금이라고 회사가 좋아지도록 개선해 달라고 부탁했다. 지홍이는 미국 시민이라 그 회사의 임원도 될 수 없었다. 그런 신분으로라도 임시 비공식 사장을 시킬 수밖에 없었다.

그러던 어느 날, 아들이 집에 들어와 하는 말이 이랬다.

"오늘 제가 혼이 났습니다. 근로자들을 모아놓고 '이런 상태로는 회사에 희망이 없다, 희망을 가지려면 여러분의 협조가 절대 필요하다, 우선 임금을 30퍼센트 깎아야 하고, 퇴직금 누진제도 개선해야 한다, 회사 방침에 동의해 달라'고 했더니 아줌마 근로자(여성근로자 대부분)들이 벌떼같이 일어나 삿대질을 하면서 '말도 안 된다'는 데모 분위기로 막을 내렸지 뭐예요."

분위기가 험악하니 간부들은 다 도망가고 자기 혼자 당했다고 한다. 이야기를 듣고 보니 회사를 살리는 길은 옳은 길인데 지홍이가 겁없이 제안을 한 것이었다. 직원 분위기까지 망쳐 놓았으니 큰일 난 것이다. 그래서 내가 내일부터 그 공장에 출근해 뒷수습을 해야겠다고 했다. 가만히 듣고 있던 지홍이는 "아버지, 그건 안 됩니다. 제가 불을 질렀으니 제가 꺼야지요" 했다. 지홍이가 자기 책임을 다하겠다는 뜻이므로 가상하다는 생각이 들었다. 실패한다 하더라도 일단 지홍이 말대로 맡겨 보자는 생각이 들었다.

일주일이 지난 저녁 지홍이가 오랜만에 환한 얼굴로 귀가하는 것이 아닌가! 듣고 보니 지홍이는 전략을 바꾸어 10명 이내의 팀별 소집단으로 나누어 점심, 저녁 회식을 하면서 (루스벨트 대통령의) 노변담화식 대화로 설득했다고 한다.

"저희 아버지는 공장을 폐쇄하려고 합니다. 그러면 여러분이 갑자기 직장을 잃게 됩니다. 저는 이 회사를 떠나도 되는 사람입니다. 여러분을 위해 제안하는 것이지 다른 뜻은 없습니다. 우선 금년 초에는 회사의 어려운 사정을 고려하여 인건비 절감에 동의해 주십시오. 작년에 3억 원의 적자를 냈지만 금년에 흑자를 낸다면 흑자 전액을 상여금으로 주겠습니다."

작은 그룹별로 지근거리에서 열변을 토하니 종업원들이 고개를 끄덕이더라고 했다.

그 뒤, 전 근로자를 한자리에 모아 다시 한 번 다짐하니 만장일치로 통과됐다는 것이다. 그러면서 일할 맛 난다고 하는 지홍이의 능력에 나도 감탄을 했다. 그해(1996년) 결산 결과가 5천만 원 흑자였고, 약속대로 상여금을 주었다. 근로자들의 사기가 엄청 높아졌다. 사장에 대한 직원들의 신뢰가 커지면서 퇴직금 문제도 자연스럽게 해결되었다. 이제 지홍이는 한 기업의 명실상부한 지도자가 된 것이다. 어려운 고비를 넘긴 지홍이가 자랑스러웠다.

간신히 캄캄한 터널에서 탈출하긴 했지만 이 작은 기업은 다음 해

(1997년) 가을부터 IMF사태로 전기불이 꺼졌다. 삼성, LG, 대우전자의 전기제품 판매량이 급격히 줄어 ㈜한국시바우라전자의 앞길도 막막해졌다. 여기저기서 공장 매물이 쏟아지고 망하는 회사가 많았다. 이런 상황에서 장 사장이 나에게 한국시바우라전자의 처분을 독촉했다. 내 죽은 아내 때문에 생긴 기업이니 나보고 책임지라는 뜻이다. 그렇지 않아도 고민하고 있는데 독촉까지 받으니 좀 섭섭하긴 하나, 책임을 면할 생각은 없었다. 그런데 이 와중에 누구한테 넘길 것인가? 가져갈 사람이 없어 막막하기만 했다. 하는 수 없이 우선 지홍이에게 의사를 타진해 보기로 했다.

"한국시바우라를 처분해야겠다. 우선 너한테 기회를 주니 5년 연부로 회사를 사라. 우선은 돈 한 푼도 안 든다. 사업 시작하기 좋은 기회다."

지홍이는 내 말에 쉽게 넘어가지 않았다.

"아버지! 지금 앞이 캄캄한데 저한테 빚을 떠안기는 거지요. 그게 공짜로 주는 겁니까? 아버지도 참!"

"이놈아, 나는 30년 전에 사업 시작할 때 ×× 두 쪽으로 시작했다. 거기에 비하면 공장과 설비가 갖춰져 있지 않으냐! 부채도 자산이야! 경영 잘해서 갚으면 없어지는 거야! 사내자식이 용기가 없어! 남이 안 되겠다고 할 때 하는 게 진짜 사업가야! 잘 생각해 봐!"

나도 말이 안 된다고 생각하면서도 위기에는 아들밖에 기댈 곳이 없어 하는 절규였다.

"아버지, 30년 전하고 지금은 달라요. 그때는 무엇이든 먼저 시작하면 성공할 수 있었어요. 그런데 지금은 경쟁도 심하고 시계(視界)

제로예요. IMF 사태로 수요가 중단된 상태예요. 저보고 죽으라고 하시는 말씀 아닙니까!"

이렇게 항변하는데 딱히 할 말이 없었다.

"일주일 생각할 여유를 줄 테니 잘 생각해 보고 결정해라. 거절하면 다시는 이런 기회 없다."

막말을 뱉기는 했으나 아들까지 잡는 것 아닌가 하는 우려를 금치 못했다. 일주일이 되는 날 지홍이가 내 방에 왔다.

"아버지, 조건이 있습니다. 은행에서 저를 믿겠습니까? 지금의 채무보증은 KSS가 회수할 것이고 운영자금도 당장 필요한데 신규대출을 해주겠습니까? 회사 대신 아버지가 개인보증을 서주신다면 해보겠습니다."

핵심을 찌르는 말이었다. 그러나 나는 아들의 보증 제안에 쉽게 동의하지 않았다.

"나 보고 보증을 서라는 말은 네가 잘못하면 나까지 망하라는 말이나 같아. 지금부터는 부자지간이 아니라 사업가 대 사업가의 대화다. 어떻게 경영할지 박지홍 씨 자네 계획을 듣고 결정하지. 막연한 이야기는 안 통한다. 설명해 봐!"

그랬더니 정답이 아들 입에서 튀어나왔다.

"예, 저는 수출로 뚫고 나가겠습니다."

대강 계산해 보니 보증액이 내 소유 회사 주식 값어치에 해당한다. 아들이 실패할 경우 내 전 재산을 날리고 KSS해운 회장도 물러나게 된다. 순간 결심했다.

'작년의 어려움도 해낸 아들이 아닌가! 지홍이 능력을 믿고 내 운

을 맡기자.'

이렇게 해서 보증을 서게 되었고 지홍이에게 회사를 5년 연불로 팔았다. 회사 임원들이 부실기업을 처분했다고 다들 좋아했다. 나는 자식과 운을 건 도박인데 말이다. 이렇게 해서 아내에게 월급 외에 뒷돈을 안 준 죄로 시작된 자회사를 회사에 손해를 끼치지 않고 정리할 수 있었다. 그리고 아들 덕에 내 책임을 다하게 되었고, 지금까지 우리 회사의 대주주와 고문 자리를 유지할 수 있었다.

그 후 지홍이는 처음 GE, 월풀 등의 수출에 성공하여 현재까지 건실한 중소기업으로 키웠다. 일본에서 수입하던 소자도 자체 개발하였다. 3년 만에 주식대금을 다 갚고 내 보증채무도 해제해 주었다. 아들의 능력을 믿고 시작한 도박이 성공한 것이다. 그러나 2001년 국세청은 특수관계인에게 회사 자산을 싸게 분여했다고 KSS해운에 3,200만 원과 지홍이에게 2,500만 원의 억지 세금을 추징했다.

심판청구하면 더 조사하겠다는 협박에 아들은 세금을 내고 말았지만, 나는 소송을 제기하여 대법원 승소로 환수했다. 임원들은 변호사 비용 등 실리가 없는 소송을 포기하자고 했으나 이런 일에 굴복하면 사회정의가 사라진다고 설득해서 끝까지 싸웠다. 세금이 나오게 된 실배경은 따로 있었다. 2001년 초 내가 KT&G의 사장추천위원회 위원장을 하면서 재임 불가라는 정부 지침을 어기고 당시 사장을 다시 추천한 죄와 중앙일보에 〈자율 '해라'의 시대〉라는 칼럼을 쓴 죄에 대한 보복이라 생각되기 때문이다. 정치적 보복은 후진국에서 흔히 있는 일이다. 그러나 KT&G 일 때문에 엉뚱하게 내 아들이 피해자가 되었다. 이래서 사업가가 정권에 꼼짝 못하는 것이다. 정권은 바뀌면서도 정권의 나쁜 속성은 바뀌지 않고 연연히 내려오고 있다. 보복 없는 나라가 진짜 민주주의 자유국가다.

'정책 결산'은 없다

기업마다 매년 결산 보고서를 제출하지만 이를 액면 그대로 믿는 사람이 얼마나 될까? 여기에는 정직한 기업조차 장부를 '손질'하지 않을 수 없는 한국적인 금융 관행이 작용하고 있다.

적자가 났을 때 기업에게 가장 무서운 것은 금융기관이 대출을 꺼리는 것이다. 일반적으로 3년 연속 적자면 신규 대출은 물론 기존 대출까지 회수하려고 덤비는 것이 금융기관의 행태다. 결국 결산서를 분식(粉飾)해서 법인세를 내고라도 다소 이익이 있는 것처럼 꾸며서 발표한다. 한편, 흑자가 많이 나면 법인세를 많이 내야 하기 때문에 이익을 줄인다. 그리고 다음 해에 적자가 나면 지난해에 남겨둔 이익으로 채워 흑자가 난 것으로 보이게 한다. 이를 일컬어 곧 '정책 결산'이라 한다. 기업의 부실을 감추기 위한 비리의 차원일 수 있지만, 그보다는 오히려 퇴행적인 금융 관행에서 살아남기 위한 고육책이라 할 수 있다.

우리 회사도 1994년도 결산까지는 예외가 아니었다. 이익이 많이 난다고 해서 줄이는 일은 하지 않았지만 '금융기관이 무서워서', 적자가 나면 조금 이익이 난 것으로 분식해 발표했다. 그렇게 하지 않으면 은행 담당자들이 대출 심사가 어렵다며 오히려 그렇게 만들어 오라고 부탁까지 할 정도였다. 그런데 1995년도 결산부터 우리 회사는 적자가 나든 흑자가 나든 그대로 발표하기로 했다. 편법의 사슬을 과감히 끊게 된 연유는 이러하다.

1995년부터 나는 사장을 그만두고 바른경제동인회 일에 전념하게 되었다. 회사는 장 사장에게 맡기고 나는 고문 같은 역할만 하기로 했다. 내가 사장으로 있을 때는 할 수 없이 정책 결산을 해온 것도 사실이다.

그런데 1995년 결산을 하면서 장 사장이 나에게 와서 금년에도 적자를 면할 수 없는데 아무래도 은행이 무서워 다소 흑자 표시를 해야겠다고 했다. 그때 우리는 솔직히 털어놓고 의논했다. "그 짓을 언제까지 해야 하느냐"고 하면서 "내 때는 할 수 없었다 치더라도 당신 때부터는 그 짓은 그만두는 게 어떻겠냐"고 했다.

"기업이란 무슨 일이 있을지 모르는데, 은행 줄이 막히면 낭패 아닙니까?"

"금년에 은행 융자 안 받으면 겁날 것 없지 않은가?"

"그건 그렇습니다."

"그럼 마음 단단히 먹고 금년에 은행 돈 쓰지 않도록 경영 한번 해보시오."

장 사장이 한참 생각하다가 "알았습니다. 그렇게 한번 해보지요"라고 해서 적자를 그냥 발표하고 말았다. 여기에는 장 사장의 큰 용기가 있었던 것이다.

그다음 해인 1996년에도 적자가 났지만, 있는 그대로 발표했다. 은행 융자를 받지 않고 2년을 악착같이 견뎌낸 끝에 1997년과 98년 그리고 99년도까지 연속 흑자를 낼 수 있었다. 이 과정에서 우리 회사에서는 정책 결산이라는 말 자체가 사라졌다. 있는 그대로 결산하게 되면서 얻은 소득도 적지 않았다. 단기 부채가 늘지 않고 회사 유동성이 좋아지게 되었다. 재무제표도 이전보다 오히려 건전해졌다.

1998년부터는 투명한 결산 관행이 정착되었다는 자신감이 생겨, 실무자와 공인회계사에게 결산을 맡기고 있다. 원칙대로 한다면 결산이라는 것은 1년간 업적을 회계 규정에 맞게 통계 내는 것인데 사장이나 중역이 건드릴 필요가 없는 것이다. 분식을 하려고 하면 간여해야겠지만, 그렇지 않을 바에야 실무적으로 처리하면 될 일이다. 이제는 실무진에 전결권을 주도록 사규(社規)로 정할 정도가 되었다. 경영자가 비자금을 필요로 하지 않고 회사 돈을 개인 용도로 쓰지 않는다는 전통이 확립되어 온 결과, 결산 방식도 바뀐 것이다. 나는 주주 입장이 되면서 투명 결산의 필요성을 절감했다.

"경영에서 손을 떼고 보니 이제는 주주 입장이 됩디다. 자기가 경영할 때는 회사 일을 환히 알고 있으니 걱정할 것이 없는데, 주주 입장이 되어 보면 믿을 것은 결산서밖에 없더라 그겁니다. 임직원들을 못 믿어서가 아니라 자꾸 분식을 하다 보면 기업의 실체와 결산 재무제표는 따로 놀게 되는 것 아닙니까? 기업의 실상을 반영하지 못하게 되는 것입니다. 특히 앞으로 상장하겠다고 생각하니 일반 주주들 입장에서 나도 생각하게 된 것입니다."

한국의 기업 풍토에서는 '비정상적인' 관행이라고 해야 할지 모르나, 실상은 회계 교과서대로 충실히 하고 있는 것 아닌가! 앞으로는 우리 회사의 이런 노력이 더 이상 새로울 것도 없는 상식적인 행위로 평가받는 사회가 하루속히 이루어져야 할 것이다.

주주들 입장을 생각하느라 3천만 원을 날린 이야기를 덧붙인다. 1991년 실패는 했지만, 상장을 앞둔 어느 날, 회사가 상장되고 내가 일반주주 입장이 된다면 주가가 오르면 좋으나 떨어지면 어떤 감정이 생길까 하고 생각한 끝에, 내가 실제로 주식을 사서 손해 보는 쓴맛을 알아보기로 했다. 그래서 5천만 원을 들고 같은 건물에 있는 대신증권 지점장을 만났다. 봉투에 든 돈을 내놓으면서 말했다.

"지점장님, 이 돈으로 주식을 사주십시오. 이것이 처음입니다. 저는 주식시장에는 문외한입니다. 그런데 조건이 있습니다. 남게 하지 말고 손해 보게 해주십시오."

그가 나를 이상한 눈으로 보면서 답했다.

"도대체 무슨 말씀인지 모르겠습니다."

돈을 벌기 위한 것이 아니고 내 회사가 상장이 되면 개미주주들의 생각이… 어쩌고저쩌고 긴 설명을 했으나, 지점장의 대답은 냉혹했다.

"이런 부탁은 맡을 수 없습니다. 도로 가져가십시오."

아무 말 못하고 나와서 내가 아무렇게나 찍어 주식을 샀다. 그리고 상장도 실패하여 그 일을 잊어버렸는데 반년이 지난 어느 날, 내가 산 주식들이 올라 2배가 되어 있었다. 손해를 보려는 내 의도가 빗나간 것이다. 그런데 그 후부터 매일 아침신문을 보면 제일 먼저 보는 것이 주식시세다. 책상 위에 컴퓨터가 있어서 언제든지 시세를 볼 수 있다. 회사 일보다도 그 일이 최우선 사항이 되었고, 어느새 주식값이 오르기를 기대하고 있는 나를 보게 되었다.

한 기업의 막중한 책임을 지고 있는 사장이 자기 이익이 최우선이라면 지도자 자격이 없다. 몰래 주식을 한다는 것은 회사가 산 근무 시간을 도둑질하는 것이다. 소위 무임승차자(Free rider)인데 사람들은 도둑질이라고 생각하지 않는다. 도둑질도 해본 사람이 도둑 맛을 안다. 내가 그랬다. '나도 주식을 하는데 직원들이 안 하겠나!' 하는 생각에 미쳤다. '선원이 밀수하는 것과 무엇이 다르나?' 나는 비서를 불러 '밑에 대신증권에 가서 다 팔고 오라'고 했더니 비서가 말했다.

"저도 주식을 하는데요. 저에게 맡겨 주시면 안 될까요?"

그래서 알아서 하라고 했는데 2년이 지나 비서가 결혼한다며 퇴직하는 날, 내 주식잔고를 가져와 머리를 조아리면서 "제가 운용을 잘 못해서 2천만 원으로 줄었습니다. 정말 죄송합니다" 하는 것이었다. "아니야, 성공했네. 수고했어"라고 했더니 더 미안해했다. 그날로 다 처분하고 주식에서 완전히 손을 뗐다. 정말 홀가분했다.

당일치기 하네다공항 왕복

모든 일을 다 합법적이고 투명하게 한 것은 아니었다. 경제사회는 빠르게 변하는데 규제가 풀리는 일은 늘 많이 늦었다. 그래서 기업인이 법규에 맞추어 사업하기가 어려웠다. 특히 해운업은 외환관리법에 저촉되는 일이 많았다. 즉 당시 외환관리법에 의하면 외화집중제도로 외화를 지출할 때 사전에 승인을 받아야 하는데, 수속이 1주일 이상 걸리는 경우가 많았다. 그런데 선박은 싱가포르에서 유류나 주부식을 보급받으러 들른다. 기름값 등의 비용을 미리 송금해야 하는데 한국은행에 허가받을 시간이 없다. 그래서 나중에 정식 허가를 받기로 하고 우선 외국지사가 받아 놓은 운임 중에서 당겨 쓰게 된다. 이 일로 나는 도쿄 대리점에 전화로 송금 부탁을 하곤 했다.

그런데 하루는 장두찬 부사장이 안기부에서 "너희 사장 말조심하라"고 하더란다. 그래서 내 직통전화를 안기부가 도청하고 있다는 사실을 알게 되었다. 안기부가 나의 외환관리법 위반 사실을 알고는 있지만 문제 삼지 않고 있다는 뜻이다. 왜 하필 내 직통전화가 도청 대상이 되었을까? 생각해 보니 내가 경실련에 후원하고 있었고, 상임위원회 의장 직을 맡고 있던 시절과 일치하였다. 경실련을 색안경 끼고 보는 시절이었다.

국가 안보상 필요한 일일 수도 있다. 내 전화가 도쿄와 통화 빈도가 잦았기 때문이기도 할 것이다. 당시에는 일본을 통하여 간첩자금이 들어올 가능성을 배제하지 못하였다. 그러나 선박회사 입장에서는 불가피한 외환관리법 위반인 것이다. 그래서 하는 수 없이 내가 아침 이른 비행기로 일본 하네다 공항에 가서 도쿄 대리점에 전화로 부탁하고 다시 빠른 비행기로 귀국하는 것이다. 전화 한 통 하기 위해 당일치기 왕복비행기를 타는 것이다. 지금 생각하면 엄청나게 비능률적인 일이지만 당시에는 법을 다 지키기 어려웠다.

하네다 공항에서 전화하니 도쿄 대리점에서는 내가 서울에서 전화하는 것으로 알았다. 그런 말을 일본 사람에게 할 수도 없다. 또한 아랫사람에게 시키면 되는 일을 사장이 왜 직접 하느냐고 할 것이다. 이 일 자체가 불법한 일이다. 나는 가급적 법에 저촉되는 일은 나 자신이 직접 한다는 방침을 세우고 있다. 다른 회사는 총수가 잘못되면 회사가 안 되니 아랫사람이 죄를 뒤집어쓰기도 한다. 그러나 우리 회사는 나 하나 없어진다고 일이 안 되는 회사는 아니다. 내가 그렇게 만들어 놓았다. 나 아니라도 사장 할 사람이 많다. 그래야 회사가 안전한 것이다.

평소에도 해외 출장을 2, 3개월 갔다 와도 차질이 없도록 전부 아래에 위임하고 지냈다. 내 인감도장도 회사 금고에 보관되어 있다. 범법 사실이 발견되어 교도소에라도 가면 내가 물러나고 다른 이가 배턴(baton)을 이어가는 것이 전문경영인 기업의 장점이다. 총수가 따로 없다. 전원이 총수이기 때문이다. 전화 걸기 위하여 당일치기 외국 나들이를 하는 경우가 1년에 서너 번은 되었다. 해운업을 어렵게 하던 시절의 추억이다.

사장이 직접 선원 소지품을 검사하다

리베이트 없는 거래라는 원칙이 경영진과 영업부의 일선 지침이라면, 현장에서 일하는 선박 승무원들에게는 '밀수 없는 승선'이라는 모토가 있다. 과거 해운업계에서 밀수는 일종의 뜨거운 감자였다. 형식적으로는 모두 밀수 배격을 외쳤지만, 그 이면에는 서로 적당히 봐주고 함께 썩어가는 일들이 심심치 않았다.

내가 처음 해운업에 뛰어들 당시 이에 대한 각오는 대단했던 것으로 보인다. 1970년 8월 회사의 첫 배인 제1케미캐리호가 일본으로 첫 출항하는 날, 나는 예고 없이 부산항을 방문했다. 선장 이하 선원들에게 안전 항해를 당부한 즉시 내가 한 일은 개인 소지품 검사였다. 해운회사 대표가 출항 직전 선박을 방문해 선원 사물함까지 검사하는 일은 극히 이례적이었다.

한 선원의 소지품에서 적지 않은 현금 보따리가 발견되었다. 나는 당사자를 조용히 불러서 말했다.

“우리 회사는 밀수를 허용하지 않으니 이 돈은 당신이 일본에서 귀항하는 날까지 맡아두겠소. 우리 회사 시책이 마음에 들지 않으면 이 항차(航次) 이후 다른 회사로 가도 좋소.”

이 일을 계기로 밀수를 근절하자는 공감대가 사내에 확고하게 자리 잡게 되었다.

사장이 창업 초기부터 밀수 없는 선박회사를 만들겠다고 행동으로 보여 주기는 했으나 밀수가 근절되고 정착되는 데는 5~6년 세월이 걸렸다. 특히 당시에는 한일 항로에 승선하는 선원으로서 한두 번 밀수를 안 해본 사람이 드물 정도였다. 부수입이 짭짤하기 때문에 밀수의 유혹은 강했다. 승선원 전체가 단체로 하는 일도 비일비재했는데 우리 회사의 경우는 최소한 단체 밀수만큼은 없었다. 그러나 아무리 회사의 방침이라고 해도 위반하는 선원이 나오게 마련이었다.

한번은 선원으로 취업해 있던 나의 먼 친척 동생이 약간의 화장품을 밀수한 일이 드러나 즉각 해직 처분을 내렸다. 어떤 일등항해사의 경우는 마중나간 회사 운전기사가 그의 무거운 가방이 의심스러워 바로 경찰서로 차를 몰고 갔는데, 시계 밀수가 발각되어 교도소에 보내진 일도 있다. 이런 일련의 사건을 겪으면서 우리 회사에서는 개인적인 차원의 밀수도 완전히 사라졌다.

밀수 근절이 정착된 후 양심적인 선원들만 모이게 되어 안전사고의 위험은 줄었지만, 이로 인해 선원들의 고충은 말이 아니었다. 우선 선원들의 부수입이 없어지자 처음에는 인기 없는 회사가 되었다. 이를 보충하기 위해 회사는 되도록 타 회사보다 대우를 잘해 주려고 노력했다. 배가 입항하면 검역 검사, 세관 검사 등을 해상에서 받아야 하는데, 이들 검사는 입항한 순으로 하는 것이 일반적이었다. 그런데 우리 회사 선박은 제일 일찍 들어와도 아무 이유 없이 가장 늦게 검사를 해주는 것이었다. 그만큼 검사관들에게도 인기(?)가 없었다. 그러니 새벽 5시에 입항해도 11시가 넘어야 승선 검사가 끝났다.

늦게 입항한 다른 선박이 먼저 검사를 받는 것을 보고 있자니 울화가 치밀고 하선을 못하니 짜증이 났다. 그뿐인가. 늦게 하선한 선원들이 세관 검사대를 통과할 때는 다른 회사 선원들에 비해 개인 소지품을 훨씬 더 철저히 뒤진다. 상부에 시정을 건의해도 현장에서는 마이동풍이었다. 밀수를 안 하는 선원들이 상을 받기는커녕 도리어 벌을 받는 격이었다.

이런 일도 있었다. 제1LP호가 VCM을 싣고 마산항에 들어오곤 했는데, 마산 세관은 이 회사의 배가 밀수를 안 한다고는 하지만 한일간을 취항하는 배의 선원치고 밀수를 안 할 리가 없다고 생각했는지, 세관원 8명이 팀을 짜서 아침에 입항한 제1LP호에 들이닥쳤다. 무려 3시간이나 샅샅이 뒤졌으나 아무것도 나오는 것이 없자 조타실에 있는 레이더까지 뜯어 버렸다. 보고를 받은 나는 화가 머리끝까지 치밀어 마산 세관을 고발하고 손해배상청구를 하려 했다. 그러나 마산 대리점인 태성해운의 정형태 회장이 “그러면 우리가 마산에서 대리점업을 못하게 됩니다”라며 만류하는 바람에 참을 수밖에 없었다. 그나마 다행스럽게도, 이후 마산 세관에서는 승선 검사를 생략하고 서류 검사만으로 간소화시켜 주었다. 이런 고생 끝에 우리 회사에서는 밀수가 사라졌고, 항만 및 세관 당국에서도 그 뜻을 인정해주게 되었다.

밀수를 근절하겠다는 우리 회사의 원칙은 화물 오염 사고를 줄이려는 데서 출발한 것이 아니었다. 그러나 밀수가 단순히 관세법 위반에 해당되는 사안으로 끝나는 것이 아니라, 해상 사고를 발생시킬 가능성을 줄이는 효과를 가져왔다. 이러한 노력의 결과, 우리 회사는 사고율이 극히 낮은 것으로 정평이 나기 시작했고, 자연히 화주의 신뢰를 얻게 되어 운임이 다소 높아도 우리 회사를 선호하는 경우가 늘어났다.

대부분의 경우 밀수는 단체로 한다. 그리고 밀수는 선원 개인화물이다. 그러므로 밀수품이 안전하게 상륙할 때까지는 회사화물에 신경이 가지 않는다. 회사화물을 하역하면서도 모든 신경은 밀수품의 안전 상륙에 가 있다. 그래서 사고가 난다. 밀수가 없다면 회사화물에 정신이 집중된다. 이런 간단한 원리를 경영자가 간과하니 사고가 안 날 수 없다. 밀수의 근절은 처음이 아니면 어렵다. 밀수의 매력 때문에 선원이 되기도 한다. 회사 월급이 문제가 안 된다. 그래서 돈을 쓰고도 선원으로 취직하려고 한다. 한번 밀수를 시작한 선원은 밀수의 매력을 잊지 못한다. 선박회사에 밀수DNA가 고착되면 사라지지 않는다. 그래서 회사가 시작하는 처음부터 근절해야 한다. 그것도 사장 훈시나 문서 정도로는 어림없다. 사장이 행동으로 나타내야 한다. 그래서 첫 출항하는 선박에 내가 선원의 소지품을 검사한 것이다.

이렇게 해서 사고가 적은 선박회사가 되는 데 성공했다. 창립 50년이 된 현재는 사고 제로 운동에 매진하고 있다. 화주(貨主) 입장에서는 화물이 사고 없이 제시간에 도착하기를 바란다. 그런 회사와 운송계약을 하고자 한다. 운임 차이는 그다음이다. 사고가 없다는 정평이 나면 운임을 조금 더 주더라도 안전한 회사에 화물을 맡긴다. 선박회사는 무사고가 신용이다. 선원들의 주의력 집중 때문에 회사가 발전한다. 그래서 선원제일주의 경영을 한다. 구호에만 그쳐서는 안 된다. 실제로 선원우대정책을 보여 주어야 한다.

1970년대 초, 대기업이 상여금 200퍼센트를 줄 때 우리 회사는 550퍼센트까지 주었다. 밀수를 못하게 하는 대신 이익이 나면 상여금으로 보상한 것이다. 이것이 오늘날 우리 회사 이익공유제의 원조다. 안전을 경영의 최우선 순위로 삼아서 그런지 몰라도 50년 동안 큰 사건은 한 건도 없었고, 2000년 이후 업무상 재해로 사망한 사람은 한 명뿐이다.

기차운임 정책

앞서 본 바와 같이 회사의 중요 정책 두 가지, 즉 리베이트 없는 영업정책이 회사를 국제화로 이끌게 되었고, 선원의 밀수 근절정책이 사고 없는 선박회사로 고객 신뢰를 높이게 되었다. 그런데 또 하나의 정책, 즉 운임정책에 대한 이야기를 빼놓을 수 없다.

해운 시황은 화물량과 선복량의 증감에 따라 달라지는데, 선복량이 화물량보다 10퍼센트만 많아도 운임은 30~50퍼센트 떨어진다. 반대의 경우도 마찬가지로 운임이 급등하는, 운임탄력성이 큰 특징이 있다. 그래서 벌 때는 떼돈을 벌 수 있지만 불황기에는 손실이 크다. 해운에 처음 발을 들여놓는 사람들은 대개 호황기에 입문하기 때문에, 불황기의 무서움을 잘 몰라 망하는 경우가 많다. 오래 하다 보면 해운업이라는 것은 바다의 파도와 같이 '높았다 낮았다' 주기적으로 반복한다는 사실을 항상 염두에 두어, 호황기에 불황기를 대비하는 전략으로 경영한다. 반대로 불황기에는 조선(造船)경기도 같이 나빠지니 선박 건조비가 싸다. 이때 배를 확보해야 하는데 은행이 돈을 빌려주지 않는다. 이런 상황에서 어떻게든 은행을 설득하여 싼 배를 확보하면 몇 년 후 시황이 좋아져 큰 이익을 본다. 이것이 해운경영의 핵심이다.

1970년대 중반부터 국내 경쟁업자가 늘어나고 덤핑 공세와 우리 회사의 리베이트 거절 정책이 내항운항에서 불리하게 작용해, 점차 화물을 빼앗기는 일들이 많아졌다. 그럴 때마다 우리도 운임을 낮추어 경쟁자를 물리치기보다는, 싼 운임의 연안화물은 포기하고 새로운 고부가가치 운송화물의 개척에 힘썼다.

그러나 이것도 한계가 있어 한국/일본/중국/대만의 근해구역 외항해운만은 반석 위에 올려놓아야 했다. 여기서 생각한 것이 시황변동에 따른 운임의 폭넓은 변동을 지양하고 시황이 좋든 나쁘든 기차표 같은 고정운임정책으로 바꾸어 보았다. 해운 운임이 경기변동에 따라 널뛰기하는 것은 전형적인 단기정책이다. 그런데 컨테이너 정기선 운임은 일정 기간 고정운임을 유지하기도 한다. 기본적으로 나는 단기정책을 싫어했다. 고객의 신뢰를 얻는 방법은 꾸준한 데 있다고 보았다. 운임정책도 변동하지 않고 꾸준히 유지하는 것이 장기적으로 고객에 대한 신뢰감을 증진시키는 것이 아닌가 했다. 물론 이런 정책을 실천하는 데 사내에서 반대 의견도 많았다. 시황이 나쁠 때 더 싼 운임을 제시하는 선사로 고객이 자리를 옮길 것이라는 의견이 지배적이었다. 이러한 우려가 시장경제에 맞는 말이다.

그러나 나는 한번 해보자고 했다. 해보고 안 되면 되돌리면 되는 것 아닌가 하고 주장했다. 걱정하면서 시행해 보았다. 돌아가신 정주영 회장 말 중에 내가 제일 좋아하는 말이 "임자, 해봤어?"다. 그래서 해보았더니 작은 고객은 불황기에 떠나고 외국의 큰 고객은 말없이 따라 주었다. 주로 일본 상사 고객이 많았다. 시황이 저조한 시기에 떠나지 않은 고객들이 고마워서 각 상사의 실무자급을 한자리에 모아 저녁을 대접하면서 물었다.

"여러분이 더 싼 운임의 선박들이 많은데도 저의 배를 써주셔서 대단히 감사합니다. 그런데, 비싼데도 왜 써주시는지요? 솔직히 저는 그 점이 궁금합니다."

그중 좌장급에 해당하는 분이 답했다.

"우선, 댁의 선박들은 사고가 잘 나지 않는다는 정평이 있습니다. 일본에는 '가시 가리'(빌려주고 빌려 받고)라는 말이 있습니다. 댁의 회사는 전번에 운임이 올랐을 때 올리지 않았습니다. 우리가 그때의 빚을 갚는 셈이지요."

"대단히 고마운 말씀입니다. 또한 감동이 되는 말씀이나 솔직히 그 말씀으로는 납득되지 않습니다. 다른 이유가 없는가요?"

서로 얼굴을 쳐다보다가 그중 한 분이 말했다.

"사실 다른 현실적인 이유가 있습니다. 무역을 하려면 상품원가에 운임과 보험료를 더하여 바이어에게 신속하게 오퍼를 던져야 하는데,

해운회사에 선적 시기를 알려주면서 운임을 물어보고, 때에 따라서는 흥정까지 하게 되면 시간이 꽤 걸립니다. 오퍼를 빨리 던질수록 일이 성사될 확률이 높아집니다. 일을 성사시키는 것이 중요하지, 운임 몇 푼 더 싸다는 것이 단거리 운송에서는 큰 문제가 되지 않습니다. 댁의 운임은 이미 우리가 다 알고 있고 변동이 없으니 다시 물어볼 필요도 없습니다. 원가에 그 운임을 더하여 바로 오퍼를 던질 수 있으니까 성사시킬 확률이 큽니다."

납득이 갔다. 그래서 다시 물어 보았다.

"그럼 나중에 우리 회사와 트러블은 없습니까?"

"한 번도 운임 가지고 문제가 된 일은 없습니다. 그 점 감사히 여기고 있습니다."

이 말에 만족하면서 다시 확인해 보았다.

"그렇다면, 저희 회사는 여러분의 공동운송부가 되는 셈이겠네요."

"그렇습니다. 저희 회사 내의 수송부와 같습니다."

'아하! 그래서 단골이 되는구나!'

기차 운임정책이 성공하고 있음을 확인하면서 귀국길이 가벼웠다. 이런 단골손님이 많아 불황에도 견딜 수 있었다. 그 후 45년이 지난 오늘도 기차 운임정책에는 변함이 없다.

기업의 목표, 사주조합

서울대 문리대 정치학과 졸업 후 첫 직장인 대한해운공사에서

1967년 정부의 해운공사 민영화 방침에 반대해 사원들을 끌어모아 해운공사 사주조합 운동을 벌인 일도 있다. 그러므로 1970년 회사를 창업했을 때부터, 해운공사에서 못다한 일, 즉 종업원이 회사의 주인으로 참여할 수 있는 종업원지주제의 기업이 내 꿈이었다. 유한양행에 뒤이은 국내 두 번째 일이요, 정부가 종업원지주제에 관한 법률을 입안하기 전의 일이다. 이러한 내 이상(理想)을 어떻게 포기할 수 있겠는가?

그러나 아직까지는 우리 회사가 종업원지주제를 기반으로 움직이는 회사라고 보기는 어렵다. 한때는 사원과 나의 지분이 20퍼센트 내외로 비슷했지만, 퇴직 사원이 늘고, 그들의 지분을 그때그때 매입해 주다 보니 1998년 말 나의 지분은 40퍼센트가 넘었다. 당시에는 아직 상장되지 않았기 때문에 주식을 보유하고 있던 사원이 퇴직 후 이를 처분하기를 원하면 대주주인 내가 그 주식을 매입해 줄 수밖에 없었기 때문이다.

1990년대에는 사주조합 지분율이 갈수록 떨어졌다. 더구나 우리 회사는 상장도 안 되었으니 환금성이 없었다. 배당율이라도 좋으면 좋겠는데 적자가 나면 배당도 할 수 없다. 흑자가 나는 해에 사주조합장이 특별배당을 요청한다. 일반주주보다 많이 달라는 것이다. 한두 번은 들어줄 수 있으나 매번 그렇게 할 수도 없다. 이런 연유로 2000년 내 보유 주식 중 회사 총 주식의 10퍼센트를 사주조합에 기증하였는데, 원금은 사주조합 자체 기금으로 하고 배당금만 조합원이 나눌 수 있게 했다. 그러니까 특별배당을 하지 않더라도 배당률이 높아진다. 그랬더니 사주조합원이 주식을 팔려고 하지 않았다. 2007년 상장 후에는 회사 주식을 더 사려고 해서 지금은 선원을 포함한 전 사원이 사주조합원이다.

1968년부터 정부가 자본시장육성에 관한 법률[28]에 의거, 기업이 상장할 때나 증자할 경우 종업원에게 새 주식의 10퍼센트를 배정하도록 했으나, 종업원은 상장 후 바로 팔아 버린다. 우리나라 종업원들은 일본처럼 자기 회사라는 의식이 부족하기 때문이다. 일본은 대부분의 종업원들이 처음 입사한 회사에 정년까지 평생 다닌다. 즉, 한 식구가 되는 것이다. 그래서 주식을 소유하지 않더라도 주인의식이 강하다.

그런데 우리는 법으로 강제 배분을 해도 주가가 오르면 팔아 버린다. 다니는 회사는 직원 의식 속에 자기 회사가 아니고 남의 회사이기 때문이다. 그 원인은 오너가 주인의식을 가지라고 강조하기만 하지, 주인 대접을 하지 않기 때문이다. 주인 대접을 한다면서 당근(돈)으로 뀐다. 그런데 당근으로는 오래 안 간다. 먹고 나면 약효가 떨어진다. 진정 주인으로 대접하려면 인간의 자주성을 존중하고 인격적 평등성을 인정하여야 한다. 주인의식은 자주성에서 생긴다. 그래서 나는 배당금에 팀별, 개인별 차등을 두지 않았다. 그러니까 모두가 사장이 되었다.

28 이 법률은 1968년 11월 22일 공포된 것이다. 그해 여름 박정희 대통령은 "참 좋은 일을 한다"고 칭찬하면서 내가 내민 100주 사기 운동에 서명했다. 박 대통령은 좋다고 보면 즉각 실행하는 스타일인데, 이 점으로 보아 해운공사 사주조합운동에 영향을 받아 제정된 것으로 추정된다.

사무노조 결성과 해산

우리 회사는 30년 동안 선원노동조합과 신뢰 관계를 유지해 왔지만 1989년 말 사무직노조가 결성되면서 작은 파동이 있었다. 당시 과장급 사원과 2~3년차 평사원 9명이 주동이 되어 50여 명의 조합원을 확보한 사무직노조는 조합원 집회를 연일 개최하면서 회사에 협상을 요구했다. 1987년부터 불던 노동조합 결성 바람이 우리 회사에도 불어온 것이다.

나는 협상 제의를 받아들였다. 곧바로 협상 테이블이 열렸지만 좀처럼 해결 기미를 찾기 어려웠다. 노동조합의 요구는 임금이나 단체협약 같은 노동 조건 개선보다는 '유니언숍(union shop) 인정', '노조 전임 인정', '인사 경영권 참여' 등이었다. 당시 노조 운동의 흐름이 그렇듯 처우 개선보다는 노조 권리의 확보와 경영권 참여 등 다분히 이념적인 기조가 깔려 있었다. 나는 임금이나 근로 조건에 관한 문제는 얼마든지 협의가 가능하지만 유니언숍, 노조 전임자 인정 등은 받아들일 수 없다는 입장이었다.

협상은 평행선을 맴돌면서 쟁의로 발전해, 사내 농성이 벌어지기에 이르렀다. 이 와중에 예기치 못했던 일이 발생했는데, 노조 간부 중 한 사람이 나를 비난하는 투서를 경실련에 보낸 것이다. 노동조합 측에서 볼 때도 이것은 오히려 악재로 작용했다. 경실련에서 이를 '근거 없는 인신 모략이자 음해'라고 판단한 것이다. 나는 노조 측 동의를 얻어 조합원을 비롯한 사원들 앞에서 연설할 기회를 얻었다. 나는 여기서 '우리 회사는 업무의 모든 분야에서 하부 위임이 잘되어 있기 때문에 종업원 각자가 경영 마인드로 일하고 있으며, 나를 비롯하여 전 임원이 공과 사를 엄격히 구분해 투명경영을 하고 있다. 그동안 사주조합을 육성해 사원 모두가 회사의 주인이 되어 줄 것을 부탁해 왔는데, 여러분은 반대로 머슴이 되려 하고 있다'는 요지의 연설을 했다.

나의 호소가 주효했는지는 알 수 없으나, 막다른 골목까지 치달을 것만 같던 노조 측의 강경 분위기는 뜻밖에도 자진 해산으로 귀결되었다. 당시 주도자들은 전부 퇴사한 상태였기 때문에, 속사정을 일일이 확인하기는 어렵다. 그러나 전체 조합원 총회에서 3분의 2 이상의 찬성을 얻어 조합을 해산했는데, 노조가 한번 결성되면 자진 해산하는 예는 거의 없다. 그럼에도 우리 회사는 종업원들이 투표로 해산한 것이다. 이는 주인의식이 강한 기업에서는 이념적인 노조운동은 자리잡기가 어렵다는 것을 보여 준다.

이 밖에도 '종업원이 회사의 주인이다'라는 사주조합 정신이 실체로 드러난 순간은 여러 번 있었다. 가령 1979년 초 동해조선으로 인한 후유증이 임원진 개편으로 이어진 것도 그렇고, 박 대통령이 순직한 날 회사 부도를 막은 것 또한 종업원의 주인의식이 없이는 불가능한 일이었다. 이런 상황에서 종업원과 경영자 양측을 대립적인 입장으로 이해하고자 했던 사무직노동조합 운동도 결국 큰 강물로 흘러들어가는 작은 냇물에 지나지 않았던 것이다.

우리 사주조합의 정신은 50년간 도도히 흘러왔고, 앞으로도 우리 회사의 큰 기둥이 될 것이다. 전문경영인 시대를 맞아 강력한 사주조합의 존재가 우리 회사의 힘과 안정을 보증하는 우산이 되기를 희망한다. KSS해운에서 사주조합의 창달은 사시(社是) 아닌 사시로서, 모든 임직원에게 부여된 권리이자 과제라는 뜻이다.

상장! 두 번의 실패와 61억짜리 성공

주식 상장을 시도했다가 첫 번째 좌절한 이야기다. 1991년 당시 우리 회사는 1987년부터 5년 연속 흑자를 기록하며 순조롭게 발전하고 있었기에, 증권감독원과 재무부의 방침이던 3년 연속 흑자라는 요건을 충분히 채우고도 남았다. 이때는 소위 '단군 이래 최대 호황'이라는 3저, 즉 저환율, 저금리, 저물가 시기라서 증권 시장 역시 폭발적인 성장을 보였다. 증시 동향이나 우리 회사의 건실한 경영 상태로 보나 상장은 거의 기정사실이었다. 재무부나 증권감독원에 타진해 보아도 우리 회사의 상장은 거의 당연하다는 반응이었다.

우선 상장을 준비하면서 사원들에게 주식 매입을 권장했다. 내가 보유한 주식 비율은 20퍼센트. 사원들이 이번 기회에 주식을 다량 매입하면 종업원 보유 비율이 더욱 높아져 오랫동안 사내 숙원 사업이었던 종업원지주제가 명실상부한 활력을 찾을 수 있는 호기였다. 나는 자금이 부족한 사원들로 하여금 퇴직금 중간 정산을 통해 매입 자금을 마련할 수 있도록 지원했다.

그런데 '도장만 안 찍었지 이미 확정된 상태'나 마찬가지였던 상장은 1991년 12월 말, 하루 저녁에 좌절되고 말았다. 정부 관련 부처에서 증권감독원으로 '해운회사는 상장을 시키지 말라'는 지시가 갑자기 내려온 것이다. 증권감독원장이 나를 불렀다.

"대단히 미안합니다. 최종 보고할 때 갑자기 안 된다는 겁니다. 사실 우리는 정부에서 시키는 대로 하는 것 아닙니까. 박 사장이 양해해 주십시오."

이때 정부가 내부적으로 제시한 명분은 '아직 해운 합리화 조치가 끝나지 않았다'는 것이었다. 해운 통폐합 당시의 부채 상환이 아직 다 끝나지 않았으니 해운회사들은 이번에 상장시키면 안 된다는 논리였다. 그러나 나에게 이것은 논리가 아니라 궤변이었다. 개별 기업의 재무 상태를 보고 내린 결정이 아니라, 해운업체 전체를 대상으로 일률적인 허(許), 불허(不許) 방침을 정하다니, 언제나 그렇듯 여기에는 이면의 사정이 있었던 것이다.

당시 활황세를 보이던 증시는 연말이 되면서 내림세로 돌아섰다. 그러자 정부는 증시 지표를 인위적으로 상승시키는 조치를 꾀했다. '증시 물량의 추가 진입을 제한한다'는 조치가 바로 그것이었다. 그러니까 해운업체 통폐합이 아직 끝나지 않았다는 것은 표면적인 명분에 불과했고, 실제로는 증시가 곤두박질치는 것을 막기 위한 방안이었던 것이다. 운도 안 따랐다. 나중에 알고 보니 연말 폐장일 오전 주가가 오르면 진입을 허가하고 주가가 내려가면 불허하겠다는 방침이었다고 한다. 공교롭게도 그날 오전 주가가 하락했고, 당국은 이런 저런 이유를 들어 추가 상장을 전부 막아 버린 것이다.

1년을 기다려 1992년 연말 다시 상장을 추진했다. 그러나 이번에는 회사 사정이 악화되었다. 바나나 수송 사업이 실패하면서 30억이 넘는 운임을 떼인 것이다. 결국 53억 원이나 되는 당기 순손실을 기록해 상장은 물거품이 되고 말았다.

1997년부터 흑자가 나기 시작하여 5년이 된 시점에서 다시 상장을 시도하기로 했다. 상장하지 않으면 1989년에 실시한 재산재평가로 인한 막대한 세금을 내야 했다. 정부가 기업의 상장을 유도하기 위하여 '재평가요건에 미달하여도 재평가 후 2년 이내에 상장만 하면 재평가로 인정해 주겠다(세율 3퍼센트)'는 조세감면특례규정을 발표했다. 그 대신 기한 내에 상장을 못하면 임의평가로 보아 법인세를 물리겠다는 으름장도 있었다. 일종의 낚싯밥인데 우리 회사는 어차피 사주조합과 사외주주(40퍼센트 정도) 때문에 상장해야 할 처지라 내가 낚싯밥을 덜렁 물었다. 나와 같이 낚싯밥을 문 회사가 52개나 되었다.

그런데 앞에서 설명한 바와 같이 상장회사 부도율이 증가하자 정부 정책 변화로 상장이 되지 않았다. 정부도 미안했는지 5년씩 두 번 연기해 주다가 2003년 말까지 상장 시한을 늦추어 주었다. 그 사이에 상장에 성공했던지 아니면 포기한 회사가 많았다. 우리 회사는 연속 3년간 흑자가 나지 않았으나, 1997년 이후 연속 5년 이상 흑자가 나서 상장 자격을 구비했는데, 이번에는 부채비율(전업종 평균 170퍼센트)이 발목을 잡았다. IMF사태가 터지면서 우리나라 기업 대부분이 부채가 너무 많았다. 부채 감소 대책으로 김대중 정권이 부채비율 200퍼센트 가이드라인을 내놓았기 때문이다. 그런데 우리 회사의 부채 대부분은 사실상 LNG 수송선 4척에 투자한 6,600만여 달러다. 고가의 선박을 연불로 들여와 운임 수입으로 갚아 나가는 해운업체의 실정을 감안하면, 정부가 업종별 특성을 고려하지 않고 일률적으로 부채비율을 못박는 것은 불합리하다. 더구나 정부 정책이 자주 바뀌니 기업이 따라갈 수가 없다.

우리 회사가 꼭 상장해야 할 이유는 세금 좀 덜 내는 문제가 아니라 종업원과 사외주주의 주식 환금성 때문이었다. 그러니 세금 혜택이 없더라도 반드시 이루어야 할 목표였다. 1999년 말, 우리 회사 부채비율은 332퍼센트였는데 상장하려면 200퍼센트 정도는 되어야 한다고 했다. IMF사태 여파이긴 하나 갑자기 축구시합 중에 골대를 작게 하겠다는 것과 다를 바가 없었다. 그러니 상장을 기한 내에 못하는 것은 기업 책임이 아니다. 그러나 약자인 기업은 어떻게 하든 따라가야 한다. 정부를 설득하여 해운업과 항공업 같은 장치산업의 부채비율을 완화시켜 준 것이 2001년도다. 그래서 2002년 3월 증권거래소에 상장을 신청하게 되었다. 5년 이상 흑자도 났고, 요건에도 맞으니 이번에는 틀림없이 될 줄 알았다.

그러나 마가 끼었다. 2001년 우리 회사 30년사 《손해를 보더라도 원칙은 지킨다》를 출판했다. 이 책에 기재된 선박들 중 파나마 선적의 배가 몇 척 있었다. 지금도 그렇지만 당시에도 선진국 해운회사 대부분이 편의치적선박을 이용하는 것이 보편화되어 있었다. 선진국은 인건비가 비싸 국제경쟁에서 이길 수 없기 때문에 선박을 편의치적해서 외국 선원을 태운다. 융자한 금융기관은 선박을 담보로 잡을 수만 있으면 국적에 관계하지 않는다. 선가를 다 갚으면 소유권을 넘겨준다. 이것을 '국적취득조건부 나용선계약'이라고 한다. 선진국 정부도 선박등록지가 어디가 되었든 매출과 이익금이 확실해서 법인세 탈루가 없으면 잔소리가 없다. 그런데 우리 정부는 이런 일에 생소하다. 그 책을 읽어 본 심사국 간부가 가스로만호를 비롯한 3척이 부외자산이라는 이유를 들어 거부하는 것이다. 외국 선박이나 항공기를 구입할 때 대부분 리스금융을 이용한다. 즉 금융회사에서 편의치적으로 직접 소유하면 담보를 잡지 않아도 된다. 그리고 선가를 리스료로 몇 년간 상환하게 하고 다 갚으면 리스 한 선사에 1달러로 파는 것이다. 아직 우리 사회가 이러한 국제적 상 관행을 이해하지 못하고 우리나라 자산을 외국에 도피한 것으로 본 것이다.

때마침 편의치적선박을 관세법 위반으로 오해한 관세청이 대한해운 사장을 형사고발한 사건이 발생했다. 관세법 위반에 걸리지 않으려면, 외국 자본으로 남의 나라에 등록된 선박의 선가를 다 갚기 전에 우리나라 국적선으로 바꾸라는 억지다. 국제계약상 불가능한 일이다. 그래서 해운업계 전체가 이의 부당성을 호소하고 있었다. 대한해운 사건 판결이 날 때까지 증권거래소 심사국도 판단을 보류할 수밖에 없으니 일단 자진 철회하라는 것이다. 어쩔 수 없이 눈물을 머금고 상장 신청을 철회하게 되었다. 우리나라 당국이 이런 국제적 관행을 이해하기에는 수준 미달이었다. 솔직히 내가 책 쓴 것을 그때처럼 후회한 일이 없다. 그렇게 해서 두 번째 상장 시도가 실패했다.

문제는 2003년 말을 넘겨 2004년에 14년 전 실시한 자산재평가 차액에 법인세 33퍼센트를 적용하여 부과된 것이었다. 본세 61억 원과 1990년도부터 적용하여 납부지연금 등, 가산세 94억 원, 합계 155억 원이라는 막대한 세금을 내야 했다. 첫째 낚싯밥에 걸린 죄, 둘째 수시로 변하는 정부 정책을 못 따라간 죄, 셋째 대한해운이 재판을 받게 된 죄가 겹쳐서 부과된 벌금이다. 당시 매출액 738억밖에 안 되는 회사에 155억 세금 추징이라면 망하라는 말과 같았다.

하는 수 없이 은행 융자로 납세는 했다. 그러나 회사는 억울했다.

조세심판원에 제소했더니 지체상금 94억은 너무했다며 삭감해 주었다. 그러나 행소, 항소, 대법원 판결에서 모두 졌다. 그런데 상기 조세감면규제법 자체가 1993년 말 전면개정되었다. 국세청은 전면개정으로 이전의 법률효력이 상실되었음에도 부칙을 적용하여 법인세로 징수한 것이다. 몸통이 죽었는데 꼬리가 살아 있다는 논법이 이상했다. 본법의 효력이 상실되었는데 부칙만 살아 있다는 해석은 잘못이라고 헌법재판소에 소원을 제출했더니 헌재는 우리 회사 말이 맞다고 판단해 주었다. 헌재의 판결(한정위헌)로 대법원에 재심을 청구하였더니 대법원에서는 헌재의 판단에 대법원이 구속되지 않는다고 또 기각하였다.

헌재와 대법원 간의 기 싸움이 되어 버렸다. 그리하여 다시 헌재에 재판취소소원청구라는 긴 이름의 소원을 다시 냈다. 두 헌법기관 간에 충돌이 일어나면 국민은 고래싸움에 새우등만 터진다. 소송을 진행한 지 벌써 14년이 흘렀다. 그러다 지쳐서 망하는 회사도 있을 것이다. '국가란 무엇인가?'라고 묻고 싶다.

거액의 세금을 내면서도 상장을 포기할 수 없었다. 오랫동안 기다려 준 사외 주주들과 우리사주조합의 활성화를 위해 반드시 해야 했다. 그래서 우리와 계약을 맺은 외국 금융기관과 협의 끝에 배값을 다 갚기 전에라도 한국 국적을 취득 할 수 있게 설득했다. 사실은 억지인데 잔금도 얼마 안 남았고, 상장 목적에 협조하는 의미에서 양보해 준 것이다. 이러한 작업이 완료되어 2007년, 드디어 상장에 성공했다. 61억짜리 성공이고, 시도한 지 무려 17년 만이다.

은행과의 소리 없는 전쟁

1995년 3월, 나는 사장을 후배에게 물려주고 경영에 간섭하지 않기로 중역들에게 약속했다. 사무실도 같은 건물이지만 엘리베이터를 따로 타는 더 높은 층으로 옮겼다. 이렇게 하면 직원들과 마주치는 일이 없다. 나를 잊게 하기 위한 것이다. 내 얼굴을 자주 보게 되면 사장님이 일하기 어려워진다. 사실 몇 년을 KSS해운 사무실에 내려가지 않았다. 그랬더니 직원들 얼굴도 잊어버리고 건물 현관에서 직원을 마주쳐도 우리 회사 직원인지 아닌지 구별할 수 없어, 내게 인사하는 사람에게는 나도 정중히 인사했더니 "회장님이 나를 알아보지 못한다"는 말을 들을 정도가 되었다.

이렇게까지 한 것은 내가 대주주이고 대표이사 회장이라, 같은 사무실을 쓰면 내가 경영에 간섭하지 않겠다고 하더라도 나에게 이것저것 물어오기 때문이었다. 그러면 책임경영이 안 되고, 직원들도 실권자가 사장이 아닌 회장으로 인식되어 사장의 영이 안 선다. 사장 이하 중역들에게 경영을 맡겼으면 철저하게 맡겨야 한다. 그래서 내 사무실 자체를 회사 밖으로 옮긴 것이다. 그래도 처음 몇 번은 후임 사장이 자질구레한 일을 가지고 나에게 의견을 물어왔다. 다 듣고는 "당신이 사장이니 사장 생각대로 하시오. 내 의견은 없습니다"라고 했다. 그래도 이런 일이 반복되었다. 나는 하는 수 없이 "회사 일은 지긋지긋하니 나한테 가지고 오지 말란 말이오"라고 소리를 질렀다. 그때야 사장이 내가 진심으로 경영을 위임했다는 사실을 알고 나에게 상의하는 일이 없어졌다. 그렇게 해서 책임 전문경영인체제가 확립되어 갔다.

그런데 큰 장애요인이 발생했다. 주거래 은행에서 회사 차입금에 대하여 대주주가 보증을 서라는 것이었다. 우리나라 회사들이 비록 주식회사 체제를 갖추고 있고 사장이 경영을 하는데도 대주주가 실제로 경영을 하고 있으니 대표이사로 등기가 되었든 안 되었든 관계없이 대주주의 보증을 요구했다. 은행이 이러한 요구를 하는 것도 무리가 아니다. 그러나 KSS해운과 같이 대주주가 경영에 간섭하지 않고 사장이 전권을 가지고 경영하는 기업은 경영과 자본이 분리된 서구적 기업임에 틀림없다. 경영 책임이 회사 CEO에게 있는데 그 행위에 대한 책임을 대주주가 지라고 하는 것은 자본과 경영이 분리되는 것을 인정하지 않겠다는 것이다. 거의 대부분의 기업이 개인 회사이기 때문에 이런 특이한(?) 사정을 은행이 알아 줄 리가 없다.

선진국 금융기관은 기업의 프로젝트만 보고 돈을 빌려 주지, 대주주의 보증이나 담보를 보고 대출하지 않는다. 미국의 금융기관은 기업체가 대상이지 기업에 종사하는 대표나 개인을 대상으로 하지 않는다. 그러므로 우리나라 금융계가 특이한 사정에 있는 것이지 자본과 경영을 분리한 내가 특이한 것이 아니다.

나는 우선 내 대표이사직을 내놓았다. 그리고 보증할 수 없다고 거절했다. 그랬더니 야단이 났다. 우리나라 금융계 관행에서 벗어나기 때문이었다. 은행은 보증을 요구하고 나는 거절하는 사이에 끼여 회사만 죽을 지경이 되었다. 이런 이유로 새로운 대출은 일어날 수 없었다. 시설자금은 고사하고 운영자금도 동결되었다. 시설자금은 외국 은행에서 조달하고, 운영자금은 자체 자금만으로 충당하여 회사를 꾸려 갈 수밖에 없게 되었다.

이렇게 한 5년이 되니 도리어 재무제표가 좋아졌고 유동성이 커졌다. 드디어 주거래 은행에서 타협안이 왔다. 내가 사장으로 있을 때 빌린 융자금에 대하여만 보증을 서달라고 했고, 그 요청에 나는 응했다. 2003년 내가 회장을 그만두고 고문으로 내려앉고, 내 후임 사장이 회장이 되었다. 2010년 내가 CEO로 있을 때 융자 건도 다 갚았다. 은행과의 소리 없는 전쟁은 이렇게 하여 끝났다.

그 후 우리 회사에는 은행이 재벌기업에 하는 것과 같이 회사 상대의 융자가 이루어지고 있다. 이 일은 별것 아닌 것으로 보이나 알고 보면 중소기업에서 엄청난 일을 한 것이다. 우리나라 기업의 실체가 형식적으로만 주식회사이고 내용은 개인회사이기 때문이기도 하고, 한편으로는 금융계 내의 산업전망 분석에 대한 전문지식이 없기 때문이기도 하다. 해외 은행들은 산업별 전문가가 있어 기업에 대한 지도까지 한다. 담보 위주 금융을 하는 한 우리 금융계의 낙후성은 벗어날 수 없을 것이다.

땅 냄새를 맡는 농부처럼

농부는 씨를 뿌리기 전에 흙을 파서 땅 냄새를 맡는다. 사장이 배를 타는 것도 같은 이유다. 기업 경영의 핵심은 현장을 잘 아는 것이다. 의사가 청진기를 대고 진단하는 것과 같다. 의사가 오진하면 환자가 죽는 수가 있다. 그래서 책상머리 사장은 부하직원의 보고서만 보고 판단하니 오진하게 된다. 현장을 누비는 사장에게는 허위 보고를 못한다. 선박회사 사장은 부두에 있는 배에 방선(訪船)을 자주 한다. 그러나 방선은 시찰이지 현장이 아니다. 현장이란 가동하는 배를 타고 선원과 같이 생활하는 것이다. 말단 선원의 애로사항을 들어주고 선기장(船機長)과 대화하면서 선원들의 사기를 높인다. 이것이 사장의 가장 중요한 일이다.

1991년 11월부터 연길의 조선족 선원을 받아들여 우리 선원과 혼승(混乘)시키기 시작한 지 얼마 안 되었을 때다. 한번은 일본 요코하마 항에서 정박 중 선원 사고가 났다고 했다. 연길에서 온 조선족 선원이 우리 2등 항해사의 얼굴을 칼로 찔러 큰 중상을 입혔다. 가해자는 요코하마 경찰서에 감금되었고, 피해자는 현장에서 응급처치 후 부산으로 이송하였는데 다행히 생명에는 지장이 없었으며, 가해 선원의 직책은 식당에서 일하는 말단 주사원(廚司員)인데 성질이 급하고 포악해서 일이 났다고 했다. 나는 이 보고서를 읽고 '성질이 아무리 포악하더라도 칼을 들고 난동을 부렸다면 필시 다른 사정이 있을 것'이라고 생각했다. 즉시 요코하마로 달려갔다. 사식(私食)을 들고 감방을 찾았다. 가서 만나 보니 내가 상상했던 사람과는 완전히 달랐다. 나이도 들었고, 학교 선생님 이력이 있는 얌전한 사람이었다. 나를 만나니 펑펑 울면서 "잘못했습니다. 죽을죄를 지었습니다"라고 여러 번 후회하면서 자초지종을 말했다.

"제 직책은 식당에서 심부름이나 하는 말단 선원입니다. 한국 선원들의 온갖 심부름과 청소를 해야 하는데 선원들이 지시하면 제가 한국에서 쓰는 용어를 잘 모르니 못 알아듣고 실수가 많았습니다. 이러다 보니 한국 선원들에게 병신 취급만 받게 되었습니다. 그날도

2등 항해사가 심부름을 시켰는데 못 알아들었습니다. 그래서 다른 것을 잘못 가져가니 여러 사람 앞에서 '야 이 병신 새끼!' 하고 야단쳤습니다. 평소에도 2등 항해사가 저를 비하하는 말을 자주 했는데 그날도 여러 선원들 앞에서 창피를 당했습니다. 방으로 들어가는 그를 붙들고 너무한다고 대들었더니, 쓰고 있던 안전모로 저의 가슴을 여러 번 쳤습니다. 화가 치밀어 식당에 달려가 칼을 들고 나왔습니다. 그땐 제정신이 아니었습니다. 어찌했는지 모르지만 얼굴에 큰 상처를 내고 말았습니다. 뒤에서 누가 나를 붙잡는 바람에 그 정도로 끝났습니다. 이유 여하를 막론하고 정말 잘못했습니다. 회사에 누를 끼쳐 죄송합니다."

한국말이 어느 정도 통하는 점 때문에 연길에서 선원을 데려왔는데 이런 불상사가 난 것이다. 말보다 중요한 것은 마음씨다. 이 사건으로 우리 회사는 조선족 언어와 한국 언어의 다른 점을 비교하는 작은 사전을 만들었으며, 한국 선원들에게 예의 바른 행동을 하도록 교육시켰다. 연길에서 '선원 가족 위안의 밤' 행사를 개최하게 되었고, 그 후에는 한 번도 이런 불상사가 일어나지 않았으며, 연길 지역에서는 우리 회사가 가장 좋은 회사로 알려지게 되었다. 내가 보고서만 믿고 요코하마로 달려가지 않았으면 전혀 시정되지 않았을 것을, 불행 중 다행으로 전화위복을 만들었다. 보고서는 참고일 뿐, 가장 신뢰할 만한 것은 현장뿐이다.

사장 시절, 한번은 일본 선원과 우리 선원의 일하는 정도 차이를 알기 위해 싱가포르에서 일본까지 일본 유요해운(雄洋海運) 선박에 승선한 일도 있다. 우리는 대형 가스선에 21명의 선원을 태우는데 일본은 18명으로 한다. 그들의 생산성이 15퍼센트 높은 것이다. 우리는 가스선 운영 경험이 적어 훈련 요원으로 넉넉히 승선시키고 있었다. 그런데 우리는 이 숫자가 30년간 고정되고 말았다. 크게 반성하여야 할 점이다.

생산 현장도 중요하지만 해외 정보도 중요하다. 보고서만으로는 모자란다. 배가 외국 산업현장에 들락거리니 선장이나 선원들이 공장 사람들과 접촉이 많다. 그들을 통하여 남보다 빨리 현장 정보를 입수하면 영업에 큰 도움이 된다. 농부가 땅 냄새를 맡는 것처럼 외국에 나가 냄새를 맡아야 한다. 부지런히 몸을 움직이는 사람이 진정한 지도자다.

부동산 안 사기

일반 사람들은 선박이 법적으로는 부동산이라는 것을 잘 모른다. 부동산이기 때문에 담보를 잡힐 수 있다. 그러면 우리 회사는 선박회사이니 부동산이 많다고 볼 수 있다. 우리나라 선박이 많다는 것은 영토가 그만큼 늘고 있다는 뜻과 같다. 그래서 선박이 외국 항구에 들어갈 때는 태극기를 배에 달고 들어간다. 그런데 입항할 때는 태극기를 배 뒤편에 달고, 가운데는 입항하는 나라의 국기를 단다. 다시 말하면, 공해를 항해 중에는 대한민국 영토이니까 대한민국법이 적용되나 외국 항구에 들어가면 그 나라 법에 따르겠다는 복종의 표시다. 앞에서 언급했듯 1995년 쌀을 싣고 북한에 갔을 때는 배 뒷부분에 있는 태극기를 내려놓으라고 북한이 요구한 것이었다. 선장은 국가를 대표하는 외교관과 같다. 선주도 국토의 일부를 관리하고 있는 셈이다. 그래서 해운업자는 국가관이 뚜렷해야 한다.

우리 회사가 IMF사태도 극복하고 경기가 좋아져 자금에 여유가 생기니 임직원 중 강남에 사옥을 짓자고 하는 사람들이 생겼다. 늘 임대 사무실을 쓰고 있었는데 사옥을 갖는 해운회사들이 많아져 부럽기도 했을 것이다. 나는 그런 말을 듣고 단호히 반대했다.

"우리 회사는 이미 많은 부동산이 있다. 돈이 있으면 배를 한 척이라도 더 사라. 그러면 매출도 늘고, 고용도 늘 수 있다. 기업은 빌딩이 없다고 망하지 않는다. 남의 사무실을 빌려 쓰고 사용료를 내면 건물 감가상각보다 임대료가 더 높아 법인세도 적어진다. 남의 집에 세 들어 사는 것이 뭐 어떤가! 부동산은 사용하는 자가 임자다."

경기가 좋을 때 건물을 신축한 해운회사들은 거의 다 거덜이 났다. 최근에 신문기사를 보니 5대 재벌기업의 부동산 소유가 10년 전에 비하여 2.8배가 늘었다고 한다. 생산시설은 해외로 빠져나가는데 부동산 소유가 는다는 것은 기업들이 여윳돈으로 부동산 투자를 하고 있다는 것이다. 기업이 부동산을 사들이면 부동산 가격을 인상시켜 아파트값를 올리고 공장 생산원가를 높이게 된다. 기업은 돈을 벌지 모르지만 결과적으로 사회에 죄를 짓는 것이다. 그보다 더 큰 피해는, 경영자가 본업에 관심이 적어지고 재테크에 관심이 커져 기술개발 등에 소홀하게 되는 것이다. 돈만 벌었지 국가 사회에 도움이 안 된다.

그 후 KSS해운은 부동산 매입은 일체 하지 않는다. 좋은 전통이다. 단 한 번, 우리가 25년간 임대 사무실로 쓰고 있던 건물 주인이 호텔로 바꾸려 하니 나가 달라고 해서 그 근처에 층별로 매각하는 사무실을 구입해 처음으로 회사 소유 사무실이 생기게 되었다.

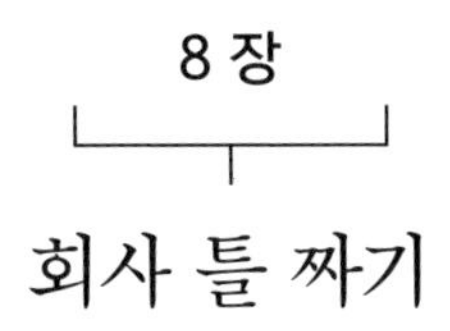

8장

회사 틀 짜기

시장(市場)이 나를 내쫓아

후계자를 누구로 하느냐 하는 문제가 있었다. 아들을 후계자로 삼는 경우에는 인재를 찾는 데 소홀해진다. 물건 잘 파는 사람이나 말 잘 듣는 비서감이 유능해 보인다. 나는 내 가족을 회사에 심지 않기로 마음먹었기 때문에 늘 인재 찾기에 여념이 없었다. 외부에서 찾는 것보다는 가까운 내부에서 찾는 게 우선이다. 자연히 마음속에 선발 기준이 생겼다.

첫째는 공과 사가 엄격한 사람이다. 도덕률이 확고하지 않으면 밑의 사람이 따르지 않는다. 둘째, 주관이 뚜렷한 사람이다. 누이 좋고 매부 좋은 사람은 인기는 있을망정 냉철한 판단력이 부족하다. 셋째는 내 의견에 많이 반대한 사람을 눈여겨보았다. 내 주장에 반대하는 사람은 나에게 미움 받을 줄 알면서도 회사를 위해 직언하는 사람이다. 이런 사람에게 회사를 맡기면 안심할 수 있다. 신입사원 뽑을 때부터 지도자감을 골랐고, 가능성이 있는 직원을 다른 직원보다 빨리 승진시켰다. 그래서 자연스럽게 임원 중에서 후계자를 지명하게 된다.

1993년 김영삼 대통령이 취임하니 전 재벌기업 사장들이 경북에서 경남 사람으로 바뀌고 있었다. 그만큼 정경유착이 컸다는 의미이고 이런 현상은 지금도 여전하다. 대기업일수록 정계에 꼼짝 못한다. 우리 회사는 '을'이니 고객인 '갑'의 신임 사장에게 인사를 가야 한다. 그런데 그들 대부분의 나이가 나보다 3, 4년 아래 줄이 되었다. 인사차 방문하겠다고 하는데 "저는 사장님을 잘 압니다. 사장님 모시고 식사를 같이 한 일도 있습니다. 부사장을 보내세요"라며 거절했다. 나는 고객과 식사도 못하는 처지가 되었다. 시장(市場)이 나를 내쫓는 것이다. 회사를 위해서는 하루속히 새 사장을 임명해야겠다고 마음먹었다.

그러나 사장 업이란 두 가지 일을 해야 한다. 하나는 공평한 인사와 후배 육성에 관심이 커야 하고, 둘째는 담보 없이 돈을 구하는 능력이 있어야 한다. 내 후임이 된 장두찬 사장은 내게 가장 반대를 많이 한 세 가지 자격 요건을 모두 갖춘 인물인데, 영업 출신이라 자금조달 능력은 알 수 없었다. 그래서 나는 간부회의에서 "그간 지긋지긋하게 은행 출입을 해 왔는데 앞으로는 안 할 것이니 돈이 필요하면 부사장이 하시오" 하고 시치미를 뗐다.

마침 새 사업에 50억 원 정도가 필요했다. 이는 부사장 몫이 되었다. 부사장이 주거래 은행을 부지런히 들락거리더니 40억을 담보 없이 만들어 냈다. 이렇게 하여 장 부사장을 사장으로 발탁했고 나는 1995년 3월 사임했다. 사임을 결의하는 이사회에서 말했다.

"나는 앞으로 회사 경영에 절대 간여하지 않겠습니다. 여러분이 알아서 해주시오. 그리고 나는 25년간 여러분을 먹여 살리느라고 고생도 많이 했습니다. 앞으로 여러분이 힘을 합쳐 나 하나 먹여 살려 주시오."

그리고 실권 없는, 월급만 받는 회장으로 물러났다. 회장 월급을 사장보다 적게 했다. 월급이 많은 사람이 제일 높은 사람으로 안다. 사장에게 힘을 실어 주기 위한 방안의 하나다.

우리나라 기업들이 대부분 자식에게 물려주기 때문에 나를 기업계의 이단으로 보았다. 우리 사회는 가족주의에서 벗어나지 못하고 있다. 가족주의란 정실인사의 표본이다. 경영권을 상속하는 기업인은 '주인 없는 기업은 장기 투자도 못하고 과단성이 없어 기업이 발전하지 못한다'고 주장한다. 이는 잘못된 주장이다. 오너 경영자는 실패해도 문책받지 않는다. 그래서 과감한 투자를 결심하기가 쉽다. 임기가 없기 때문이다. 전문경영인에게도 임기 없이 평생을 보장한다면 그렇게 못할 리 없다. 전문경영인에게는 3년이라는 상법상 임기가 엄격히 적용된다. 그러나 오너 마음에 안 들면, 언제든 사표를 내야 한다. 보장된 임기 자체가 없는 것이다. 전문경영인 사장이 신규투자나 장기 투자를 하려면 사외이사를 포함한 임원들의 동의를 받아야 하는데, 오너 사장은 그런 과정이 무시된다. 전부 거수기이니까 오너 마음대로다.

KT&G 사외이사를 할 때 지금의 셀트리온 창업에 400억 원 신규 투자 안건이 이사회에 올라왔는데 3번째 이사회에서 간신히 통과되어 오늘의 셀트리온이 태어났다. 임기가 있는 사람과 없는 사람의 차이지 과감성과 능력의 문제가 아니다. 쌍용과 삼성의 두 총수는 자동차에 미쳐서 그 사업에 손댔다가 털어먹었다. 2세 경영자는 아버지가 하던 사업이 구닥다리로 보여 새로운 사업에 손을 대었다가 회사를 말아먹었다. 쌍방울과 해태가 그런 예다. 참모들은 반대하면 목이 달아나니까 견제 역할을 못한다. 그런데 전문경영인은 새 사업에 손댔다가 실패하면 임기도 못 채우고 그만두어야 한다. 그러니 치밀한 사전 검토와 실패할 가능성을 놓고 고민한다. 전문경영인은 해야 할 사업을 하는 것이고, 오너는 하고 싶은 사업을 한다. 그래서 성공과 실패의 갈림길은 처음부터 내재되어 있는 것이다.

소모품 사장

2005년 위암 수술을 받고 제주도에서 요양하며 건강이 회복되었다. 2011년 어느 날, 재벌기업 계열사 사장과 식사를 하게 되었다. 식사 중 내가 불쑥 말했다.

"상법상 3년 임기로는 장기계획을 세우기가 어렵지요? 상법을 고쳐 임기를 한 5년 정도로 해야 일을 할 수 있는 것 아닙니까?"

"회장님, 상법에 3년이면 무얼 하며 5년이면 무얼 합니까? 우리는 임기가 없어요. 오너가 내일이라도 그만두라고 하면 그만두어야지요. 저희들은 소모품입니다. 회장님 눈 밖에 나는 날이 임기입니다."

묻던 내 입이 막혀 버렸다. 이 일로 인해 우리 회사 사장의 임기 보장이라는 문제를 생각하게 되었다. 대부분의 기업은 주주총회에서 이사만 선출하고 이사들이 호선(互選)으로 대표이사를 뽑는 것이 일반화되어 있다. 그런데 임기 중이라도 오너가 마음에 안 들면 주총 소집 없이 언제든 그만두게 하고 이사 중에서 다른 사람을 대표이사로 선출한다. 간선제 선임이라는 것이 이렇게 오너한테는 편리하다. 심지어 다른 계열회사 임원을 데려오기도 한다. 보통 연말에 인사이동이 많은데 3월 주총까지 기다렸다가 대표이사로 선임된다. 그런데 선임되기도 전에 부임해서 사장 직무를 수행한다. 그룹 회장님의 인사명령이 주주총회보다 위력을 발휘한다. 이런 불법적 관행에 이의를 달 사람은 없다. 그만두는 사장도 3개월 남았다고 버티지 않는다. 그러니 형식은 주식회사라고 하지만 구멍가게나 진배없다. 이렇게 사장은 파리 목숨이다.

간선제를 주총 직선제로 바꾸면 주주총회를 열어야 한다. 전문경영인은 임기가 보장되어야 일을 할 수 있다. 임기가 보장되지 아니하면 이사회와 주주를 의식하여 짧은 기간 동안 성과를 내기 위해 실적에 급급하게 되고 의사결정에 허점이 생길 소지가 많다. 나아가 회사 이익보다는 사익 추구에 관심을 갖고 잘못된 경영 판단을 할 수 있다. 그래서 특별한 과오가 없으면 중임 정도가 보장되어야 한다. 후배들도 차례를 기다리고 있다. 아무리 오래 해도 세 번 정도가 최장이다. 거기다 65세를 넘지 않도록 했다. 한 사람이 오래 하다 보면, 자기 개인회사처럼 느껴져 독재경영으로 흐르기 쉽다. 과거 기아산업이 그랬다. 대주주가 아닌 사람이 20년 장기집권을 하려고 하니 주주가 아닌

노조를 등에 업었고, 노조와 동업자가 되었으니 인건비가 높아져 경쟁력이 저하되어 망했다. 그뿐만 아니라 유능한 임원들을 내보내 후계자가 없게 한다. 그래서 CEO는 2-3기 연임이 적당하다.

이런 생각 끝에 2013년 대표이사는 주주총회에서 직선제로 선임하도록 회사 정관을 바꾸었다. 그리고 사장은 최장 9년으로 하고, 사외이사는 한 텀 길게 12년까지로 정했다. 사외이사는 외부에서 온 분들이라 아무래도 회사 내용이나 내부 사람을 잘 알려면 사장보다 좀 더 있어야 할 것이다. 사장추천위원회 위원이라는 막중한 임무를 수행해야 할 위치이니까 그렇다.

7인의 사무라이

나는 사장을 그만두면서 경영 간섭을 않기로 약속했고, 잘 지켜 왔다. 그래도 대주주로서 남은 권한이 두 개 있었다. 하나는 후임 사장 지명권이고, 둘은 주주배당율 결정권이다. 그런데 내가 이 세상을 떠나면 누가 지명할 것인가? 보통은 대주주 가족이 사장 지명권은 있다. 우리 애들은 각자 자기 길을 가고 있고, 내 회사에 대하여 맹탕이다. 사람을 모르니 할 수가 없다. 우리나라의 유일한 전문경영인 회사 유한양행을 보면 아드님이 미국에 살아 계시는데도 유일한 선생을 모시던 연만희 씨가 고문으로서 어른 역할을 하고 계신다. 연 고문께서 사장으로 재직 중 스스로 중임으로 6년 만에 사임하는 모범을 보이셨다. 그분이 그래도 유일한 선생의 유지를 잘 받들고 계시니까 회사가 흔들리지 않는다. 우리도 그런 분이 계시면 좋은데 아직 역사가 짧아 기대하기 어렵다. 그런데 사람에 의지하는 것보다는 조직에 의지하는 편이 과오가 적다. 그래서 사장추천위원회를 정관에 제도화하기로 했다.

추천위원회 구성을 누구로 하면 좋겠는지 생각해 보았다. 이 회사는 직원들이 주인이니 직원 투표로 선발하면 될 것처럼 보일 수 있다. 민주적이라 할 수 있으나 인기투표가 되어 버릴 가능성이 크다. 회사 사장을 인기투표로 선발하게 되면, 장차 사장이 되려는 사람은 평소 직원에게 인기를 끌 일만 하게 된다. 포퓰리즘(populism)은 베네수엘라처럼 국가나 기업이나 망하는 지름길이다. 직원이 회사의 주인이 된다고 해도 전 직원 투표 방식은 독선적 경영과 마찬가지로 절대 해서는 안 되는 것 중 하나다.

사장 선임은 객관적 입장에서 관찰하는 사외이사들과 경영에 직접 참여했던 선임자들의 합동집단으로 구성하는 방안이 이상적이고 현실적이라고 판단했다. 그래서 우선 사외이사 4명(5명 중 선임자), 전임 사장, 내(창업주)가 지명하는 인사, 사주조합이 지명(퇴임한 임원 중에서)하는 인사, 이렇게 7인의 위원이 무기명 비밀투표로 결정하기로 했다. 내가 지명한 사람에게 누굴 지지하라는 말을 하지 않았다. 그렇게 하려면 내가 직접 하지 대리인을 내세울 필요가 있겠는가? 그분의 판단에 맡기는 것이 취지에 맞다고 생각했다.

그런데 사주조합도 나와 같은 생각으로 특정인을 지시하지 않았다고 한다. 성숙된 옳은 판단이다. 그리고 입후보 제도를 안 하기로 했다. 사내에서 후보자가 두 명 이상 나오면 직원들이 줄을 서고, 파벌이 형성된다. 정치판과 같아진다. 회사가 정치판이 되면 얼마 못 간다. 나는 초창기부터 파벌을 경계하여 직원들이 명절에 윗사람 집에 인사 가는 것도 못하게 했다. 후보자는 사외이사분들이 공동 발굴하여 따로따로 심사하고 마지막에 투표로 결정한다. 누가 후보 명단에 올랐는지 본인 아니면 모른다. 선발 과정도 극비에 부치기로 되어 있다. 추천위원회 관련 자료는 금고에 넣고 봉한다. 이사회 결의가 없으면 개봉하지 못한다. 대단히 엄격하게 관리되고 있다. 달리 말하면, 교황 선출하는 방식과 같다.

2014년 3월 주총에 추천되어 대표이사가 된 이대성 사장이 이 제도로 선출된 최초의 사장이다. 이렇게 하여 내가 쥐고 있던 사장 지명권을 추천위원회로 넘겼다. 이대성 사장은 취임하자마자 퇴직금누진제를 철폐하고, 뒤에 설명하겠지만, 성과공유제를 도입했으며, 매출도 2013년 1,170억에서 2018년 2,025억에 달하는 획기적 실적을 세웠다. 역시 여러 사람이 심사해서 선발된 사람이 내가 혼자 추천하는 것보다 낫다. 내가 지명하면 정실인사가 된다.

소니(Sony)가 어렵게 된 근본 원인도 상층부의 정실인사 때문이다. 1993년 모리다(盛田) 회장이 뇌출혈로 쓰러졌을 때 성악가인 오가(大賀) 사장이 회장이 되었다. 오가는 모리다 사장 부인의 추천으로 바로 부사장으로 들어온 사람이다. 후임 사장 선발에서도 이데이(出井) 씨가 후임 총괄사장이 되었는데, 상무이사에서 많은 선배를 제치고 발탁된 비정상적 인사였다. 그는 어렸을 때 이부카(井深) 창업자 회장 집에 자주 놀러 왔던 딸의 친구이고, 그가 유럽 주재원일 때 모리다 회장의 딸과 아들의 유럽 유학생활을 돌보아 주는 등 가족적 인연이 깊은 사람으로, 모리다 회장 부인의 입김이 작용했다는 설이 있다.[29] 사실이라면 그 좋던 회사를 치맛바람이 망친 셈이다. 인사가 망사(亡事)라는 말 그대로다.

사외이사 찾기

중소기업이 상장하면 상법에 의하여 이사 총수의 25퍼센트를 사외이사로 채워야 하는데, 나는 법이 있어서 하는 것이 아니라, 내가 대주주이면서도 회사 일에 관여하지 않기 때문이기도 하지만 내가 죽고 난 뒤 나를 대신하여 회사 일에 공식적으로 나서 줄 집단적 직분이 필요하기 때문이었다. 그래서 사내이사 3명에 사외이사 수를 5명까지로 정관에 확정해 두었다. 사외이사 제도는 주주를 대표하여 대표이사의 독단적 경영을 견제하라는 뜻인데, 기업에서는 회사 기밀 누설을 우려한다. 그래서 사외이사 수를 줄이기 위해 사내이사 수를 줄이게 된다. 그래서 법정이사가 아닌 집행임원제도가 생겨난 것이다. 그리고 믿을 수 있는 오너 친구들이 영입된다.

영입된 사외이사는 회사에 대한 정보가 약하니 견제 역할은 별 의미가 없고 자연스럽게 거수기가 된다. CEO가 전문경영인으로 특별한 대주주가 없는 은행 같은 경우, 사장 임기가 되면 사장 연임에도 한몫 한다. 이것이 현실인데 정부에서 문제점을 지적하고 사외이사 선임에 관여하려고 한다. 심지어 노조가 추천하는 사람도 사외이사로 임명하려는 시도가 있다. 독일 대기업의 노사 공동결정제를 변칙적으

29 장세진, 《삼성과 소니》 302쪽 참조.

로 실현하려는 것이다. 독일과 우리나라는 노조의 성격과 수준 면에서 다르다. 기업에 대해 적대감이 있는 우리나라 노조가 기업경영에 관여하면 경영을 할 수 없다. 독일도 1980년대 공장자동화에서 일본에 뒤졌으며, 공장 이전이 잘 안 된 원인도 노 측의 반대 때문이었다. 호황에는 별 문제될 것이 없으나 불황이 오면 노사공동결정제가 걸림돌이 되었다. 결과는 세계시장에서 경쟁력 저하로 밀리게 된다. 또한 정부 입김에 의해 사외이사가 선임되면 국영기업이 되는 것이다.

사장 친구들을 임명하는 것도 잘못이지만, 대신 정부가 나서는 것도 잘못이다. 사외이사제가 소액 일반주주를 위한 것이 목적이면 그 목적에 충실하면서 기업 비밀이 누설되지 않도록 하는 섬세한 배려가 있어야 할 것이다. 내가 없고 대주주가 없어지면 우리 회사도 같은 고민을 하게 될 것이기에, 내가 있을 때 이 문제를 확립해 두어야 했다.

2005년 위암 수술을 받고 건강이 회복되면서 나는 사외이사 문제에 진력했다. 우선, 51세의 젊은 이대성 사장이 취임하면서 사외이사들을 비슷한 연령대로 낮추기로 했다. 서로 대화가 통하려면 우리 정서상 나이가 엇비슷해야 한다. 그런데 40대 후반에서 50대 초반은 내가 아는 사람이 적다. 그리고 대부분 직장이 있는 바쁜 현역들이다. 그래서 사외이사 발굴이 사내이사 발굴보다 어려웠다.

고심하던 어느 날 ㈔바른경제동인회 조찬회 연사로 40대 중반의 젊은 변호사가 강의를 한다고 했다. 강사로 추천한 조남홍 부회장이 강사님의 인품과 실력에 대해 침이 마르도록 칭찬했다. 그래서 그런 분이라면 조찬회가 끝나고 우리 회사 사외이사로 영입 교섭을 해달라고 부탁했다. 나 대신 조 부회장이 강사님에게 조심스럽게 내 말을 전했다. 그런데 주저 없이 즉석에서 수락했다고 한다. 하도 의아해서 조 부회장이 "왜 그렇게 쉽게 수락합니까?" 하고 물었더니, 강사님 대답이 이랬다.

"몇 년 전, 고대 최고경영자 과정에 들어갔는데, 제주도에서 박종규 회장님 강연을 듣고 감명이 되어 그분이 쓴 책을 구하여 두 번 읽어 보았습니다. 박 회장께서 오라고 하면 무조건 가겠습니다."

위암 수술 후 몇 달 안 되어 두 시간 강연을 해야 했다. 매년 제주도에서 첫 강의를 내가 맡고 있었다. 몸이 약해 거절하려고 했는데 위암 4기 환자는 90퍼센트가 죽는다고 한다. 죽을 각오를 하고 제주도 한라산 기슭에 내려왔는데, 기왕 죽을 거면 하고 싶은 말이나 실컷 하고 죽어야겠다고 생각해 힘겹게 강연을 마쳤다. 그 일이 그와 내가 좋은 인연이 될 줄 몰랐다.

이렇게 하여 일면식도 없는 조영길 변호사를 사외이사로 영입했다. 지금은 우리 회사의 이사회 의장을 겸하고 있다. 회사 임직원들과도 조화롭게 합리적으로 많은 도움을 받고 있다. 조 변호사를 영입한 일은 우리 회사의 큰 복이다.

다른 두 분의 이사는 연구소 연구원 출신을 영입했는데 사정이 있어 사퇴하고 다른 분으로 교체되었다. 그런데 또 한 분, 우리나라 협동조합기본법을 만든 김성오 씨 영입은 순탄하지 않았다. 그는 《몬드라곤에서 배우자》라는 스페인 협동조합 역사책을 번역한 분이다. 1990년대 초에 그 책을 감명 깊게 읽고서 1997년 몬드라곤 본사를 방문한 일도 있다. 1956년 스페인 북부 작은 마을에서 신부님의 지도로 5명의 노동자들이 협동조합을 만들어 오늘날 7만 명이 넘는 큰 기업으로 성장시킨 기적의 역사다.

협동조합은 주식이 아무리 많아도 1인1표 주의다. 실력과 인격이 훌륭해야 CEO가 된다. 생각해 보니 내가 없는 우리 회사와 몬드라곤은 유사점이 많다. 주식회사 체제와 협동조합 체제라는 구성법이 다를 뿐, 정신 자세는 같다고 보았다. 그 책의 재판이 나왔다. 새로 나온 책을 다시 읽었다. 그리고 전화를 걸어 번역자를 만났다. 학생 때는 범NL계열로 운동권이었는데 1991년 소련 공산당이 무너지면서 사상적 공백에 방황하였다고 한다. 그러던 중 이 책을 번역하게 되고 몬드라곤을 공부할수록 협동조합의 길이 앞으로 우리가 해야 할 길이라는 것을 깨달았다고 한다. 종북파는 아니나 범좌파임에는 틀림없다.

이사회에서 생각이 같은 분들만 있으면 한 사람이 하는 것과 같다. 토론이 필요 없게 된다. 다양한 생각이 있어야 기업은 유연성이 유지된다. 유연성이 없는 기업은 변화에 적응하지 못한다. 신체가 굳은 노인이 운동선수가 될 수 없는 것과 같다. 그래서 기업은 한 사상에 편향되어서도 안 되고 항상 실사추구(實事追求)에 기반을 두어야 한다. 그래서 김성오 씨에게 사외이사를 제안하고 내가 사외이사추천위원회에 천거하여 심사를 부탁했다. 세 분 선임자가 김성오 후보에게 물었다.

"학생 때 운동권에서 활동했다고 아는데 그게 NL입니까, PD입니까?"

"NL입니다."

더 물어볼 필요를 느끼지 않은 심사위원들은 투표를 해서 일치된 의견으로 부결했다. '과격한 운동권에서 활동하던 분이 기업에 무슨 도움이 되겠는가?' 하고 생각한 것이다. 심도 있게 물어야 하는데 선입관만으로 처리되었다. 결과적으로 대주주가 천거한 분을 거부했다. 다른 회사 같으면 오너가 하자고 하면 감히 반대할 수 없다. 그런데 우리 사외이사들은 과감하게 거부한 것이다. 나는 솔직히 순간 당황하였고 체면이 구겨졌다. 그러나 우리 사외이사님들의 이런 자주적 판단이 더 믿음직스러웠다. 다음 해에 다시 올리면서 본인이 아직도 NL사상을 버리지 않고 있다면 나도 찬성하지 못하겠지만 과거 학생시절과 달라졌다는 것이 확인된다면 재고해 달라고 했다. 한 시간 이상의 혹독한 질문 공세를 받고 만장일치로 통과되었다고 한다. 그렇게 하여 김성오 씨를 사외이사로 영입했다.

또 한 분, 여성 한 명쯤 있어도 좋을 것 같았다. 여성 중에 누굴 영입할까? 가장 어려운 숙제였다. 그때 퍼뜩 떠오른 분이 있었다. 내가 규제개혁위원회 공동위원장으로 재직할 때 규제개혁실 직원 30여 명 중 가장 우수한 사람이 국토연구원에서 파견 나온 차미숙 연구원이었다. 그분의 보고서는 나무랄 곳 없이 완벽했다. 참 우수한 분이구나 하고 생각했는데 2006년 7월 초 내가 무궁화훈장을 받는 날, 같이 훈장을 받게 되었다. 역시 나만 그렇게 생각한 것이 아니라 다른 사람들도 그녀를 높이 평가하고 있었다. 어느 날 차미숙 씨를 식사에 초대했고, 우리 회사 사외이사를 제안하여 모시게 되었다. 그러나 안타깝게도 연구소의 겸직 금지 방침에 의하여 4년 만에 사퇴하게 된다.

마지막 분은 '이니시스'를 개발하여 회사를 매각하고 창업투자 지원에 열을 쏟고 있는 권도균 씨다. 그의 책을 읽고서 훌륭하고 유능한 기업인이라 생각했다. 2015년 12월 만나자고 했다. 만나 보니 왜소한 체구에 학생 같은 검소한 복장이다. 몇천 억대 부자로 보이지 않았다. 짧은 만남이었으나 책 속의 인품보다 더 매력적이었다. 내가 쓴 책을 건네주면서 읽어 보고 가능하면 사외이사에 응해 달라고 제안했다. 미국에 다녀와 대답하겠다고 했는데 얼마 안 가서 미국에서 전화가 왔다. 비행기 속에서 내 책을 다 읽었는지 '수락한다'고 해서 다음 해 사외이사가 되었는데, 2년 후 피치 못할 개인적 사정이 생겨 사퇴했다. 모든 임원이 아까운 분을 놓쳤다며 지금도 아쉬워한다.

퇴임이사가 후임 천거

어느 날, 우리 애들 셋이 서울에서 모처럼 한자리에 모였다. 내가 내 회사 운영에 대해 설명했다. 우리 자식들도 어엿한 사회인이다. 그들 나름대로 경험도 했고 생각도 있을 것이고 늙은 아버지가 하는 일도 알릴 겸 이야기를 꺼낸 것이다. 사장은 사외이사를 중심으로 한 사장추천위원회에서 뽑고, 사내이사도 비슷하게 뽑는다고 설명했다. 그랬더니 막내가 '사외이사가 사장도 추천하는 막중한 자리이고 회사 정책에 큰 영향을 미치고 있으면 사외이사 선임이 중요하다'고 하면서 질문을 던졌다.

"지금의 사외이사분들도 그만두시는 날이 올 것 아닙니까? 아버님이 안 계시게 되면 누가 후임 사외이사를 발굴합니까?"

질문이 날카롭다. 그 후 이 문제를 깊이 생각하게 되었다. 이대로 가면 후임 사외이사 선임은 대표이사 몫이 된다. 그러면 지금 문제되고 있는 금융권의 재판(再版)이 되지 말라는 법도 없다. 정치권은 대통령이 암암리에 국회의원 후보 공천권을 행사하여 자기 사람을 심는다. 기업의 사장이 사외이사를 선발하는 일이 발생하면 사외이사의 견제기능은 끝이다. 그래서 대표이사는 사외이사추천위원회 위원이 될 수 없도록 했다. 그러나 내가 하던 후임 천거는 누가 하도록 할까가 쉽지 않았다. 그래서 생각한 안이 퇴임하는 사외이사 자신이 후임을 추천위원회에 천거하고 위원회에서 적절하지 않다고 할 경우에 한하여 위원회 자체에서 발굴하여 투표로 정하기로 했다. 그러면 사외이사의 독립성이 보장된다. 사외이사는 오랜 동안 해왔기 때문에 회사 성격이나 내용을 잘 안다. 이 회사에 맞는다고 하는 분을 천거하면 별 문제 없으나 그렇지 않고 단순히 친하다고 천거하면 위원회에서 거부하게 되고 퇴임하는 분의 명예손상이 된다. 신중하게 천거할 수밖에 없을 것이다.

중국의 경우 덩샤오핑이 만들어 놓은 당주석의 10년 임기와 정치국 상임위원 정년 68세를 시진핑 주석이 뒤엎었다. 전 인민의 동의를 받아야 하는 제도적 장치가 있었다면 쉽게 뒤엎을 생각을 못했을 것이다. 아무리 제도가 좋아도 운영하는 사람이 옳지 못하면 실패한다. 그렇다고 해서 제도도 미비하면 실패할 확률은 더 커진다. 이런 제도하에서 후임 사외이사가 두 분이나 탄생했다. 다행히도 두 분 다 훌륭한 경력과 인품을 지녔다. 김우철 이사는 서울시립대 교수이며 이익공유제를 연구하신 분이고, 고평석 이사는 IT산업계에 종사하고 있는 40대 현역으로 각종 언론의 칼럼니스트다. 각각 다른 분야에서 새 인물이 들어오니 이사회가 활기차다고 한다.

각자 모르는 사이고, 직업도 다르다. 사외이사가 되기 전에는 우리 회사와 인연이 없던 분들이다. 나도 그 전에는 몰랐다. 책을 읽고 서로 공감해서 인연을 맺게 된 분들이다. 우리 회사 이사회는 거수기가 아니다. 토론이 있는 살아 있는 회의체다. 회사 기밀 누설 우려가 있어 동업계에서는 영입하지 않기로 했다. 다소 경력이 있으며 공사(公私)를 구별하고 건전한 상식의 소유자면 누구나 사외이사 자격이 있다. 사람 볼 줄 아는 혜안과 냉철한 판단력이 관건이다. 지식은 그다음이다.

투톱(Two Top) 제도

정관이나 사규를 개정하는 기준은 항상 장래에 두어야 한다. 나는 '내가 이 세상에서 없어졌을 때'를 대비한 사내 제도를 생각했다. 그중 하나가 투톱(Two Top) 제도다. 일반적으로 이사회를 소집하고 사회를 보는 것도 모두 대표이사가 한다. 그런데 회사를 운영하는 것은 대표이사가 해야 하나 중요 정책을 논하는 이사회 운영까지 대표이사가 하게 되면 다른 이사들은 거수기가 된다. 사외이사들이 있다고 하지만 우선 회사 내용을 잘 알 수 없고, 사장이 추천하여 된 분이 많다. 사내이사들은 다른 의견이 있어도 말도 못한다. 대주주가 없는 상태가 되면 대표이사가 경영권을 휘두를 수 있다. 사람은 견제 장치가 없으면 유아독존이 될 가능성이 커진다. 이럴 가능성을 배제하기 위해 최소한 이사회제도만이라도 민주화가 되도록 운영제도를 바꾸어야 한다.

예를 들어 중국의 덩샤오핑 체제가 그랬다. 8인의 최고 정치국 내에서는 언론이 막히지 않았다. 후계자인 장쩌민 주석도 덩샤오핑이 추천한 사람이 아니다. 공산당 독재정권하에서도 정치국 회의만큼은 언론이 자유로웠다. 하물며 기업의 이사회가 거수기라면 국제적 기업으로 커지기는 불가능하다. 그래서 이사회 의장제도를 만들었다. 의장은 사외이사 중에서 호선한다. 이사회 안건을 선정할 때부터 대표이사가 의장과 상의하여 안건을 정하고, 의장 이름으로 이사회를 소집하고, 의안 심의도 의장이 사회를 본다. 이사회를 국회로 본다면, 사외이사가 사내이사 수보다 많기 때문에 당연한 것이다. 국회의장을 다수당이 차지하는 것과 같은 이치다. 지금까지는 대통령(사장)이 국회의원(사외이사)들을 국무회의에 참석시킨 꼴인데, 앞으로는 국회의장(이사회의장)이 장관(사내이사)들을 국회에 참석시켜 같이 논의하

활발한 토론을 벌이고 있는 이사회 광경.
가운데 의장을 중심으로 왼쪽은 사외이사, 오른쪽은 사내이사.

는 제도로 바꾼 것이다. 국회가 토론의 장이 되는 것과 같은 이치다.

이사회가 통과회가 되면 죽은 이사회다. 정치판처럼 피터지게 싸울 것까지는 없지만 말이 살아 있어야 한다. 전문경영인 체제의 최소한의 요건이다. 이렇게 하여 우리 회사는 투톱 제도를 채택했다. 그랬더니 토론이 활발해지고 더 신중하게 생각하는 이사회가 됐다고 한다. 명실상부한 이사회 중심 기업이 된 것이다. 최근 대기업들도 주주들의 요청으로 투명경영을 위해 이 제도를 채택하는 경우가 늘고 있다. 경영과 이사회가 분리됨으로써 합리적이고 효율적 견제가 유지되고 이를 통해 회사는 건전한 발전을 이루어 갈 수 있다.

제 머리 깎기

영미식 기업 같으면 CEO 보수가 직원 평균 급여의 수십 배, 수백 배 되는 회사가 수두룩하다. 거기에 스톡옵션까지 더하면 상상 이상이다. 미국에서 전문경영인을 영입할 때 하는 형태인데, 이런 제도는 큰 머슴을 고용하여 작은 머슴들을 쥐어짜게 하는, 좋지 않은 제도다. 이렇게 하면 회사 내에 계급의식이 강해지고 협력정신이 약해진다. 협력을 필요로 하는 제조업에는 잘 맞지 않는다.

일본식이 동양에서는 알맞다. GE의 잭 웰치 회장도 2008년 금융위기 때 의회 증언에서 "영미식 경영을 후회한다. 일본식 경영이 옳았다"고 했다. 전체를 단결시키려면 CEO의 자기 억제가 절대적이다. 그래서 일본은 직원과의 월급 차가 그리 크지 않다.

사장 시절 종업원 급여를 올릴 때, 내 월급을 어느 정도로 하느냐

하는 것이 가장 골치 아픈 일 중 하나였다. '제 머리 깎기'가 얼마나 어려운가? 담당자에게 초안을 만들어 보라고 하면, 내 월급을 많이 책정한다. 사장 월급이 많아야 전체 급여 수준이 올라가기 때문이다. 내 것을 많이 올리면 전체가 올라가 경쟁력이 떨어지고, 너무 적게 올리면 직원들 사기가 떨어진다. 그래서 내 월급은 항상 적게 올리고 밑에는 후하게 하려고 노력한다. 그러다 보니 신입사원 월급과 사장 월급 차가 점점 줄어들었다.

한번은 아내가 범양상선 사장 월급은 나보다 3배가 넘는데, 같은 사장인데 왜 우리는 적으냐고 불평하기에 "우리 회사는 그 회사 규모의 십 분의 일도 안 된다. 그러니 내 월급이 그 회사의 과장급 월급과 같아야 한다"고 얼버무린 일도 있다. 내가 사장을 그만두면서 경영에 간섭하지 않기로 했으니 후임 사장들도 '제 머리 깎는 일'을 계속해야 한다. 내 생각에는 실수령액 기준으로 부서장급은 신입사원의 3배는 되어야 하고, 사장은 적어도 10배는 되어야 한다고 본다. 사장이 신입사원 10명분 이상의 일을 하는 것은 분명하다. 직원들도 잘해야 하겠지만, 경영 성과는 뭐니 뭐니 해도 사장의 판단과 결단에 달려 있다. CEO의 책임이 그만큼 막중한 것이다.

그렇게 보면 10배 이상 30배를 주어도 아깝지 않다. 그런데 누진제 세금제도를 감안하면 순수령액을 10배로 만들려면 총액은 15.5배가 된다. 그래서 2017년 사장 급료가 얼마나 되는지 알아보니 실수령액 기준으로 5.5배에 지나지 않았다. 대주주로서 이 문제만큼은 내가 관여하여 10배가 되도록 해주어야겠다고 마음먹었다. 그래서 담당 상무와 검토를 시작했으나, 쉬운 일이 아니었다. 일시에 사장 월급을 10배로 올리려니 직원들의 급여 조정도 필요하다. 하는 수 없이 3년에 걸쳐 조정하여 달성했다.

사장은 잠자는 시간을 빼놓고는 쉬는 시간이 없다. 집에서 TV를 보면서도 회사 일이 머리에서 사라지지 않는다. 나는 사장 퇴임하는 날까지 내 집 앞의 아름다운 꽃을 보지 못했다. 모든 일의 최종 결정자가 자신이기 때문이다. 최고경영자인 CEO의 보수는 일의 양이 아니라 질이다. 자산이나 매출액이 크면 사장이 결정하여야 할 리스크도 커진다. 그러므로 책임자의 보수는 책임의 무게에 비례한다.

'제 머리는 남이 깎아 주는 것'이 원칙이다. 그런데 세상에는 제 머리를 보다 길게 깎으려는 이기적인 CEO도 있다. 2000년대 소니의 상층부가 그랬다. 2009년도 임원 평균 보수가 직원 평균 보수의 30배가 넘었고, 최고위 총괄회장의 보수가 스톡옵션을 합하여 직원 평균 보수의 90배 이상이었다. 그러니 상층부과 직원 간에 간격이 벌어질 수밖에 없었다. 일체감이 없는 기업은 기울어지는 법이다.

트럼프 대통령이 당선되면서 한반도 전쟁 우려가 한때 커졌었다. 만약 전쟁이 나면, 그리고 본사가 있는 서울에 불행한 일이 벌어지면, 선박과 회사 간의 통신이 두절되어 업무가 마비된다. 다른 제조업은 공장도 한반도 안에 있기 때문에 수난을 같이 당하나, 우리 회사의 경우는 공장이 세계 5대양에 떠 있는 셈이다. 공장은 멀쩡한데 지휘 체계가 무너져 운영이 불가능하게 된다. 싣고 가던 화물의 양륙지(揚陸地)가 변경될 수도 있고, 운임은 누구에게 얼마를 받아야 하는지도 알 수 없게 된다.

이런 비상사태에는 지휘 체계가 자동적으로 인계되도록 해야 한다. 상법상의 이사가 아니더라도 회사를 대표하여 업무가 계속될 수 있도록 해야 한다. 그래서 본사의 모든 데이터를 각 사무소에 동시에 보관하도록 준비해 두어야 한다. 본사가 마비되더라도 다음에 부산 사무소가 대행하고 부산까지 통신이 두절되는 사태가 오면 도쿄사무소 순으로 자동 인계되도록 2017년 3월 주총에서 정관을 추가(제50조 비상사태의 경우 회사 운영권)했다. 즉 회사 재산은 건재한데 운영 주체가 없어지는 경우를 대비하는 것이며, 주주의 재산권 보호와 300년 지속가능한 기업 만들기의 일환이다. 회사 정관에 이러한 규정이 있는 기업은 우리뿐일 것이다.

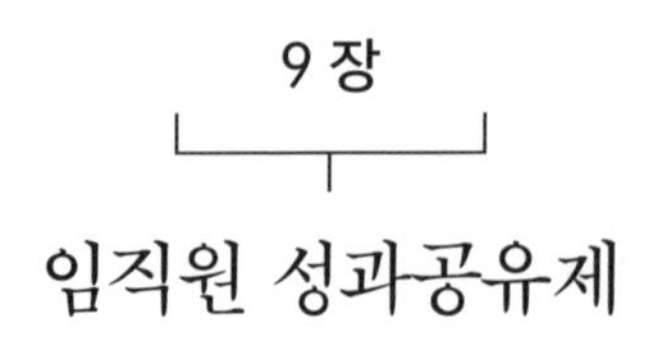

9 장

임직원 성과공유제

노사공동경영제와 성과공유제

이 제목을 읽은 사람은 “이건 사회주의나 공산주의 아닌가?”라며 거부감을 느낄 것이다. 젊었을 때 나는 노조운동과 사주조합운동을 했고, 바른경제동인회를 창설했을 때는 ‘빨갱이 사장’이라는 말까지 들었다. 88올림픽 이후 노조운동이 과격해질 때도 나는 공개적으로 ‘근로자를 파트너십으로 보자’고 주장했다. 그렇다고 경영을 같이 하자는 말이 아니라, 일한 결과물인 이익을 주주와 같이 나누어 주자고 한 것이다.

그런데 기업인들은 그게 그것 아니냐고 한다. 전혀 다른 말인데 그렇게 인식한다. 노동운동을 하는 사람들은 노동자가 회사 경영에 직접 참여해야 한다고 주장한다. 이를 기업 민주화운동이라고 미화한다. 민주주의라면 무엇이든 선이라고 생각한다. 대학 총장이 학생들과 함께 대학 운영을 할 수 없고, 군대가 작전 계획을 사병과 같이 짤 수 없다. 심지어 과거 인민을 위한다는 소련 공산당도 국가 경영에 인민들을 참여시키지 않았다. 그렇게 하면 일이 안 되니 자기들만의 독재로 국가를 운영했다. 중국도 7인의 정치국에서 결정한다. 기업의 이사회와 같다. 경영은 경영전문가가 해야 한다.

북한 정권이 한 사람의 독재에 의해 운용되니 경제가 발전할 수 없다. 전문가 집단이 자유롭게 참여할 수 있는 정치가 경제를 발전시킨다. 정치는 민주주의, 경제는 시장경제가 발전의 원동력이다. 그런데 우리 기업 총수들은 북한의 독재가 경제 실패의 원인이라고 하면서 막상 자기 기업에서는 독재를 행사하고 상왕 노릇을 한다. 그리고 임직원들에게 주인의식을 갖고 창의력을 발휘하라고 닦달한다. 주인 대접을 해야 주인의식이 생기는 것이다. 주인 대접하는 방안이 기업 이익에 연동되는 성과공유제다.

그런데 우리는 지금 와서 독일식 '노사공동경영제'를 하자고 하는 사람들이 많다. 그렇게 되면 '배가 산으로 갈 것'이고 국제 경쟁에서 살아남지 못한다. 독일에서 한다고 해서 다 잘된다고 볼 수 없다. 이것을 이탈리아나 스페인에서 채택했으면 잘되었을까? 의문이다. 민주주의가 성숙되지 못하고, 지하경제가 크고, 이성보다 감성이 앞서고, 단결보다 분열이 심한 사회에서는 성공하기 어렵다. 혼란과 무질서가 판을 칠 우려가 크다. 경영은 경영전문가에게 맡기는 것이 정도다. 그런데 기업인이 전문가도 아닌 가족에게 넘기니 노동조합의 경영 참여 문제가 수그러들지 않는 것이다. 기업 경영을 부의 대물림 수단으로 삼기 때문에 노조도 '우리도 먹자'며 반발하는 것이다.

나는 노사공동경영제 도입은 반대한다. 어떤 일이나 제도로 강요하면 부작용이 커진다. 기업마다 혼란만 야기할 것이다. 미국처럼 기업이 커지면 전문경영인을 영입해서 경영은 맡기고 가족은 뒤로 물러나 주주로만 있으면 되는데도 우리가 그렇게 못하는 이유는 따로 있다. 기업의 비자금 때문이다. 비자금 없이 경영을 못하는 사회 때문이다. 그래서 내가 바른경제동인회를 만들어 먼저 투명경영 사회를 만들자고 주장한 것이다. 1999년 신용카드 활성화법을 만들어 소비시장의 투명화를 이루도록 했다. 기업은 불투명한데 이를 시정하려는 세력은 아무도 없다. 위나 아래나 먹고 살려니 어쩔 수 없다며 체념하고 있는 것이다. 21세기에 들어와서도 이런 상태를 방치하면 영원히 후진국을 면치 못한다. 어떤 방법으로라도 투명사회로 고쳐야 하는 것이 모든 일의 최우선 사항이다.

이것을 나는 성과공유제로 하려는 것이다. 기업의 성과를 종업원과 나누자면 이익이 얼마나 났는지 정확한 계수가 나와야 하는데 뒤에서 사주가 빼먹으면 이익이 줄어든다. 이 제도를 채택하면 종업원의 감시로 비자금 유출은 자연히 방지될 것이다. 비자금 조성의 장소가 주로 기업이다. 그러니 기업 내에서 감시 세력이 형성되어야 우리 사회의 투명성이 확보된다.

한편, 경영자가 부패하면 노동조합도 부패한다. 일부 노조 간부들이 처음에는 노동자를 위한다고 하지만, 오래 하다 보면 사주와 결탁하여 다양한 이권에 관여하게 된다. 조합원의 승진이나 전보 등에 영향력을 행사한다. 그래서 하급 직원이 승진하려면 노조 간부를 찾아간다고 한다. 노조가 권력화되었기 때문이다. 기업이 성과공유제를 채택하면 종업원들이 회사 이익을 위해 전력을 다할 것이다. 이익이 나면 배당금이 많아지니 임금인상 때문에 노조에 의지할 필요가 적어진다. 그러다 보면 노사협력이 잘되는 기업이 된다. 현재의 강성노조 판국에서 이런 일이 일어나면 기적이라 할 것이다. 그러나 이런 기적도 종업원이 만들 수 있다. 물론 먼저 기업인의 투명성이 전제되어야 될 일임에는 틀림없다.

투명성이 먼저

우리나라는 부패 척결과 투명성 확보를 위해 다양한 시도를 해왔다. 그중 하나가 1970년 중반 급료의 은행 송금 제도다. 각 가정에 은행구좌로 월급을 송금해 주니 남편의 비자금이 없어졌다. 드디어 부부 간에 투명성이 확보된 것이다. 두 번째가 부가가치세 도입으로 B to B 거래가 투명해졌다. 이때부터 먹지 영수증이 없어졌다. 지출과 매출이 투명해지기 시작했는데 아직도 무자료 거래라는 암이 일부 중소기업에 존재한다. 세 번째는 1994년 금융 차명거래 불법화다. 이 때문에 두 전직 대통령이 감옥 신세를 지게 되었다. 네 번째는 1998년 말 주식 차명거래 금지다. 다섯 번째는 1999년 9월 신용카드 활성화 방안으로 모든 일반거래가 투명하게 되었다. 중소 유통업 상인들의 매출신고액이 대폭 상향되고 세수가 증가했다. 여섯 번째는 2016년 김영란 법으로 공직자 부패가 감소했다. 그러나 김영란 법만으로는 어림없다. 김영란 법은 길거리에서 보는 장난감 두더지와 같이 튀어나오는 두더지를 망치로 때리는 것인데, 때리고 때려도 한이 없다. 속에 있는 스프링을 뽑아야 한다. 이것이 성과공유제다.

여하튼 이런 과정을 거쳐 그 전에 비해 많이 투명해지기는 했으나, 두더지처럼 아직도 기업에서 비자금 조성이나 뒷거래가 단절되지는 않고 있다. 이러한 자금은 탈세자금에서 나오며 이를 지하자금이라 한다. 경제가 발전하지 못한 국가가 후진국가가 아니라, 지하 불법자금이 많은 국가가 후진국가다. 이런 국가는 OECD에 가입할 자격이 없다. 그러나 한국을 비롯한 그리스, 이탈리아, 터키, 멕시코 같은 부패한 나라들이 버젓이 자리를 차지하고 있다. 특단의 조치를 취하지 않는 한, 우리는 선진국 대열에 낄 수 없을 것이다.

정부가 2022년에는 국제투명성기구(TI)의 국가 순위 중 우리나라가 20위 내에 들어갈 것을 목표로 삼았다. 2018년 국가별 순위는 180개국 중 45위로 2017년의 51위에 비하여 껑충 뛰었다. 그런데 부패인식도지수(CPI)는 54점에서 3점이 오른 것뿐이다. 이것도 김영란 법 덕이다. 우리나라가 20위 안에 들려면 CPI를 15점 이상 더 받아야 하고 일본, 미국, 프랑스 수준은 되어야 한다. 이를 위한 강력한 조치가 필요하다. 그런데 아직도 정계나 산업계에서는 비정상적인 거래가 만연하고 있다. 민간끼리의 거래가 정상화되어야 정계도 달라진다. 민간이 뒷거래 없는 깨끗한 거래를 해보자는 자세가 되어야 청렴한 사회가 된다. 바닷물의 염도가 낮으면 부력이 약해 배가 뜨기 어려운 것과 같이 백성이 부패하였는데 정·관계만 정직하라는 것은 어불성설이다.

대부분의 부정한 돈은 기업에서 유출되며, 매출을 줄이거나 비용을 부풀리거나 해외건설이나 투자 혹은 무역에서 생겨난다. 결과적으로 이익을 줄이게 된다. 매출액의 총합계가 GDP라면 실제보다 GDP를 줄여 발표하는 것이 된다. 유출된 GDP만큼이 정·관계 로비자금이 되고 고객에게 면세서비스 비용이 된다. 거래처 책임자나 특정 권력자를 배 불리면서 GDP를 감소시킨다. 국가의 기본 통계가 왜곡되고 납세 의욕을 떨어뜨리며 국민계층의 위화감을 조성한다. 결과적으로 빈부격차를 더 벌어지게 만든다.

이것을 막으려면 기업 내 종업원에게 회사 이익의 일부를 배분하는 제도가 확립되면 된다. 그러면 회사원들이 자기 배당을 증가시키기 위해 회사 이익금이 유출되지 않도록 감시하게 된다. 우리 사회는 투명성을 지키려는 세력이 없다. 그런데 종업원의 이익 참여가 제도화되면 투명성 유지 세력이 형성된다. 경영진에서도 필요악의 비자금을 조성할 수 없게 되고 고객이나 정·관계에 로비가 막히게 된다.

특단의 조치가 바로 성과공유제 보급이다. 그러므로 성과공유제는 부패 근절의 마지막 열쇠가 될 것이다. 이런 사회가 정착되면 기업 영업은 로비 없는 영업으로 대체되고 기술과 제품의 우수성만이 사업 성공의 길이 된다. 기업은 기술 투자와 직원들의 재능 투자에 진력하게 된다. 따라서 능력주의, 신뢰 사회가 이루어질 것이며 중산층이 절로 증가한다. 기업의 생산성 증가 없는 인건비 상승이나 세금으로 보전하는 이전소득은 부가가치를 증가시키지 못한다. 그런데 기업 이익에 연동되는 근로자의 소득 증가는 부가가치를 높이고 기업 성장과 함께 국가 경제성장도 좋아진다. 기업에서는 배당금이니까 이익잉여금에 해당하나, 배당이 이익의 크기에 따라 증감하니 임직원 입장에서는 유연성 상여금과 같다.

경기가 나빠져 이익이 없거나 적자가 날 때는 임직원은 성과배당을 못 받아 수입이 줄어든다. 그러면 허리띠를 졸라매고 비용 절감을 위해 노력하게 된다. 절감된 인건비만큼 생산 제품 가격이 싸지니 그 전보다 많이 팔리게 된다. 그러면 위축되었던 기업 성장세가 회복되어 다시 이익이 나고 성과배당금을 줄 수 있게 된다. 임직원의 유연성 배당(상여금)은 인원 감축(구조조정) 없이 경기를 되살리는 방법이다. 경제가 불황에 처하면 기업은 근로자를 감원하고, 정부나 중앙은행은 금리를 내리고 통화량을 늘리며, 공공사업을 벌이고 소비를 촉진하기 위한 모든 조치를 강구한다. 그런데 임금의 일부(상여금) 유연성 실시 하나로 불황을 극복할 수 있다.

1970년대 말부터 1980년대 전반까지 미국과 유럽은 스태그플레이션으로 고생했는데, 유연성 상여금제도를 택한 일본은 불황을 어렵지 않게 극복했다. 이러한 임직원의 이익참여제도는 투명성이 전제되어야 한다. 따라서 기업 결산서의 공인회계사 감사가 반드시 필요하다. 정부도 성과공유제를 저소득층 감세정책 차원에서가 아니라, 부패척결, 부가가치 창출, 노사화합, 경기회복을 달성하기 위한 방안 차원에서 입법해야 성공할 수 있다. 제대로 하면 나라를 구할 수 있다.

경제사회에도 불로초가 필요

나는 노사공동경영은 안 된다고 하면서도 이익금은 노동자 측에도 같이 나누어 주자고 했다. 나의 이론적 배경은 '비마르크스주의'다. 마르크스 논리의 핵심은 '자본가는 노동자의 임금을 먹고 살만큼만 주고 일한 만큼 주지 않는다. 자본가가 그 차이를 착취한다'이다. 자본주의 사회에서는 경쟁이 기반이기 때문에 착취하지 않을 수 없다는 것이고, 이를 막을 방법은 노동자·농민의 혁명밖에 없고, 목적을 실현하려면 노동자·농민의 독재를 해야 한다는 과격한 주장이다. 그의 유명한 유물론은 사람을 노동력으로만 취급하게 만든다.

이런 마르크스의 이론에 근거하여 정권을 잡은 레닌과 그의 후계자 스탈린은 자기가 노동자 농민을 대표하는 독재자가 되어, 기업을 국유화하고 지주를 없애 집단농장체제로 바꾼다. 거주 이전의 자유 등 인간의 모든 권리를 박탈하고, 강제노동에 의한 계획경제가 기본틀이 되었다. 귀족들을 미워한 소련 인민들도 처음에는 동조하였으나 결국 자본가 대신 권력을 쥔 관료로 착취자가 바뀐 것뿐이다. 결과적으로 인간의 기본적 자유만 없어졌다. 힘이 있으면 남을 지배하려는 욕망은 동서고금을 막론하고 똑같다. 자본주의는 돈으로 하고, 사회주의는 권력으로 할 뿐이다.

자본주의는 '가는 다리에 배만 불은 기형체질'이 되었고, 사회주의는 '가슴이 없고 머리만 큰 외계인'과 같다. 여기서 자본가의 '착취'만 빼면 사회주의가 설 땅이 없어진다. 자본가가 독식하지 말고 이익을 같이 향유하면 되는데 탐욕이 문제다. 탐욕도 억제할 줄 알아야 기업경영에 성공한다. 과욕은 실패의 원인이다. 이타심이 자기를 살린다. 아담 스미스가 《도덕 감정론》을 쓴 이유도 여기에 있다. 이기심은 빨리 죽게 하는 독약이고, 이타심은 오래 살게 하는 건강식품이다. 경제사회도 불로초(不老草)가 필요하다.

주주 제안

2013년 초, 윤장희 사장에게 "작년에도 이익이 났느냐?"고 물었다. 그는 물론이라고 하면서 예년과 같이 주주배당률 문제를 제기했다. 그런데 생각해 보니 1997년부터 배당을 한 번도 안 빠지고 받아왔다. 해운 경기는 기복이 심한데 매년 이익을 냈으니 경영을 잘한 것이다. 정말 고마운 일이다. 사장에게 상여금을 얼마나 주느냐고 물었더니 노조와 합의해서 매년 600퍼센트를 준다고 했다. 그때까지 17년간 배당금을 받은 것은 임직원들 노력 덕이다. 고맙다는 표시를 하고 싶어 주주총회 결의로 금년에 100퍼센트 더 주면 어떻겠느냐고 했더니 환영한다고 했다. 이렇게 해서 3월 주총에서 내가 제안하여 추가로 상여금을 주었더니 선원을 포함한 전 직원이 회사 주식을 사기로 해서 전 종업원이 사주조합원이 되었다. 직원들의 애사심에 새삼 감동을 받았다.

그런데 다음 해 초가 되어 회사 실적을 알아보니 전년도보다 이익이 더 났다고 한다. 전년에는 감사 표시로 한 번만으로 생각한 것인데 이익이 더 났는데도 안 주면 섭섭할 것이다. 한 번이라는 것이 관행이 될 수도 있다. 어떻게 해야 할지 고민스러웠다. 매년 주주 제안을 할 수도 없다. 그때 생각난 것이 회사 창립 초기에 이익이 많이 나면 상여금을 많이 주고 적게 나면 적게 주던 기억이 났다.

상여금은 사장이 주는 인건비 비용이다. 그런데 이를 배당금으로 받으면 주주와 같이 주인이 됨을 의미한다. 배당금은 주주가 자기 몫(이익잉여금)을 임직원에게 나누어 주는 돈이다. 회계 개념상 이익잉여금에서 나가는 이익배분에 해당한다. 이익배분에 참여하려면 배분 받을 자격이 있어야 한다. 단순한 임직원이라는 자리만으로는 자격이라고 할 수 없다. 회사가 망했을 때 위험 부담을 안는 사람만이 자격이 있다. 주주는 회사가 망하면 투자한 돈이 날아간다. 임직원도 열심히 일한 것만으로는 안 되고 상당한 위험을 짊어져야 한다.

내가 생각한 방안이 600퍼센트 상여금 중 400퍼센트는 임금으로 편입하고 200퍼센트를 이익배당금에 넣는 것이다. 만약 이익이 없어 이익배당을 못 받게 되면 지금까지 받아 왔던 200퍼센트가 사라진다. 임직원은 두 달치 월급에 해당하는 수입을 포기하는 것이다. 그렇게 하여 비로소 주주와 같은 자격을 갖게 되는 것이다. 400퍼센트 상여금을 임금에 올린 후, 이익 금액과 임직원에게 배당할 금액을 연동시키는 안을 만들어 보도록 했다. 이 연동안을 노조와 합의하고 2014년 3월 주총에서 내가 제안하여 어렵게 통과시켰다. 어렵게 통과시켰다는 말은 반대가 있었다는 뜻이다. 주주 입장에서는 근로자에게 임금만 주면 되는 것이지 배당까지 주는 것에 우선 거부 반응이 나왔다. "외국 선진국에서는 주주 배당금이 많은데 우리나라는 왜 적으냐?"는 등 외국에 빗대어 하는 불평이다. 상여금을 배당금으로 대체하는 것이라고 해도 배당이라는 단어에 민감했다고 보인다. 이런 거부 반응은 예측했던 것이나, 어느 주주가 아주 그럴듯한 논리로 반대했다.

"선박회사는 장비율이 큰데 경영자가 싼 선박을 매입해 대선계약을 잘 맺으면 이익이 나지만 직원들이 잘한다고 해도 이익 공헌도는 얼마 안 될 것입니다. 그러니 이 문제는 좀더 연구하여 다음 기회로 넘기는 것이 어떻겠습니까?"

사실 맞는 말이다. 작년에 선임된 젊은 이대성 사장이 대답했다.

"물론 그렇습니다. 그러나 선원 한 사람이 자칫 실수하면 대형사고로 이어지고 손해가 엄청납니다. 그래서 저희 회사는 직원들에게 잘해 주어야 한다고 생각합니다."

그리고 3주 후 세월호 사건이 터졌다. 이 사장이 예언한 거나 같았다. 둘 다 맞는 말이다. 선박회사는 투자자본이 커서 선원의 이익공헌도는 적은 것이 사실이나 손실공헌도는 엄청나서 잘못하면 회사 자체를 없애기도 한다. 그래서 선원 임금 수준을 선원의 노동시장에만 둘 수 없는 것이다. 그러므로 임금을 선원의 손실공헌도와 국제경쟁력 사이에서 정하게 된다. 우리 회사도 외국 선원을 40퍼센트 정도 고용하고 있는데, 국제경쟁력은 좋으나 손실공헌도가 커서 작은 선박에만 채용하고 있다.

이렇게 하여 성과공유제를 통과시키는 데 한 시간이 걸렸다. 보통 주주총회에 기자를 초청하지 않는다. 작은 기업의 주총은 기자들에게 기삿거리도 되지 않는다. 그런데 그날은 내일신문과 한국경제 기자가 참관했다. 한국경제 H기자가 다가와 칭찬해 주었다.

"참 좋은 제안을 하셨네요. 자료를 더 주시면 내일 아침 기사를 내도록 하겠습니다. 감명 깊었습니다."

"어떻게 이런 작은 주총에 오셨어요?"

"주총 안건에 지금까지 주주제안이라는 안건은 본 일이 없어요. 그런데 무엇을 제안하나? 호기심에서 왔더니, 잘 왔네요."

그런데 다음 날 아침 한국경제 신문 조간에 단 한 줄도 언급이 없었다. 대신 그 자리에 '삼성 성과급 지급'이란 제목의 기사가 길게 쓰여 있었다. H기자가 식언한 것은 아닐 거고, 필시 편집부에서 바꿔치기 한 것으로 이해되었다. 한국경제신문은 전경련이 설립한 신문이다.

주인 대접

처음 단계는 종업원의 동의다. 종업원이 반대하면 할 수 없다. 선원은 노조가 있어 선원노조가 찬성하였다. 그런데 사무직은 노조가 없으니 개별적으로 동의서를 받아야 했다. 반대하는 사람에게는 정기 상여금 600퍼센트를 종전대로 주겠다고 했다. 그랬는데도 전원이 동의해 주었다. 이익이 나서 배당을 줄 경우에는 회사가 그냥 주면 된다. 그러나 적자가 나서 배당을 받을 수 없을 때 안 받겠다는 서약서인 셈이다. 그리고 종업원 임금 총액의 30퍼센트로 배당분을 제한했다. 통상임금은 생활비에 해당한다. 이 부분은 아무리 회사가 어려워도 삭감해서는 안 된다. 그러나 배당금은 이익 정도에 따라 수시로 변한다. 적자가 났을 때는 자동적으로 종업원 수입이 깎이는 것과 동일하다. 역으로 말하면, 감액분이 30퍼센트가 될 때까지 감원을 하지 않겠다는 회사의 약속이다. 그때까지는 서로 참고 불황을 극복하자는 불해고(不解雇) 정책이다.

2014년 이후 상여금 대신 배당금을 지급하게 되었다. 배당금 계산은 이익금 계산이 되어야 하기 때문에, 결산의 회계감사가 끝나는 2월이 아니면 안 된다. 상여금은 2개월 단위로 정기적으로 지급되어 좋았는데 다음 해 2월까지 기다려서 받으니 여간 불편한 게 아니었다. 처음 한 해는 어려웠으나 각 가정마다 생활 패턴을 조정하여 적응하게 되었고, 이제는 목돈을 받으니 더 좋다고 한다. 그래도 문제가 없는 것은 아니다. 퇴직할 직원은 2월에 배당받은 후 퇴직하려고 한다. 전직할 직장과 시기가 안 맞으면 배당금을 포기해서라도 퇴직하게 된다. 이런 불편을 없애기 위해 연중 퇴직 시에는 추정이익금계산에 근거하여 지급하기로 했다.

성과공유제를 실시하고 벌써 5년이 되었다. 그간 퇴직자가 줄었다. 사무직은 나가는 사람이 거의 없으니 신입사원을 뽑을 수가 없다. 모든 제도의 변경은 장단이 있다. 나쁜 점보다 좋은 점이 월등히 많으면 채택하는 것이다. 그런데 또 하나 좋은 점이 있다. 나는 배당금이 이익잉여금 처분에 해당하기 때문에 전년도 손비로 인정되지 않아 법인세가 늘 거라고 생각했다. 그런데 우리나라가 국제회계 기준에 가입되어 있어 그 기준에 따라 회계 처리해야 한다. 다행히도 국제회계 기준은 이런 경우, 전년도 비용으로 소급처리하거나 금년도 비용으로 계산해야 한다고 못박고 있다. 그러므로 이로 인하여 법인세가 더 늘지도 않는다. 선진국은 이미 성과공유제 기업이 많아져 미리 이런 회계 기준을 마련해 둔 것이다. 그러므로 종업원에게 배당을 주는 것이 사회주의가 아니다. 진보적 자본주의제도라고 할 수 있다. 이것이 종업원에게 주인 대접을 해주는 것이다.

외국의 예를 찾아보았다. 그랬더니 종업원에게 이익에 연동하여 배당금이나 성과금을 지급하는 기업이 의외로 많았다. 예를 들면, 미국의 철강회사 뉴코어(NUCOR)를 비롯하여 P&G, HP, 켈로그(Kellogg), 시어스(Sears), 제록스(Xerox) 등이 일부 적용하고 있으며, 심지어 2008년도에 정부의 힘으로 파산 위기를 넘긴 GM, 포드(Ford)

도 채택하고 있었다. 2018년도에 종업원 1인당 포드는 7,500달러, GM은 11,750달러의 성과공로 특별보너스를 받았다. 캐나다, 유럽도 기업의 20퍼센트 정도가 실시하고 있다는 것이다. 특히 뉴코어는 모범적인 회사로 이익의 10퍼센트를 배정하고, 종업원 급여의 25퍼센트까지만 배당금으로 제한하고 있다. 우리 회사의 30퍼센트에 해당하는 것이다. 미국의 철강회사는 원가가 높아서 다 적자인데도 이 회사만 매년 흑자를 낸다. 배당을 받는 종업원들이 자기 회사로 생각하기 때문에 모든 사람이 주인이고 경영자다. 그러니 잘 안 될 수가 없는 것이다.

국내에도 그런 회사가 있다. 2001년부터 시작한 DY(동양기전)가 제일 선배이고, 대기업 중에서는 SK그룹이 비슷하게 하고 있다. 2014년에야 시작한 나는 이론을 확립하면서 실시했다. 이론이 뒷받침되어야 다른 기업에 전파할 수 있다. 많은 기업이 동참해야 성공할 수 있고 투명한 사회가 이루어진다.

형님 책장 정리를 도와주다가 발견한 미국 경제학자인 마틴 와이츠먼(Martin Weitzman)이 1984년에 쓴 《Profit-Sharing》을 읽어 보니 내가 주장하는 이익연동/공유제가 그대로였다. 내가 기업경영 차원에서 주장한 것임에 비해, 그는 거시경제적 차원에서 논한 것이 다를 뿐이다. 감세정책으로 기업에 확산할 수 있다는 주장도 너무 같았다. 이 책을 덮으면서 백만우군(百萬友軍)을 얻은 기분이었다. 내 주장이 옳았다는 것을 확신할 수 있었다.

와이츠먼이 그 글을 쓴 시대 배경은 1970년대 말부터 시작된 스태그플레이션 현상이었다. 다소의 물가 인상에 따라 경기가 좋아지고 고용이 늘어야 하는데, 반대로 고용이 감소하고 경기가 나빠졌다. 레이건 대통령 전반기였는데 물가를 잡기 위하여 금리를 20퍼센트까지 올리고 과감한 기업 감세로 활력을 불어넣으니 1980년대 중반부터 경기가 다시 회복하기 시작하였다. 그러나 와이츠먼은 실업 증가의 원인이 고정임금제(fixed wage)에 있음을 간파하고, 유연임금제(flexible wage)를 채택하는 기업에서는 해고자가 없으므로 실업자가 늘지 않으며, 적어진 임금으로 좀 참고 있으면 경기가 회복된다고 하면서, 예를 들어 일본은 모든 기업이 변동 상여금제도를 채택하기 때문에 경기가 죽지 않았다고 기술하고 있다. 이것은 1980년대 전반기에 부정할 수 없는 사실이었다.

대부분의 경제학자들이 불황의 원인을 소비, 투자, 통화, 금리, 재정 등 거시경제 측면에서 찾는데 와이츠먼은 기업 임금이라는 미시경제 측면에서 접근했다. 핵심 내용은 이렇다. 불황으로 매출이 줄면 임금을 삭감하게 된다. 그때 임금이 고정되어 있으면 사람을 해고한다. 그런데 임금이 탄력적이면 해고하지 않고 각자의 임금을 줄이면 마찬가지다. 임금이 낮아지면 원가가 저하되어 가격을 낮출 수 있어 물건이 많이 팔린다. 그래서 실업이 증가하지 않고 호황기가 돌아오면 증산도 가능하여 임금도 회복된다는 것이다. 이것으로 노사가 운명공동체가 되는 것이다. 기업경영만이 아니고 국가 전체 경제를 위해서도 이익공유제(Profit Sharing)는 채택되어야 한다.

감세정책으로 확산

그런데 이 논리가 일본에는 적용되지만 미국에는 별로였다. 그 이유는 레이건노믹스가 먹혀들어 불황이 가시면서 잊혀졌고, 미국은 자유로운 해고의 관행이 번져 있기 때문이다. 일본은 반대로 해방 후 종신고용제가 정착되어 고용자와 피고용자가 한 몸이 되어 불황이 오면 임금을 삭감하면서 같이 고통을 감내하는 정서가 확립되어 있었다.

이에 비해 우리나라는 노사 공동운명체 개념이 없고 따로 논다. 사주가 기업을 사회의 공기(公器)로 생각하지 않고 가족을 위한 돈벌이 수단으로 생각한다. 가족 상속의 동기가 없으면 사업할 의미를 상실할 만큼 이기적이고 가족주의가 팽배해 있다. 노동운동가도 처지가 같으면 같은 생각을 할 것이다. 이런 국민의식 속에서 성과공유제를 제창하는 것은 계란으로 바위 치기라 할 수 있다.

그러나 배당금에 대한 근로소득세 감세 정책을 정부가 채택하면 전 기업에 확산시킬 수 있다. 앞서 언급한 와이츠먼도 같은 의견을 제시한다. 근로소득세 감세 정책을 실시하면 근로자의 이익 참여 요구가 커져서 기업이 종국적으로 채택하지 않을 수 없을 것이다. 그런데 놀랍게도 작년 12월 정부가 제안해서 조세특례제한법을 국회에서 통과시켰다. 통과된 정부 법안을 보면, 성과공유제를 실시하는 중소기업에 성과공유 분배분의 10퍼센트에 해당하는 금액을 법인세나 소득세에서 공제하여 주고, 7천만 원 미만의 소득근로자에게만 분배금액에 해당하는 근로소득세의 50퍼센트를 감세하여 주는 내용이었다.

법적 뒷받침이 이루어졌고, 기업에 성과금 10퍼센트의 법인세 감세까지 적용해 크게 환영할 일이나, 나에게는 미흡했다. 첫째는 중소기업 저소득층에만 해당시켜 적용 범위를 축소시킨 것이다. 둘째는 직원들의 이익 참여인데, 이익 계산의 기준인 결산의 제3자수검 조건을 등한시한 것이다. 셋째는 3년간이라는 한시법이다. 총체적으로 보면, 저소득층에 대한 시혜적 감세 개념으로 이루어진 법안이며 성과공유제의 진수가 빠졌다. 근로자의 이익 참여의 전제는 투명성인데 이를 위한 노력이 안 보인다. 투명성 확보를 위해서는 중소기업에 한정하지 않고 소득 격차 없이 전 근로자에 적용되어야 한다. 그리고 결산의 제3자수검을 명문화해야 한다. 그래야 또 다른 도덕적 해이가 발생하지 않는다. 영세한 중소기업의 회계감사비용이 부담된다면 그 비용을 경감시켜서라도 회계의 투명성을 확보해야 할 것이다.

성과공유제는 정부의 강제성이 없는 유도정책이 되어야 성공한다. 실적 건수에 연연하면 성공하기 어렵다. 성과공유제 교육에 치중하는 길이 제일 중요하다. 나도 성과공유제 보급에 진력할 것이다.

여덟 가지 효과

성과공유제가 실시된 후 벌써 5년이 되었다. 5년 동안 우리 회사가 어떻게 달라졌는지 알고 싶은 사람이 많아 결과 보고를 한다.

첫째, 이익이 많이 나서 그전에 600퍼센트 주던 고정상여금이 작년 결산에 의하여 그 전 기준으로 1,146퍼센트(사무원 기준)로 늘어 근 2배가 되었다. 주주배당도 1주당 230원(액면의 46퍼센트)을 드렸다. 다들 좋아할 수밖에 없다. 이런 좋은 실적은 물론 직원들이 열심히 한 덕분이기도 하지만 상당 부분은 사장 이하 임원들의 공로가 크다. 적기에 배를 도입하여 장기용선계약을 맺어 불황에도 이겨낼 수 있는 계약을 따낸 것이 좋은 결과를 낸 것이다.

그렇다고 하여 직원들이 열심히 안 한 것이 아니다. 다음과 같은 정신적 개혁을 이루어 놓았다. 해상직원들은 일시급을 선호해 배당을 줄이고 급여로 돌렸다. 앞으로 가급적 해상직원들도 배당을 많이 받도록 독려하려고 한다.

둘째, 무임승차자(free rider)가 사라졌다. 선원들은 당직이라는 육체적 일과 매일 해야 할 기술적 일이 닥치기 때문에 남에게 떠넘기거나 게을리할 수 없다. 그러나 정신적 일에 해당하는 사무원은 동료에게 일을 떠넘기거나 게으름을 피울 수 있다. 사무가 전산화되어 있기 때문에 컴퓨터로 무엇을 보고 있는지 잘 모른다. 그중에 전형적인 것이 주식시세를 수시로 보는 것이다. 대부분의 사무원들이 주식을 하

임직원 배당 실적

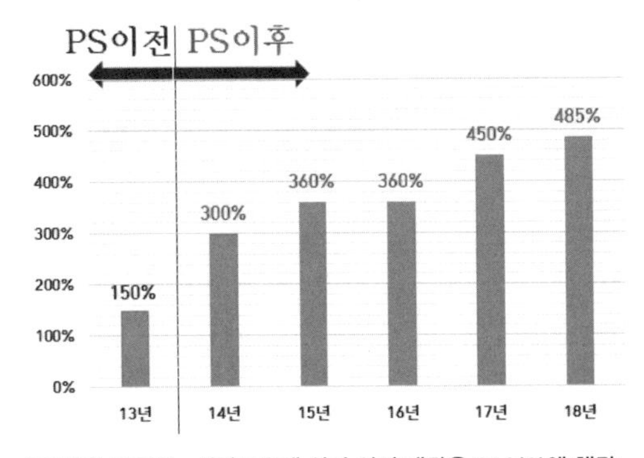

2018년 485%는 성과공유제 실시 이전 배당율 1146%에 해당.

고 있다고 본다면 근무 중에 틈틈이 본다고 봐야 한다. 주식 매매는 개인 소득 창출을 위한 손쉬운 길이다. 누구나 회사 일보다 자기 일이 우선이다. 월급을 받으면서 개인 일을 보는 것과 같다. 선원이 밀수를 하는 것과 다름이 없다. 그런데 대부분이 주식 매매를 하기 때문에 동료들이 보아도 제지하지 않는다. 가끔 상관이 '하지 마라'고 타이르는 정도다.

외국 회사에 비하면 말도 안 되는 짓이다. 미국 회사에서는 근무 중 집에 전화도 할 수 없다. 근무 시간 8시간은 회사 시간이지 개인 시간은 없다. 그런데 우리는 집에 전화를 하거나 친구들과 잡담하는가 하면, 주식시세를 보는 것은 당연한 것처럼 여기며 별 죄의식이 없다. 그러다가 성과공유제를 실시한 후 직원 간에 살살 눈치가 보이기 시작했고, 어느새 주식시세를 보는 사람이 없어졌다. 일하는 시간에 개인 일을 하는 것이 회사 전체적으로 이익을 해치는 행위로 간주되기 때문이다.

셋째, 접대비 예산의 37퍼센트가 돌아왔다. 기업에는 고객이나 외부인사와의 교제가 필수다. 그래서 매년 부서별 팀별 접대비 예산을 영달한다. 매년 오르면 올랐지 내려가는 일은 좀처럼 없다. 매출이 늘면 고객이 많다는 의미이므로 매출 증가율에 따라 접대비 예산도 증가했다. 그런데 2년 전부터 매출은 크게 늘었는데 접대비 집행이 줄어들기 시작하였다. 매년 예산 편성 시기가 오면 이런 저런 이유를 들어 접대비 청구액이 증가한다. 기획실에서는 다소 삭감하여 편성한다. 그래도 이중에는 연말 또는 분기별 부서별 단합대회를 할 만큼 여유가 있다. 즉 손님 접대를 빙자하여 접대비 예산으로 자기들끼리 술

판을 벌이는 것이다. 이런 자리를 마련해야 부서장의 권위가 서고 일 잘하라고 격려하는 자리라고 생각한다.

그런데 요즘은 세풍이 달라졌다. 부서장이 저녁이나 술 한잔 하자고 하면 밑에 사람들은 상을 찌푸린다고 한다. 성과공유제 후 우리끼리 하는 단합대회를 폐지하고 그 돈만큼 이익에 공헌하자고 한 것이다. 한 부서가 그러니 다른 부서도 따라서 단합대회가 없어졌다. 이렇게 하여 늘어야 할 접대비 예산 37퍼센트가 다시 돌아왔다. 기적과 같다. 지방자치단체에서 연말이면 도로를 파해친다. 남은 예산을 이월시키면 다음 해 예산이 깎인다. 예산 확보 때문에 도로 공사를 하는 것이다. 매년 이런 현상은 없어지지 않고 시민들은 투덜대는 가운데 한 해가 넘어간다. 우리 회사는 이것이 없어진 것이다. 예산이 절약되어 기쁜 것이 아니라 종업원들의 정신이 달라진 것이 기쁜 것이다.

넷째, 사고율 제로 실적이 나왔다. 선박회사의 사고율은 선체보험료 대비 사고로 타낸 보험금 비율을 말한다. 성과공유제를 실시하기

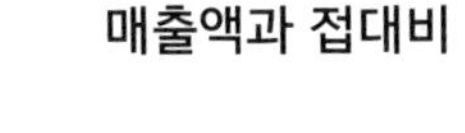

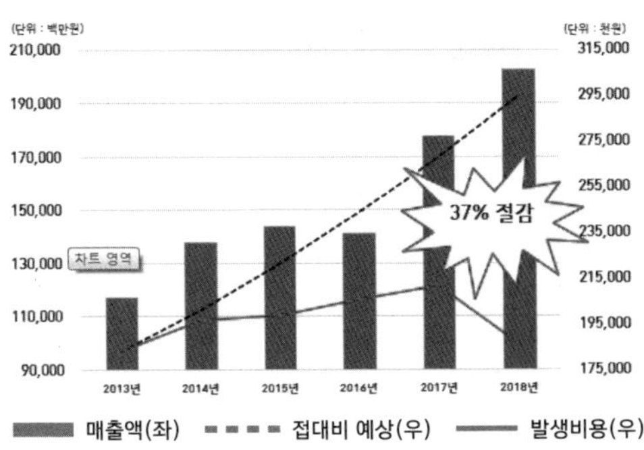

전 5년간 실적은 평균 10퍼센트였다. 그런데 성과공유제를 실시한 후부터 첫해는 0.29퍼센트로 줄더니 그다음 해부터 재작년까지 3년간 제로다. 아무리 돈을 잘 벌어도 배에서 큰 사고를 내면 적자로 변한다. 그러면 모든 임직원이 배당금을 받지 못한다. 그래서 해상 직원들이 선박사고 예방에 총력을 다한다. 정말 감사해야 할 일이다. 사고를 안 내니 회사에 대한 고객의 신뢰는 커진다. 영업하기도 수월해진다.

내가 1990년대 초에 선박마다 승선한 것도 사고 예방을 위한 것이었다. 잘 나가다가도 까딱하면 큰 사고가 난다. 항구에 입출항하다가 좌초되어 기름 유출사고가 나면 엄청난 손실이 일어난다. 1995년 여수 앞바다에서 ㈜호남탱커 소속 선박이 기름 유출사고를 낸 일로 그 회사가 없어졌다. 1970년대에는 술 마시고 돌아오다가 실족하여 바다에 빠진다든지 하는 개인 실수가 많았으나 이제는 많이 줄었다. 예전에는 '마도로스' 하면 낭만적 이미지가 강했는데 최근에는 그런 낭만은 사라졌다. 술을 마시는 사람이 안 마시는 사람보다 사고율

연도별 선체보험 사고율

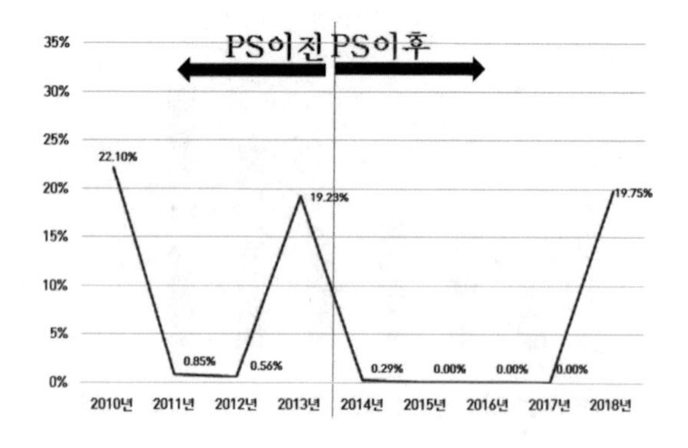

이 높다. 인화성이 강한 석유화학 운송선박이니 담배도 멀리해야 한다. 그래서 우리 회사 선박 내에서는 담배와 술을 삼가도록 지도한다.

선박회사의 신용은 무사고와 정확한 스케줄 관리가 전부라고 할 수 있다. 태풍이 온다든지 하는 천재지변을 제외하고는 선박 입항이 기차 시간표와 같을 정도가 되면 우수한 선박회사라는 말을 듣는다. 컨테이너선은 시간 개념이 강하다. 그러나 부정기선일 경우에는 아무래도 약하기 마련이다. 그러나 우리는 컨테이너선에 비적할 만큼 노력한다. 이런 타이트한 업무를 하면서 사고도 없게 하였다니 여간 장한 것이 아니다.

2017년에 2억 원 정도의 발전기가 고장 나는 사고가 한 건 있었다. 옥의 티다. 그러나 우리 선원들이 정말 열심히 잘해 왔다. 우리 회사와 거래하는 수리업자가 먹을 것이 없다고 할 정도다. 이 한 건의 사고가 방심하면 안 된다는 신호다. 앞으로는 더 잘할 것이다.

다섯째, 부서 간 벽이 허물어졌다. 과거에는 부서 간이 경쟁관계였다. 누가 더 일을 잘해서 윗사람에게 잘 보이느냐가 중요했다. 그래야 성과금이 올라갔다. 부서장도 부하직원들에게 인기를 끌려 하고 권위도 세웠다. 그런데 성과공유제를 하고 보니 자기만 잘했다고 해서 전체적인 이익이 증가하지 않음을 알게 되었다. 여기서 우리 회사가 강조하는 것은 '돈으로 사람을 차별화시키지 말라'라는 철학이다. 그래서 부서별·팀별 배당률에 차이를 두지 않는다. 다 똑같이 지급한다. 그러니 경쟁관계가 없어졌다. 이익이라는 목표를 향해 같이 가는 것이다. 옆의 부서가 어려우면 도와주어야 하게 되었다. 일이 시간 내에 마무리되지 않으면 사람도 옆 부서에 빌려주게 되었다. 그전에는 혼자만 알던 정보도 공유한다. 상부상조하는 정신이 정착된 것이다. 즉 경쟁관계가 협력관계로 변한 것이다.

여섯째, 상명하복 관계가 토론문화로 바뀌었다. 이전에는 윗사람이 명령하면 비판 없이 복종하였다. 이런 것을 능률이라고 했다. 이제는 이익이 최종목표이기 때문에 윗사람이 시키는 일이라 하더라도 다른 의견이 있으면 서슴지 않고 토를 단다. 더 좋은 방법이 있다고 제안한다. 문제점이 있으면 상하가 같이 토론한다. 이렇게 해서 토론문화가 발전한다. 평등성과 다양성이 자리 잡아가고 있다. 즉 사내문화가 바뀌고 있는 것이다. 여기서 중요한 것은 아랫사람을 인격적으로 대하게 된 것이다.

일곱째, 사장이 할 일이 바뀌었다. 사내의 자질구레한 일에 신경을 안 써도 된다는 뜻이다. 이전에는 사장이 지시하고, 검토하고, 보고받고, 작은 일에서 큰일까지 모든 일에 신경을 써야 했는데, 직원 모두가 사장이 되어 이제는 밑에서부터 알아서 돌아가니까 그런 일에서 해방되었다. 사장 책상 위에 결재서류가 쌓여 있는 회사는 오래 못 간다. 과거 P해운의 H 사장이 그랬다. 사장 책상 위에는 서류가 없어야 한다. 지금은 컴퓨터로 하니까 그럴 필요도 없어졌지만, 나는 직원이 결재서류를 들고 들어오는 것을 싫어했다. 내 책상에 놓아두면 결재해서 내보낸다. 설명이 필요하면 그때 부른다.

25년 전 일이지만, 내가 사장이던 시절에는 대부분의 내부 일은 직급별로 전결을 주고, 내가 회사에 없어도 일에 차질이 없도록 하고 해외 출장을 다녔다. 내가 없으면 회사가 큰일 난다고 생각하는 사람은 책임자가 될 수 없다. 1979년부터 1985년까지 자금이 모자라 사채에 매달리던 시절에도 나는 사채꾼을 만난 일이 없다. 선박 구입에 필요한 자금 조달을 위해 은행 본점만 상대했다. 일상 운영자금이나 사채 거래는 담당 상무와 직원들의 몫이었다. 그렇기 때문에 내가 가스 운송사업을 준비하는 일들을 착착 진행할 수 있었다.

지금 생각하면 그 어려운 시절을 정말 잘 넘겼다는 생각이 든다. 그때도 전 직원이 제 몫을 다하는 사장들이었다. 진정한 사장은 시간 여유가 있어야 고객도 만나고, 배도 타고, 책도 볼 수 있고, 각종 강연에도 참석할 기회가 있으며, 국내외 경제동향도 파악할 수 있어, 앞으로의 사업구상과 닥쳐올 위기에 대처할 방안 등을 연구할 수 있어야 한다. 이것이 진짜 사장이 할 일이다. 사장은 내부에 갇혀 있으면 안 된다. 여러 사람을 만나야 정보를 얻을 수 있다. 정보가 일을 만드는 세상이다. 조직에 갇혀 있으면 바보가 된다.

여덟째, 거래가 더 맑아졌다. 우리 회사는 리베이트도 없는 맑은 회사다. 그러면서도 수리조선소나 선용품업자 등과 장기거래가 일반적이었다. 그러다 보니 납품단가 등에 온정적이 된다. 이익공유제가 실시되면서 실무부서가 공개입찰을 해보았다. 입찰을 하니 매입 가격이 상당히 내려갔다. 비용이 절약되었다. 업자와 직원 간에 인간관계가 들어갈 작은 빈틈도 없다. 그리고 회사에 대한 공헌도는 높아진다. 내가 이 말을 듣고 임원들에게 좀 다른 말을 했다.

"창립 이래 처음으로 공개입찰을 해서 많은 비용을 절약했다니 잘한 일입니다. 그러나 공개입찰을 매년은 하지 않는 것이 좋겠습니다. 싸져서 좋긴 한데 질이 나빠질 가능성이 커집니다. 조달 물품의 질이 나빠지면 사고의 원인이 됩니다. 입찰을 3~5년에 한 번씩으로 하면 그런 위험은 적어질 겁니다."

여기에 한 가지를 덧붙였다.

우리가 전도사가 되어야

"우리 거래업자들이 우리와 같은 성과공유제를 한다면, 같은 값이면 그 회사 물품을 사주십시오."

내가 이런 말을 한 후 작년 말 우리 회사 거래기업 중에서 처음으로 성과공유제를 채택하는 회사가 나타나, 12월 21일 협약식을 가졌다.

우리가 성과공유제를 한다 하더라도 이익에만 너무 집착하면 안 된다. 이웃에 나누어 줄 줄도 알아야 한다. 배당 몇 푼 더 받기 위해 하면 안 된다. 모든 기업이 성과공유제를 채택하도록 우리가 도와주고 전파하는 일에 아끼지 말아야 한다. 우리가 전도사가 되자는 뜻이다. 사명감으로 해야지 돈 몇 푼 때문에 해서는 안 된다는 것이다. 그리고 이웃을 돕는 일도 회사 일로 생각해야 한다고 했다. 즉 성과공유제는 비록 금전적 유인이 시작의 동기라 하더라도 인류 사회에 공헌한다는 정신으로 승화되어야 성공할 수 있다.

이상과 같이 우리 회사가 성과공유제를 채택한 효과는 의식혁명으로까지 이어진다. 1980년대 이후 각 산업체에 자동화가 번지고 사람을 덜 쓰는 세상이 되었다. 자동화는 부품 규격화로 이어졌고, 불량품이 줄었으며, 가격이 싸진 것은 물론이고 대량생산과 품질향상을 가능케 했다. 그러나 21세기 들어 대부분의 산업이 레드오션(Red

Ocean) 시장이 되어 이윤이 박해졌다. 따라서 자본가는 투자할 곳을 찾기 힘들어 중소기업이 담당하던 유통산업과 서비스산업까지 파고들었다. 재래시장이 무너지고 마트 시대가 도래한 예와 같이 빈부 차가 확대되는 지경에 이르렀다.

게다가 반도체 발달로 생각하는 로봇, 즉 AI시대가 눈앞에 다가왔다. AI가 발달하면 사람이 거의 필요 없다고 한다. AI가 스스로 알아서 하는 세상이 된다고 한다. 그러나 그렇다 하더라도 로봇은 머리는 있어도 가슴은 없다. 인간은 마음과 혼이라는 귀중한 보석을 지니고 있다. '맞다/틀리다'라는 이성은 물론, '좋다/싫다'는 감성과 '믿고/안 믿고'라는 신념에 의하여 움직이는 동물이다. AI는 머리만 있는 기계인데 사람은 이성, 감성, 신념이 있다. 그런데 많은 경우 그런 능력을 죽이고 있다. 명령으로 조정하는 독재적 경영 때문이다. 예를 들어 사람들이 개를 좋아하는 까닭은 개가 자기에게 복종하기 때문이다. 개 입장에서 보면 징역살이다. 그러나 묶여 있는 것이 습관화되면 다른 생각을 못한다. 인간은 누구나 다른 사람을 지배하려는 성향이 있다.

북한만 독재를 하는 것이 아니라 민주국가의 기업 내에서도 독재적 경영이 판을 친다. 사주가 인사권으로 피고용자에게 이래라 저래라 하며 '머슴' 취급한다. '머슴'은 한보사건 재판장에서 정태수 회장이 한 말이다. 생각은 회장만 하고 나머지 임원이나 직원들은 시키는 대로 하는 로봇으로 보는 것이다. 회사의 일거리도 회장이 정·관계나 거래처에 로비를 잘해서 따오니 밑의 사람들을 한낱 비서로 보게 되는 것이다. 회사 내에는 큰 머슴, 작은 머슴이 있고, 관료주의적 명령체계로 일을 시킨다. 완전한 독재체제를 갖추어 놓고 말로만 창의력을 발휘하라고 한다. 주인 대접을 하지 않으면서 주인의식을 가지라고 한다. 독재는 사람의 사고를 규제한다. 이런 상태에서 창의적인 발상이 나올 리가 없다. 그래서 어쩌다 좋은 아이디어가 나오면 상금으로 보상한다. 금전적 특별보상으로는 경쟁만 부추길 뿐, 서로 협력하지 않는다.

혼자서 개발하는 시대는 지났다. 다른 분야와 협력해야 좋은 아이디어가 나온다. 회사 내의 명령체계와 규제를 확 풀면 자율이 싹튼다. 자율은 협력을 낳고, 자유라는 공기를 먹고 자란다. 자유가 보장되면 AI로봇보다 더 큰 능력이 있는 '사람 AI'가 스스로 즐겁게 일할 수 있다. 성과공유제의 최종 목표는 모든 구성원의 자유와 인격적 평등을 구현하는 것이다. 성과급(배당금)은 자유, 평등, 투명성을 확보하기 위한 도구일 뿐이다.

나의 기업관과 신념

나의 기업관은 분명하다.

- 기업은 개인의 사유물이 아니라 사회의 공기(公器)다.
- 재산은 상속할 수 있지만, 경영권은 상속해선 안 된다.
- 이익 배당은 이익을 만든 임직원에게도 나누어 주어야 한다. 그것이 주주 된 인간의 도리다.

기업을 일으키면 적어도 300년은 갈 기업이 되어야 한다. 오래 지속한 기업을 조사해 보면, 세 가지 공통점이 있다. 첫째는 한 가지 업종에 집중하는 것이다. 둘째는 임직원이 중심이 되어 있다. 셋째는 CEO가 재직 중 한눈을 팔지 않는다. 지금의 우리 회사가 그렇다. 이런 전통을 이어가는 한 300년을 넘길 것이다. 우리 회사가 가족회사보다 더 오래가고 더 발전해야 하는 것은 세습경영보다 전문경영인 체제가 우월하다는 사실을 입증해야 할 의무가 있기 때문이다. KSS해운 임직원들은 남다른 사명이 있는 것이다.

기업을 자기 당대나 2~3세에서 끝내고 싶은 기업인은 없을 것이다. 그런데 그에 대한 전략이 없는 것 같다. 그저 자식에게 물려주면 되는 것으로 안다. 옛말에 '부자 3대 못 간다'는 말이 있다. 전략이라고 만들어 놓은 것이 회사를 여럿 만들고 서로 순환출자하게 하여 지분 비율을 높이는 것 정도다. 그리고 여러 종류의 기업을 거느리고 있으면 한 회사가 잘못되어도 나머지만 잘되면 괜찮다고 생각하는 것이다. 이것도 옛말에 '계란을 한 바구니에 넣지 말라'는 경고를 무시한 것이다. 이런 순환출자가 합법적 꼼수라는 것을 세상이 잘 안다. 그러므로 이런 방식은 오래가지 못한다.

경영권을 유지하는 길은 오직 자기지분율을 높이는 길 외에 없다. 그러나 자본시장에는 M&A라는 제도가 있어 회사도 물건처럼 사고판다. 기업을 돈벌이의 수단으로만 생각한다면 사고파는 것도 잘못은 아니다. 그러나 KSS해운은 다른 회사와 다르다. 대한민국에서 보기 드문 투명하고 청렴한 회사다. 사장도 영수증 없이는 마음대로 돈을 쓸 수 없다. 가족회사도 아니다. 이런 기업이 대한민국에 많아야 한다. 나는 우리나라에 모범기업이 하나쯤 있어야 한다고 생각하고 노력해 왔다. 이런 기업을 M&A로 다른 기업에 넘길 수는 없는 것이다. 그래서 나는 종업원지주제를 기둥으로 회사를 지키는 방안에 심혈을 기울였다. 회사는 종업원 스스로 지켜야 한다.

나와 직원 간 관계는 동반자로서 다 같은 주인이고 근로자다. 나도 월급쟁이고 그들도 주인이다. 그러므로 노조와 다툴 일이 없고, 창립 이후 임금 인상 문제는 노조가 회사에 일임하는 전통이 확립되어 있다.

내가 경영 일선에서 물러난 것은 1995년 3월. 회사가 안정 궤도에 올라섰으니 이제는 전문경영인 체제로 탈바꿈하자는 뜻에서였다. '경영 세습은 있을 수 없다'는 나의 지론을 실행에 옮긴 것이다. 말만 하는 사람은 지성인이 아니다. 실천하는 자만이 지성인이고 사회를 이끌어 갈 수 있다.

내가 주장하는 경영권 세습 반대에 대하여 어느 기자가 이렇게 물었다.

"정말로 아드님에게 회사를 물려주지 않으실 작정입니까?"

"그 질문은 여러 번 듣는 질문입니다. 다행히 우리 애들은 독립심이 강해서 한국에 하나, 미국에 둘, 이렇게 사는데 그 애들이 KSS해운은 'father's business'라고 해요. '나하고 관계없다' 그거죠. 그러니 애비가 물려주지 않겠다고 한 일도 없는데 아이들이 받는다는 생각 자체가 없다고 하는 것이 맞습니다. 나는 아이들이 이런 독립적 사고를 하는 것을 자랑으로 생각합니다. 아들 자랑하면 팔푼이라 하는데… 한국에 있는 아들도 우리 회사와 전혀 관련 없는 별도의 자기 사업을 하고 있습니다. 그러니 내가 떠나면 그것으로 끝입니다. 후배들이 책임지는 것이지요. 창업자라고 해서 그 기업을 내 것으로 생각해서는 안 됩니다. 지금까지 같이 일해 왔던 사람들, 그리고 앞으로 같이 일할 모든 사람과 주주들과 사회의 것입니다. 그래서 주식회사 아닙니까?"

"그러니까 주식회사 한번 제대로 해보자는 뜻이군요."

"바로 그거죠."

"아무리 그래도 부인의 반대가 있었을 텐데요?"

"왜 없었겠어요? 그전에는 애들 엄마가 속상해했지요. 어렵게 회사를 만들어 잘되니까 남 준다고 가끔 뭐라 합디다. 하지만 아들 셋 다 거절하니 할 수 없이 포기하더군요. 내가 한 아들을 지명해 승계하도록 했다면 어쩔 수 없이 받아들였을지도 모르나, 그 아들은 불행하지요. 아버지 때문에 자기가 가고 싶은 길도 못 가보니 그 자체가 불행한 것입니다. 자기 자식을 포함해 누구나 이 세상에 태어났으면 자기 인생은 자기가 선택할 수 있는 '직업 선택의 자유'가 보장되어야 하는 것 아닙니까. 잘되든 못되든 말입니다."

기업에 대하여 나에게는 변치 않는 신념이 있다.

첫째는 '투명성'이다. 어느 단체든 투명하지 않으면 기둥 없는 집과 같다. 무너질 집에서 같이 살 수 없다. 투명성은 사람의 정직에서 나오고 신뢰를 낳아 더불어 사는 데 기초가 되며, 사람(기업에서는 고객)을 끌어들이는 묘약이라 할 수 있다.

둘째는 '자율'이다. 기업에서 자율이 보장되면 일 자체에 몰입할 수 있고, 무한한 잠재력을 발휘할 수 있다. 매일 아침 기쁨 가운데 출근하게 된다. 반대로 상명하달식 기업 분위기라면 능률도 나지 않고 매일 속박된 자신을 발견하게 된다. 그런데 자율은 자유라는 어머니에게서 태어난다. 자유 없는 창의력은 발휘될 수 없으며 기업 발전도, 국가의 경제성장도 기대할 수 없다. 자율 사회와 상명하달 사회의 우열은 남북한 경제성장의 등차로 극명하게 드러나고 있다. 그런데도 기업 내에서 독선적 경영을 한다면 치열한 경쟁에서 살아날 수 있겠는가? 지금까지는 생산요소의 투입만으로 발전할 수 있었다. 이제 그 시대가 지나가고 있다. 앞으로 자유가 보장되고 정직이 사회의 기둥이 될 때 국가경제가 성장하고 기업이 번영하게 될 것이다. 자유와 정직이 번영을 가져온다.

(주)KSS해운 연혁

1969.12.31	코리아케미칼캐리어스㈜ 설립
1970.08.15	케미캐리호(No.1 Chemicarry 307총톤 1980.7.17 매각)를 도입하여 한일 간 케미칼 화물운송 서비스 시작
1971.04.02	㈜코리아케미캐리를 별도 설립하여 제1엘피호(NO.1LP 1,056총톤 1984.7.9 매각) 도입
1972.01.04	코리아케미칼캐리어스㈜를 ㈜코리아케미캐리로 흡수 합병
1974.03.11	자회사 동해조선㈜ 설립
1976.09.17	한국케미칼해운㈜으로 사명 개칭
1981.01.28	동해조선㈜을 ㈜한진조선에 무상매각
1983.08.10	가스글로리아호(Gas Gloria. 19,654총톤)를 도입하여 대형 가스수송 시장 진출(1997. 5. 매각)
1984.05.12	정부의 해운산업합리화 조치에 따라 합리화대상 업체로 선정
1984.06.27	해운산업합리화 조치에 따라 한국케미칼해운㈜이 주력 회사가 되어 운영회사인 한국특수선㈜ 설립(자본금 2.5억)
1986.10.15	정부의 해운산업합리화 조치에 따라 한국케미칼해운㈜ 선박 10척과 미원통상㈜ 4척, 일우해운㈜ 5척 인수 완료
1988.02.16	대형 LPG선 가스선 가스포임호(Gas Poem. 44,180총톤) 도입 (1995. 7. 매각)
1989.07.01	자산재평가 실시
1990.12.20	대형 LPG선 가스로망호(Gas Roman. 44,690총톤) 도입(2003. 4. 매각)
1992.12.10	대형 LPG선 가스미라클호(Gas MIRACLE. 44,704총톤) 도입(2011. 3. 매각)
1993.03.29	박종규 사장 주도로 ㈳바른경제동인회 창립
1994.05.28	동용해운㈜ 합작투자 설립(KSS해운 55.47퍼센트, 현통해운 45.45퍼센트)
1994.06.01	국책사업인 한국가스공사의 LNG수송을 위한 전용운반선 HYUNDAI UTOPIA의 지분 참여로 LNG수송시장 진출

1995.03.29	창업자 박종규 사장, 전문경영인 체제 구축을 위하여 제2선 퇴진, 전문경영인 대표이사 장두찬 체제 출범
1995.11.17	ISM CODE 채택 및 인증서 취득
1997.05.30	해운산업합리화 조치에 따라 인수한 비경제노후선 중 잔여 냉동선박을 처분함으로써 선대구조개편 완료
1997.07.30	대형 암모니아선 가스콜럼비아호(Gas Columbia, 22,135총톤) 도입 (2017. 9. 매각)
1999.07.01	㈜KSS해운(KSS LINE LTD)으로 사명 개칭
1999.07.30	대형 LPG선 가스비전호(Gas Vison, 44,694총톤) 도입(2016. 6. 매각)
1999.10.01	자산재평가 실시
2000.06.15	연변동용운수유한공사 해외합작투자(KSS해운 45.45퍼센트, 현통해운54.55퍼센트)
2003.03.05	창업자 박종규 회장, 전문경영인 체제를 위해 고문으로 퇴진
2003.10.01	대표이사 윤장희, 사장 취임
2004.05.05	CONOCOPHILLIPS와 장기운송계약 체결하여 미국-유럽 LPG 운송시장에 신규 진출
2004.11.17	PETREDEC과 장기운송계약 체결하여 동남아 LPG 운송시장 진출
2004.11.27	BP로부터 무사고 안전 운항선사로 선정
2005.12.20	대형 LPG선 가스프랜드호(GAS FRIEND, 46,129총톤) 도입
2007.10.26	한국거래소 유가증권시장 상장
2008.05.13	주식 액면분할(약면가 5,000원/1주 → 500원/1주) 분할 후 발행주식 수 11,592,940주
2009.02.11	경제5단체 공동 주관, '제5회 투명경영대상' 우수상 수상
2010.06.20	한국선급(KR) 선정, '2010년 안전관리 최우수 해운사'
2011.12.27	"ISO 9001 / ISO 14001" 인증 획득
2012.02.29	대형 LPG선 가스파워호(GAS POWER, 46,500총톤) 도입
2012.04.02	본점 소재지 이전(서울시 종로구 인사동길 12 대일빌딩 8층)
2013.03.28	대형 암모니아선 가스퀀텀호(GAS QUANTUM, 22,814총톤) 도입
2013.10.24	제22회 경실련 좋은 기업상(비제조, 서비스업부문 최우수상)
2013.12.06	OHSAS 18001 인증 취득
2014.01.06	대형 LPG선 가스스타호(GAS STAR, 47,454총톤) 도입
2014.03.28	대표이사 이대성, 사장 취임

2014.09.04	대형 LPG선 가스서밋호(GAS SUMMIT, 47,454총톤) 도입
2014.09.15	한경비즈니스/EFC 지속가능기업 운송분야 1위 선정
2015.01.02	윤리경영 선포식
2015.02.26	㈔한국해운물류학회 '해운물류 경영대상' 수상
2016.05.11	대형 LPG선 가스타이거스호(GAS TIGERS, 47,454총톤) 도입
2016.05.13	무상증자 100퍼센트(증자 후 발행주식수 23,185,880주)
2016.08.03	한국선급(KR) 선정, '올해의 안전관리 우수선사'
2017.03.23	대형 암모니아선 가스유토피아호(GAS UTOPIA, 25,049총톤) 도입
2017.03.31	대형 LPG선 가스위즈덤호(GAS WISDOM, 47,454총톤) 도입
2017.05.29	대형 LPG선 가스영호(GAS YOUNG, 47,454총톤) 도입
2017.06.22	대형 암모니아선 가스비너스호(GAS VENUS, 25,004총톤) 도입
2017.09.29	대형 LPG선 가스제니스호(GAS ZENITH, 47,454총톤) 도입
2017.11.14	중소벤처기업부 '대한민국 사랑받는 기업 정부포상' 수상
2017.12.07	경실련 경제정의연구소 '좋은 기업상' 수상
2018.12.04	한국능률협회 '지속가능경영상' 수상

세상을 바꾸어 가는 KSS해운 이야기

직원이 주인인 회사

Employees: Masters Not Slaves

지은이 박종규
펴낸곳 주식회사 홍성사
펴낸이 정애주

국효숙 김의연 김준표 박혜란 송승호 오민택 오형탁
윤진숙 임진아 임영주 차길환 최선경 허은

2019. 4. 25. 1쇄 발행 2019. 6. 14. 3쇄 발행

등록번호 제1-499호 1977. 8. 1
주소 (04084) 서울시 마포구 양화진4길 3 전화 02) 333-5161 팩스 02) 333-5165
홈페이지 hongsungsa.com 이메일 hsbooks@hsbooks.com 페이스북 facebook.com/hongsungsa
양화진책방 02) 333-5163

• 이 도서의 국립중앙도서관 출판예정도서목록(CIP)은 서지정보유통지원시스템 홈페이지(http://seoji.nl.go.kr)와 국가자료공동목록시스템(http://www.nl.go.kr/kolisnet)에서 이용하실 수 있습니다.(CIP제어번호: CIP2019014386)

ISBN 978-89-365-1369-6 (03320)